Persönlichkeit: was uns ausmacht und warum

Jens B. Asendorpf

Persönlichkeit: was uns ausmacht und warum

Springer

Prof. Dr. Jens B. Asendorpf
Institut für Psychologie
Humboldt-Universität zu Berlin
Berlin, Deutschland

ISBN 978-3-662-56105-8   ISBN 978-3-662-56106-5 (eBook)
https://doi.org/10.1007/978-3-662-56106-5

Die Deutsche Nationalbibliothek verzeichnet diese Publikation in der Deutschen Nationalbibliografie; detaillierte bibliografische Daten sind im Internet über http://dnb.d-nb.de abrufbar.

Springer
© Springer-Verlag GmbH Deutschland 2018

Verantwortlich im Verlag: Marion Krämer
Grafiken: Harald Schneider
Einbandabbildung: deblik Berlin, nach einer Vorlage von Claudia Styrsky
Cartoon: © Claudia Styrsky

Gedruckt auf säurefreiem und chlorfrei gebleichtem Papier

Springer ist ein Imprint der eingetragenen Gesellschaft Springer-Verlag GmbH Deutschland und ist Teil von Springer Nature
Die Anschrift der Gesellschaft ist: Heidelberger Platz 3, 14197 Berlin, Germany

Vorwort

In diesem Buch versuche ich, eine Bilanz der empirischen Persönlichkeitspsychologie zu ziehen, sofern sie für ein größeres Publikum von Interesse ist. Wir sind ja alle mehr oder weniger gute Praktiker der Psychologie, weil wir sie im Alltag brauchen, um mit unseren Mitmenschen und uns selbst gut umgehen zu können. Wir nutzen dazu unsere Alltagspsychologie, die auf unseren persönlichen Erfahrungen und einer Menge kulturell geprägter Folklore beruht. Damit kommen wir im Alltag gut zurecht. Wir haben für alles und auch sein Gegenteil eine schnelle Erklärung zur Hand und können meistens schnell handeln, ohne uns durch allzu langes Abwägen von Alternativen davon abhalten zu lassen.

Ein genauerer Blick auf diese Alltagspsychologie zeigt jedoch, dass sie voller Widersprüche ist. Und weil sie für alles – und deshalb auch sein Gegenteil – eine Erklärung hat, erklärt sie letztlich gar nichts. Das wird spätestens dann deutlich, wenn Vorhersagen für zukünftiges Verhalten gemacht werden sollen; dafür ist die Alltagspsychologie nicht gut geeignet. Die empirische, also auf Beobachtung beruhende wissenschaftliche Psychologie ist hier meist deutlich überlegen, weil sie für ihre Vorhersagen Daten von Hunderten bis zu Hunderttausenden Einzelfällen nutzen kann. Das gilt auch für Vorhersagen des künftigen Verhaltens und der künftigen Persönlichkeit aus der aktuellen Persönlichkeit. Im Einzelfall sind diese Vorhersagen nie sicher, weil unser Verhalten und unsere Persönlichkeitseigenschaften nie nur durch eine Ursache bestimmt werden. Aber es sind durchaus präzise Wahrscheinlichkeitsaussagen möglich, etwa der Art, dass der Fehler einer Vorhersage unter 1 %, unter 5 % oder unter 10 % liegt. Wegen der Vielzahl von Ursachen, die es zu berücksichtigen gilt, sind allerdings dann auch die Erklärungen viel komplexer und unübersichtlicher als die Erklärungen der Alltagspsychologie.

Wer genauer wissen möchte, wie die psychologische Persönlichkeitsforschung heutzutage vorgeht, wird in diesem Buch eine allgemein verständliche Schilderung der Methoden dieser Forschung finden. Wem es zu anstrengend ist, diese Methoden nachzuvollziehen und dem Autor einfach glauben möchte, kann die entsprechenden Abschnitte auch überspringen. Allerdings auf die Gefahr hin, die exemplarisch dargestellten Befunde der Forschung nicht zu verstehen oder auch falsch zu verstehen. Die letzten drei Kapitel zu Zufall und Notwendigkeit im Lebenslauf, Schattenseiten der Selbstoptimierung und dem tieferen Sinn der Vielfalt der Persönlichkeit sind auch ohne die vorangehenden Kapitel verständlich. Wer will, kann auch hier beginnen. Ich empfehle allerdings, zuerst den Prolog zu lesen, der auf etwas perfide Art das scheinbare psychologische Wissen, das wir im Alltag anwenden, hinterfragt und eine gesunde Verunsicherung herbeiführen soll. Eine Verunsicherung, die im besten Fall neugierig darauf macht, was die wissenschaftliche Persönlichkeitspsychologie zu unserem Alltagswissen beisteuern kann.

Ich hatte das Glück, in der Längsschnittstudie LOGIK des Münchner Max-Planck-Instituts für psychologische Forschung mehr als 200 Münchner Kinder in ihrer Entwicklung vom Alter von 4 Jahren bis zum Alter von 29 Jahren begleiten zu können und in mehreren Studien an der Humboldt-Universität zu Berlin mit Unterstützung der Deutschen Forschungsgemeinschaft, der Volkswagen-Stiftung und der Fritz Thyssen Stiftung weitere Untersuchungen zu Persönlichkeitsunterschieden und ihrer Entwicklung im Erwachsenenalter durchführen zu können. Dieses Buch wäre ohne die dort gewonnenen Erfahrungen nicht möglich gewesen. Und diese Erfahrungen wiederum wären ohne die oft jahrelange Beteiligung der mehreren Tausend Studienteilnehmer sowie meiner Mitarbeiterinnen und Mitarbeiter nicht möglich gewesen.

Ich danke an erster Stelle meinem Doktorvater Klaus R. Scherer und meinem Habilitationsvater Franz Emanuel

Weinert, die mir bis heute Vorbild für solides wissenschaftliches Arbeiten sind, meinen Doktorandinnen und Doktoranden sowie Assistentinnen und Assistenten, von denen es acht zu ordentlichen Professuren gebracht haben, den Tausenden von Studierenden, die mich in meinen Vorlesungen und Seminaren zur Persönlichkeitspsychologie manchmal inspiriert und manchmal genervt haben, und dem Springer Verlag, der über mehr als 20 Jahre lang meine Lehrbücher der Persönlichkeitspsychologie und nun auch dieses Buch kompetent produziert hat. Nicht zuletzt danke ich Dipl.-Ing. Harald Schneider, der seit 1994 die Abbildungen für meine Publikationen erstellt, und Dr. Matthias Reiss für das sorgfältige Lektorat.

Berlin Charlottenburg   Jens B. Asendorpf
November 2017

Prolog: Selbstverhör

Kühner als das Unbekannte zu erforschen, kann es sein, das Bekannte zu bezweifeln.

Alexander von Humboldt

Nehmen Sie sich einmal selbst ins Kreuzverhör:

1.1 Glauben Sie als Mutter oder Vater, dass Sie Einfluss auf die Entwicklung Ihrer Kinder (gehabt) haben?

1.2 Auf welche Ihrer Kinder, auf welche Eigenschaften dieser Kinder und ab/bis zu welchem Alter dieser Kinder? Stichworte genügen.

1.3 Glauben Sie, dass auch Ihre Kinder Einfluss auf Ihre Entwicklung (gehabt) haben, und woher nehmen Sie die Überzeugung, dass dieser Einfluss geringer sei?

1.4 Was ist ein Einfluss?

1.5 Befriedigt Sie die Vorstellung, dass in der belebten und in der unbelebten Natur alles in ständiger Wechselwirkung steht? Was sonst wollen Sie erfahren?

2.1 Glauben Sie, dass Charaktereigenschaften vererbt werden?

2.2 Wenn nein: auf welche Daten stützen Sie Ihren Glauben?

2.3 Wenn ja: welche Charaktereigenschaften in welchem Alter in welchen Kulturen zu welchem historischen Zeitpunkt in welchem Grade? Stichworte genügen.

2.4 Halten Sie genetische Einflüsse auf die Persönlichkeit für weniger veränderbar als Umwelteinflüsse?

2.5 Warum glauben Sie, dass sich genetische Einflüsse nur durch Änderung der Gene, Umwelteinflüsse nur durch Änderung der Umwelt verändern ließen, nicht aber genetische Einflüsse durch Veränderung der Umwelt oder Umwelteinflüsse durch Veränderung der Gene?

3.1 Wenn Sie auf Ihren bisherigen Lebenslauf zurückblicken: Halten Sie ihn für Ihr eigenes Verdienst, oder glauben Sie, ein Opfer der Verhältnisse geworden zu sein?

3.2 Wenn Sie ihn für Ihr eigenes Verdienst halten: Sind Sie mit dieser Meinung kein Opfer der Verhältnisse?

3.3 Wenn Sie sich für ein Opfer der Verhältnisse halten: Halten Sie diese Meinung für ein Verdienst?

3.4 Sind Sie ein Opfer *Ihrer* Verhältnisse?

3.5 Warum ist Ihnen schwindlig?

Mit solchen Fragen begann ich vor 30 Jahren mein erstes populärwissenschaftliches Buch [1], und sie sind noch immer gut geeignet, finde ich, unsere Alltagspsychologie ein wenig aufzumischen, Stacheln des Zweifels zu säen und Neugier auf das zu wecken, was uns die psychologische Forschung über folkloristische Annahmen über Persönlichkeit und ihre Entwicklung hinaus heute bieten kann. Wir sind ja alle Experten der Alltagspsychologie, die alles zu erklären scheint, alles und auch sein Gegenteil, mühelos und höchst plausibel: „Gleich und Gleich gesellt sich gern, Gegensätze ziehen sich an." Sie ist wie geschaffen für unser Bedürfnis nach einfachen Erklärungen, die uns nicht lange vom Handeln abhalten. Ob die Erklärungen richtig sind, ist für die Praxis ja nicht entscheidend. Eine erfolgreiche Praxis kann mit einer völlig falschen Theorie vereinbar sein.

Trotzdem: Manche Menschen haben ab und zu das Bedürfnis innezuhalten, zu reflektieren, was vorgegangen ist, was *wirklich* vorgegangen ist. Und dafür, behaupte ich, ist unsere Alltagspsychologie nicht geeignet. Im Gegenteil, sie behindert uns oft in diesem Bemühen, weil sie unsere Vorstellungen und unsere Schlussfolgerungen in enge Bahnen lenkt, ohne dass wir es merken.

Sollten Sie dieses Bedürfnis haben, über den Tellerrand der Alltagspsychologie hinauszublicken, kann die empirische Psychologie von Nutzen sein. Denn sie gründet sich auf Beobachtung und lässt sich an der Qualität ihrer Methoden und Vorhersagen messen, im Falle der Persönlichkeitsentwicklung also an der langfristigen Vorhersage über viele Jahre und Jahrzehnte. Sie hat in den letzten

100 Jahren ein umfangreiches Datenmaterial zu Persönlichkeitsunterschieden und ihrer Entwicklung zusammengetragen. Dabei ist sie nicht immer, aber immer wieder zu Erkenntnissen gelangt, die von den Vorstellungen unserer Alltagspsychologie abweichen.

Diese Fakten sind nicht Meinungen oder Glauben. Sie beruhen auf der empirischen (evidenzbasierten) Methode, die vielleicht Bertold Brecht in seinem Theaterstück „Galileo Galilei" im Dialog zwischen Galilei und dem Mönch am eingängigsten beschrieben hat:

> Ja, wir werden alles, alles noch einmal in Frage stellen. Und wir werden nicht mit Siebenmeilenstiefeln vorwärts gehen, sondern im Schneckentempo. Und was wir heute finden, werden wir morgen von der Tafel streichen und erst wieder anschreiben, wenn wir es noch einmal gefunden haben. Und was wir zu finden wünschen, werden wir mit besonderem Misstrauen ansehen … (*Regieanweisung: Mit einem Zwinkern*) Sollte uns dann aber jede andere Annahme als diese unter den Händen zerronnen sein, dann keine Gnade mehr mit denen, die nicht geforscht haben und doch reden. [2]

Das ist das Credo der empirischen Wissenschaft und zugleich das Credo, auf dem dieses Buch beruht. Die empirische Wissenschaft stellt Fragen an die Wirklichkeit und die Wirklichkeit antwortet, sehr oft für den Wissenschaftler unerwartet und gar nicht angenehm, weil die Antwort den eigenen Hypothesen widerspricht. Wer Wissenschaft nicht

im Lehnstuhl betreibt, sondern auf empirischen Untersuchungen gründet, erlebt immer wieder diese Diskrepanz
zwischen Wunsch und Wirklichkeit und ist deshalb meist
auch immun gegenüber radikalen Konstruktivisten, die
meinen, es gebe gar keine Wirklichkeit, weil sie nur in
unseren Köpfen existiere.

Ich biete Ihnen an, sich auf eine Entdeckungsreise zu den
Fakten zu begeben, die die empirische Persönlichkeits-
psychologie in den letzten 100 Jahren mithilfe einer großen
Palette von Methoden zu Fragen zusammengetragen hat,
die uns spätestens in der Pubertät bewegen: Wer bin ich?
Wie unterscheide ich mich von anderen? Ist das normal?
Ergänzt später um die Frage: Warum bin ich so geworden,
wie ich bin? Also die Fragen, was uns ausmacht und warum.
Um diese Fakten richtig zu interpretieren, ist es nötig, eine
Idee von den Methoden zu bekommen, mit denen sie
gewonnen wurden. Deshalb werden in diesem Buch nicht
nur Ergebnisse und Befunde erläutert, sondern auch die
Methoden skizziert, auf denen sie basieren.

Das Buch ist deshalb anspruchsvoller als die meisten
psychologischen Sachbücher – es wendet sich an kritische
Leser, die nicht nur den Schlussfolgerungen des Autors
glauben wollen, sondern selbst nachvollziehen möchten,
auf welchen Methoden und welcher Datenbasis diese
Schlussfolgerungen beruhen – bis hin zu Verweisen auf die
Originalliteratur. Im Alltag gehen wir ja nur von unseren
eigenen Erfahrungen und Meinungen aus. Die zählen hier
aber nicht; was zählt, sind die mit wissenschaftlichen
Methoden gewonnenen Fakten.

Dieses Buch ist deshalb anspruchsvoll; es zu lesen bedeutet Mitarbeit von Ihnen. Ich habe mich bemüht, diese Mitarbeit durch viele übersichtliche Abbildungen und Tabellen zu erleichtern und dadurch, dass die einzelnen Kapitel kurzgehalten und selbst dann noch manchmal untergliedert sind. Persönliche Meinungen und Wertungen von mir finden sich auch, aber erst in den letzten drei Kapiteln. Ansonsten gibt das Buch (hoffentlich) die mehrheitliche Meinung derjenigen empirischen Wissenschaftlerinnen und Wissenschaftler wieder, die sich auf dem heutigen Stand der Methodik mit Persönlichkeitsunterschieden und ihrer Entwicklung beschäftigen. Was derzeit noch fehlt, ist eine übergreifende Theorie, etwa vom Kaliber der Relativitätstheorie in der Physik oder der Evolutionstheorie in der Biologie. Das sollten Sie nicht erwarten.

Literatur

1. Asendorpf, J. (1988). *Keiner wie der andere: Wie Persönlichkeits-Unterschiede entstehen*. München: Piper Verlag.
2. Brecht, B. (1967). *Gesammelte Werke* (Band 3, S. 1311). Frankfurt/Main: Suhrkamp Verlag.

Inhaltsverzeichnis

Der Autor

 **Jens B. Asendorpf** (geboren 1950) studierte Mathematik, Informatik und Psychologie und war 12 Jahre lang am Max-Planck-Institut für psychologische Forschung tätig, wo er sich mit der Entwicklung der Persönlichkeit vom Kindes- zum Erwachsenenalter beschäftigte. Von 1994 bis 2014 war er Professor für Persönlichkeitspsychologie an der Humboldt-Universität zu Berlin mit den Forschungsschwerpunkten Persönlichkeit und soziale Beziehungen. Er war langjähriger Herausgeber des *European Journal of Personality* und Präsident der European Association of Personality Psychology.

Teil I

Was uns ausmacht

1

Persönlichkeit: Ganz normale Unterschiede

Was verstehen wir im Alltag unter Persönlichkeit, und wie wird Persönlichkeit durch die empirische Persönlichkeitspsychologie definiert? Ist aggressives Verhalten in einer bestimmten Situation ein Hinweis auf eine aggressive Persönlichkeit? Haben schon Neugeborene eine Persönlichkeit, aus der sich langfristige Prognosen auf ihre spätere Entwicklung ableiten lassen? Wann sind Auffälligkeiten noch normal, wann signalisieren sie ein ernsthaftes Problem? Gibt es eine ideale Persönlichkeit? Dieses einführende Kapitel behandelt solche grundlegenden Fragen zum Gegenstand der Persönlichkeitspsychologie. Dabei zieht sich die Normalität der großen beobachtbaren Unterschiede im menschlichen Verhalten wie ein roter Faden durch das Kapitel. Die großen normalen Unterschiede sind Gegenstand der Persönlichkeitspsychologie und dieses Buches.

© Springer-Verlag GmbH Deutschland 2018
J. B. Asendorpf, *Persönlichkeit: was uns ausmacht und warum*,
https://doi.org/10.1007/978-3-662-56106-5_1

Das Wort „Persönlichkeit" hat seinen Ursprung im lateinischen „persona". Dort hat es eine interessante Doppelbedeutung, nämlich im antiken Theater die Maske, die eine bestimmte Rolle kennzeichnet, und im sozialen Leben die Rolle, der Status oder die Würde einer Person. In beiden Fällen geht es zwar darum, die Person zu charakterisieren, aber durch Bezug auf ein Stereotyp oder eine soziale Rolle.

Heutzutage hat „Persönlichkeit" in der Umgangssprache ebenfalls eine doppelte Bedeutung, aber anderer Art. Zum einen bezeichnet „Persönlichkeit" das Charakteristische, Individuelle einer Person *hinter* der Maske der Selbstdarstellung und *jenseits* der bloßen Rolle. Das zeigt sich in Redensarten wie „hinter der Maske des Filmstars verbarg sich eine ganz andere Persönlichkeit", „an diesem Abend zeigte sich ihre wahre Persönlichkeit". Zum anderen wird „Persönlichkeit" auch benutzt, um besondere Qualitäten zu betonen wie „er ist eine wirkliche Persönlichkeit".

In der empirischen Psychologie geht es um die Beschreibung, Vorhersage und Erklärung von Fakten, nicht um Bewertung. Deshalb wird „Persönlichkeit" dort nur im ersteren Sinn benutzt, nämlich zur Beschreibung der *individuellen Besonderheiten*, in denen sich jemand von anderen unterscheidet:

> **Erste vorläufige Definition der Persönlichkeit**
> Persönlichkeit ist die Gesamtheit aller individuellen Besonderheiten, in denen sich jemand von anderen unterscheidet.

Allerdings muss dabei genauer gesagt werden, wer denn „die anderen" sind, auf die sich die Unterschiede beziehen. In der Psychologie spricht man hier von der *Bezugsgruppe*, wobei im Falle von Persönlichkeitsbeurteilungen meistens Gleichaltrige der gleichen Kultur gemeint sind. Denn im Alltag würden wir ja auch nicht die Leistung eines 24-Jährigen in einem Intelligenztest *direkt* mit der Testleistung eines Vierjährigen vergleichen, um deren Persönlichkeit zu charakterisieren, sondern würden den Altersunterschied mit einbeziehen. Und die meisten würden sich hüten, das Gestikulieren eines Süditalieners als Zeichen besonderer Extraversion zu interpretieren. Im Vergleich zu anderen Süditalienern ist es vielleicht ganz durchschnittlich. Im Alltag vollziehen wir diese Relativierungen implizit und intuitiv aufgrund unseres Alltagswissens über die Veränderung von Persönlichkeitseigenschaften mit wachsendem Alter und aufgrund sozialer Stereotype über die typische Persönlichkeit in anderen Kulturen. In der empirischen Persönlichkeitspsychologie geschieht dies explizit, und Grundlage dafür sind in der Realität gefundene Belege. Sie beruhen auf der beobachteten Variation einer Persönlichkeitseigenschaft innerhalb einer Bezugsgruppe, auf der Veränderung des Mittelwerts der Eigenschaft mit wachsendem Alter und auf kulturellen Unterschieden im Mittelwert der Eigenschaft. Das führt zu der zweiten, präziseren Definition der Persönlichkeit:

> **Zweite vorläufige Definition der Persönlichkeit**
> Persönlichkeit ist die Gesamtheit aller individuellen Besonderheiten, in denen sich jemand von Gleichaltrigen derselben Kultur unterscheidet.

Aber auch diese Definition ist noch nicht befriedigend, weil darin ja auch alle pathologischen Merkmale enthalten wären. Wenn jemand geistig behindert ist, an einer psychiatrischen Erkrankung leidet oder starke Flugangst hat, wird das gemeinhin nicht als Merkmal der Persönlichkeit angesehen, sondern als Behinderung, Krankheit oder Angststörung. Persönlichkeit wird im Alltag auf normale, nichtpathologische individuelle Besonderheiten bezogen, und so ist es auch in der Persönlichkeitspsychologie. Mit Persönlichkeit sind nichtpathologische Persönlichkeitseigenschaften gemeint. Extrem stark ausgeprägte Eigenschaften, an denen die Betroffenen oder ihre Mitmenschen leiden, wie z. B. starke zwanghafte Tendenzen oder eine starke Tendenz zu antisozialem Verhalten bis hin zu Kriminalität, werden als *Persönlichkeitsstörungen* bezeichnet und nicht mehr als Teil der normalen Persönlichkeit angesehen. Das führt zu einer weiteren Präzisierung des Persönlichkeitskonzepts:

> **Dritte vorläufige Definition der Persönlichkeit**
> Persönlichkeit ist die Gesamtheit aller nichtpathologischen individuellen Besonderheiten, in denen sich jemand von Gleichaltrigen derselben Kultur unterscheidet.

Obwohl diese dritte Definition schon recht gut den Persönlichkeitsbegriff der empirischen Psychologie und damit auch den Gegenstand dieses Buchs beschreibt, muss er noch in einer Hinsicht weiter präzisiert werden: Welche individuellen Besonderheiten sind gemeint? Im Alltag würden wir das Genom oder das Lungenvolumen nicht als Persönlichkeitsmerkmal ansehen, wohl aber Merkmale der körperlichen Erscheinung wie Körperbau und Schönheit des Gesichts. Ersteres sind auch körperliche Merkmale, sie sind aber nicht direkt wahrnehmbar. Weil Persönlichkeit alle Besonderheiten einschließt, die wir im Alltag direkt wahrnehmen können, wird die körperliche Erscheinung auch in der Persönlichkeitspsychologie als Persönlichkeitseigenschaften betrachtet. Den Großteil der Persönlichkeit machen aber charakteristische Regelmäßigkeiten im Erleben und Verhalten aus: Jemand ist neugierig, schlampig, extravertiert, aggressiv oder von stabiler Gemütslage.

Es muss sich dabei um charakteristische Regelmäßigkeiten, *stabile Eigenschaften*, handeln, die nicht nur in einer Situation beobachtbar sind, sondern immer wieder in vielen Situationen. Jede solide Persönlichkeitsdiagnose bezieht sich auf eine längere Beobachtung eines Menschen in vielen Situationen. Wer nur einmal in einen Kindergarten geht und das Verhalten der Kinder im Freispiel beobachtet, wird über Persönlichkeitsmerkmale der Kinder wenig erfahren. Beurteilungen nach einer solchen Stunde hängen mit dem Urteil der Erzieher, die das Kind über lange Zeit kennen, nur geringfügig zusammen. Empirische Untersuchungen zeigen, dass aber nach 3 Wochen Beobachtung die gemittelten täglichen Urteile von Beobachtern schon gut mit den Urteilen der Erzieher in der Gruppe übereinstimmen [1].

Persönlichkeitseigenschaften sind deshalb jedenfalls über kürzere Zeiträume hinweg zeitlich stabil. Das rechtfertigt auch die Bezeichnung „Eigenschaft" – sie sind einer Person eigen, charakterisieren die Person. Das ist auch die Grundvoraussetzung jeder Persönlichkeitsdiagnostik. Weil Persönlichkeitseigenschaften stabile Merkmale sind, sind sie abgesehen von körperlichen Merkmalen nicht unmittelbar beobachtbar – sie lassen sich nur aus vielen Beobachtungen *erschließen*. Das führt zur endgültigen Persönlichkeitsdefinition, wie sie auch in Lehrbüchern der Persönlichkeitspsychologie verwendet wird [2]:

> **Definition der Persönlichkeit**
> Persönlichkeit ist die Gesamtheit aller nichtpathologischen Persönlichkeitseigenschaften, nämlich individueller Besonderheiten in der körperlichen Erscheinung und in Regelmäßigkeiten des Verhaltens und Erlebens, in denen sich jemand von Gleichaltrigen derselben Kultur unterscheidet.

Anders gesagt beschäftigt sich die Persönlichkeitspsychologie mit ganz normalen Unterschieden innerhalb einer Altersgruppe und Kultur. Diese enge Betrachtungsweise wird später erweitert auf die Veränderung von Persönlichkeitseigenschaften im Verlauf des Lebens und auf kulturelle Unterschiede in der Persönlichkeit. In diesem ersten Teil betrachten wir aber nur Persönlichkeitsunterschiede innerhalb einer Altersgruppe in westlichen Kulturen (Europa, Nordamerika und Australien). Kulturelle Unterschiede in Bezug auf die Persönlichkeit innerhalb westlicher Kulturen sind vergleichsweise gering, sodass wir im Folgenden nur noch die Altersabhängigkeit von Persönlichkeitseigenschaften beachten werden.

Beginnen wir mit zwei Fragen, die alle Eltern beschäftigen: Lassen sich im Verhalten meines Kindes schon früh charakteristische Verhaltenstendenzen erkennen, eine *frühkindliche Persönlichkeit,* die Prognosen auf die weitere Entwicklung erlaubt, und handelt es sich um altersgemäßes, normales Verhalten oder um Auffälligkeiten, die auf eine ernst zu nehmende Störung hinweisen? Diese Fragen stellen sich Eltern beim ersten Kind, aber oft auch beim zweiten, weil sie überrascht feststellen, dass das zweite Kind in vieler Hinsicht ganz anders ist als das erste. Tatsächlich sind sich Geschwister derselben Familie gar nicht so ähnlich, wie vielfach angenommen wird, aber dieses Thema wird erst in Teil III behandelt. Hier geht es um die allgemeinere Frage, welche Bedeutung Verhaltensunterschiede in der frühen Kindheit haben.

Schon Neugeborene unterscheiden sich sehr stark in ihrem Temperament und ihrer motorischen Aktivität. Die Dauer des Schlafens, die Reaktivität gegenüber Berührungen, Tönen und dem Anblick eines menschlichen Gesichts, der Muskeltonus beim Hochnehmen – wer einmal die Gelegenheit hatte, auf einer Geburtsstation viele Neugeborene in ähnlichen Situationen zu beobachten, wird von ihrer Unterschiedlichkeit im Verhalten beeindruckt sein. Diese Unterschiede sind vom ersten Tag an vorhanden. Da einige Unterschiede von der Art des Geburtsverlaufs abhängen, ist die Variabilität in den ersten Tagen etwas höher als in den darauf folgenden Wochen, aber insgesamt bleibt eine hohe Variabilität des Verhaltens bestehen.

Im Kindesalter wird die frühe Variabilität unter anderem dann deutlich, wenn wir uns fragen, wann Kinder zum ersten Mal bestimmte motorische Fertigkeiten zeigen

(„motorische Meilensteine"), z. B. alleine sitzen, stehen, laufen. In den meisten Elternratgebern werden *Mittelwerte* für den Erwerb solcher Fertigkeiten berichtet. In Abb. 1.1 wird zusätzlich die *Variabilität* motorischer Meilensteine bei kinderärztlich nicht auffälligen Kindern angegeben, wie sie in einer weltweiten Studie der Weltgesundheitsorganisation WHO gefunden wurde [3].

Die Abbildung macht deutlich, dass es eine große Variationsbreite für das Erreichen eines jeden Meilensteins gibt.

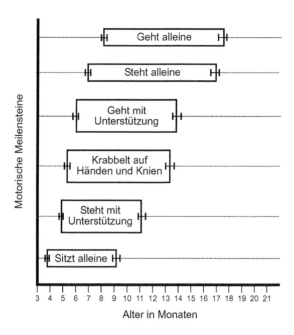

Abb. 1.1   Altersbereich für das Erreichen motorischer Fertigkeiten im Normalfall. Angegeben sind Minimum und Maximum beim Erreichen jedes Meilensteins

Längsschnittstudien, in denen dieselben Kinder vom ersten Lebensjahr bis ins Erwachsenenalter hinein untersucht wurden, zeigen, dass eine beschleunigte oder verzögerte motorische Entwicklung in dem in Abb. 1.1 angegebenen Normalbereich kaum nachweisbare langfristige Konsequenzen hat, weder auf motorischem Gebiet noch hinsichtlich Intelligenz. In einer niederländischen Studie kinderärztlich unauffälliger Kinder konnte man aufgrund des Erreichens motorischer Meilensteine im ersten Lebensjahr die motorische Leistung und Intelligenz im Alter von 6 Jahren nur minimal vorhersagen [4]. Ganz ähnliche Ergebnisse zeigten sich in einer britischen Studie an über 5000 Kindern, die bis ins mittlere Erwachsenenalter hinein beobachtet wurden. So sagte z. B. 1 Monat früheres Laufen einen um 0,5 Punkte höheren IQ im Alter von 8 Jahren vorher und zeigte noch geringere Effekte auf sprachliche Intelligenzleistungen im Erwachsenenalter [5]. Obwohl die Altersbereiche für die Meilensteine der motorischen Entwicklung enorm breit sind, hat der Zeitpunkt ihres Erreichens so gut wie keinen prognostischen Wert für die spätere Persönlichkeit. Die frühen großen Unterschiede in der motorischen Entwicklung sind vielmehr Ausdruck der normalen Variation in der Entwicklung, sie „wachsen sich aus". Das gilt auch für viele andere frühe Meilensteine der Entwicklung, z. B. wann Kinder zum ersten Mal lächeln, fremdeln, sich im Spiegel erkennen und die ersten Mehrwortsätze sagen. Das alles ist Ausdruck der enormen Variabilität der frühkindlichen Entwicklung, aus der noch nicht auf spätere Persönlichkeitsunterschiede geschlossen werden kann.

Auch Unterschiede im frühen *Temperament* wie z. B. Ablenkbarkeit, Reaktionsintensität und Stabilität des Tagesrhythmus, die sich bereits im ersten Jahr deutlich zeigen, sind prognostisch von nur begrenztem Wert. Die erste systematische Untersuchung zu frühen Temperamentsunterschieden wurde in New York von Thomas und Chess durchgeführt, die die Eltern von 138 Kindern zwischen dem Alter von 2 Monaten und 8 Jahren immer wieder ausführlich über das Verhalten ihres Kindes befragten. Zwei Nacherhebungen im Alter von 16 bis 17 und 18 bis 22 Jahren sollten Langzeitfolgen des frühen Temperaments untersuchen [6]. Aufgrund der frühesten Interviews entwickelten Thomas und Chess neun Temperamentsdimensionen, die auf einer dreistufigen Skala (niedrig – durchschnittlich – hoch) beurteilt wurden. Für jede Altersgruppe wurden typische Verhaltensbeispiele für die drei Ausprägungen angegeben (vgl. Tab. 1.1).

Bereits Thomas und Chess fanden, dass das Temperament in den ersten beiden Jahren kaum stabil war und dass überzufällige Vorhersagen der sozialen Anpassung und psychiatrischer Symptome im frühen Erwachsenenalter erst ab dem Alter von 3 Jahren möglich waren. Nachfolgende Längsschnittstudien bestätigten das. So zeigte sich in einer sehr großen australischen Studie erst ab dem Alter von 2 Jahren eine zunehmende Stabilität der von Eltern beurteilten Temperamentsmerkmale [8]. Temperamentsunterschiede sind zu instabil, um sie vor dem Alter von 3 Jahren als Persönlichkeitseigenschaften auffassen zu können. Das lässt sich mit einiger Vorsicht verallgemeinern: Vor dem dritten Lebensjahr gibt es – vielleicht mit Ausnahme früher Intelligenzunterschiede – noch keine ausreichend stabilen Persönlichkeitseigenschaften.

Tab. 1.1 Verhaltensbeispiele für hohe Ausprägungen der neun Temperamentsdimensionen von Thomas und Chess auf drei Altersstufen. (Aus Asendorpf [7])

Dimension	2 Monate	1 Jahr	5 Jahre
Ablenkbarkeit	Hört auf, nach dem Essen zu schreien, wenn es gewiegt wird	Schreit beim Gesichtwaschen, aber nicht wenn das als Spiel gestaltet wird	Lässt sich leicht von einer verbotenen Tätigkeit abbringen
Aktivität	Bewegt sich oft im Schlaf	Läuft schnell, isst schnell	Verlässt schnell den Tisch nach dem Essen
Annäherung – Rückzug	Hat immer die Flasche gemocht	Geht auf Fremde schnell zu	Betritt den Kindergarten ohne zu zögern
Anpassungsfähigkeit	War beim ersten Bad passiv, badet jetzt gerne	Hatte zuerst Angst vor einem Spielzeugtier; spielt jetzt gerne damit	Schläft gut im Urlaub
Aufmerksamkeitsdauer	Wenn die Windeln voll sind, schreit es bis zum Wechseln	Hört Liedern lange zu	Verbrachte über eine Stunde mit Bilderbuchanschauen
Reaktionsintensität	Lehnt Essen vehement ab, wenn es satt ist	Lacht laut, wenn der Vater wild mit ihm spielt	Bekommt Schluckauf vor lauter Lachen

(Fortsetzung)

Tab. 1.1 (Fortsetzung)

Dimension	2 Monate	1 Jahr	5 Jahre
Sensorische Reiz-schwelle	Hört auf zu trinken, wenn sich jemand nähert	Spuckt Essen aus, das es nicht mag	Merkt immer, wenn die Mutter neue Kleider anhat
Stimmungslage	Lächelt Eltern an	Mag das Fläschchen, greift danach	Lächelt jeden an
Tagesrhythmus	4-Stunden-Trinkrhythmus	Hält täglich Mittags-schlaf	Schläft nach dem Zubettgehen schnell ein

Ab dem 3. Lebensjahr lassen sich jedoch einigermaßen stabile Temperamentseigenschaften beobachten, die überzufällige Prognosen bis ins Erwachsenenalter hinein erlauben; entsprechende Befunde werden in Teil III dargestellt. Stabiler als andere früh beobachtbare Persönlichkeitsmerkmale sind Temperamentseigenschaften ab diesem Alter aber auch nicht, und sie sind auch nicht stärker genetisch beeinflusst [2].

Die empirischen Untersuchungen zu frühen Unterschieden im Verhalten machen die enorme Variabilität des Verhaltens und der individuellen Entwicklungsverläufe deutlich. Abweichungen vom Durchschnitt der Altersgruppe und von der durchschnittlichen Entwicklung sind also ganz normal. Je größer die Abweichungen in einem betrachteten Merkmal sind, desto seltener sind sie. Aber selbst eine starke Abweichung vom Mittelwert der Altersgruppe kann normal sein, wenn wir den Blick nicht mehr wie bisher auf ein einziges Merkmal richten, sondern viele unterschiedliche Merkmale gleichzeitig betrachten.

Das macht die klassische Studie von Achenbach zu Verhaltensauffälligkeiten von Kindern deutlich (vgl. Kasten zu Verhaltensauffälligkeiten im Kindesalter).

Verhaltensauffälligkeiten im Kindesalter

Achenbach und Edelbrock (1981) interviewten in den USA 1442 repräsentativ ausgewählte Eltern von 4 bis 16 Jahre alten Kindern zu Verhaltensauffälligkeiten ihrer Kinder [9]. Hierzu wurde ihnen eine Liste von 112 typischen Verhaltensauffälligkeiten vorgelegt mit der Bitte jeweils anzukreuzen, ob ihr Kind die Auffälligkeit gar nicht (0 Punkte), manchmal (1 Punkt) oder durchgängig (2 Punkte) zeigt. Der *Mittelwert*

(Fortsetzung)

dieser repräsentativen Gruppe von Kindern lag in jeder Altersgruppe bei 20 Punkten. Zum Beispiel wurden bei über 20 % der 4 bis 6-jährigen Kinder folgende Auffälligkeiten berichtet: Macht ins Bett, hat Konzentrationsschwierigkeiten, Ängste, Alpträume, Wutausbrüche, lügt, isst nicht gut, ist hyperaktiv, schüchtern, einsam, zu sehr von Erwachsenen abhängig, ungehorsam, wird von anderen Kindern gehänselt, hänselt andere Kinder. Wurden die 20 % der Kinder mit den meisten Auffälligkeiten ausgeschlossen, zeigten die restlichen nun wirklich als normal zu betrachtenden Kinder immer noch zwischen 8 und 28 Verhaltensauffälligkeiten.

Nichts ist normaler als einige deutliche Abweichungen vom Durchschnitt. Hier zeigt sich die Tücke des üblichen Normalitätsbegriffs, der auf Abweichungen eines einzelnen Merkmals vom Durchschnitt beruht. Strenger formuliert: Mit wachsender Zahl untersuchter Persönlichkeitseigenschaften geht die Wahrscheinlichkeit, dass jemand in allen Eigenschaften nur mäßig bis gar nicht vom Mittelwert der Altersgruppe abweicht, gegen null. Das liegt daran, dass viele Eigenschaften unabhängig voneinander auftreten. Intelligenz sagt über Sportlichkeit, Extraversion und Ängstlichkeit nichts aus. Problematisch werden Abweichungen nur dann, wenn sie sich häufen. Aber auch eine Häufung vieler starker Abweichungen muss noch nicht unbedingt ein wirkliches Problem signalisieren. Sind die Abweichungen von kurzer Dauer, kann es sich um eine kurzlebige Entwicklungsstörung handeln, die keine weiteren Konsequenzen hat. Nur wenn Abweichungen extrem sind, stabil sind und sich häufen, stellen sie wirklich ein Problem dar. Das gilt nicht nur für das Kindesalter, sondern für alle Altersgruppen.

Wie in Kap. 19 deutlich werden wird, sind Unterschiede in der Persönlichkeit nicht nur kein Problem, sondern notwendig dafür, dass wir langfristig alle überleben. Nicht nur in westlichen Kulturen besteht aber eine starke Tendenz, nicht die vorhandene Vielfalt der Persönlichkeit, sondern ein *Persönlichkeitsideal* als erstrebenswert anzusehen. Ob „gottesfürchtig", „nordisch", allseits entwickelte „sozialistische Persönlichkeit" oder „dynamischer Unternehmer" – die gerade vorherrschende Ideologie einer Kultur beinhaltet mit großer Regelmäßigkeit auch ein bestimmtes Persönlichkeitsideal. Das gilt auch für Kinder, die heutzutage selbstbewusst, aber auch sozial, intelligent und kreativ, lernfreudig, konzentrationsfähig und dennoch spielerisch sein sollen – Erwartungen der Eltern, die manchmal einen offenkundigen, ein andermal einen subtilen Druck auf die Kinder ausüben. Die empirische Persönlichkeitspsychologie dagegen erklärt weder Mittelmäßigkeit noch bestimmte Abweichungen davon zu einem erstrebenswerten Ziel. Betrachten wir also aus dieser nichtwertenden Perspektive, was die empirische Persönlichkeitspsychologie zu der Frage beitragen kann, was uns ausmacht, wer wir sind.

> **Zusammenfassung**
> Persönlichkeit ist die Gesamtheit aller nichtpathologischen Eigenschaften, in denen sich jemand von Gleichaltrigen derselben Kultur unterscheidet. Bereits Neugeborene zeigen deutliche Unterschiede im Verhalten, die jedoch erst ab dem dritten Lebensjahr so stabil sind, dass man

(Fortsetzung)

von Persönlichkeitseigenschaften sprechen kann und aus ihnen überzufällige langfristige Prognosen auf die weitere Entwicklung ableiten kann. Verhaltensauffälligkeiten im Kindesalter sind fast immer normal, wie auch generell der ganz überwiegende Teil der beobachtbaren stabilen Unterschiede im Erleben und Verhalten ganz normale Abweichungen vom Mittelwert der Altersgruppe und Kultur sind. Welches sind die wichtigsten Eigenschaften, in denen Menschen sich unterscheiden? Damit beschäftigt sich das nächste Kapitel.

Literatur

1. Moskowitz, D. S. & Schwarz, J. C. (1982). Validity comparison of behavior counts and ratings by knowledgeable informants. *Journal of Personality and Social Psychology, 42*, 518–528.
2. Neyer, F. J. & Asendorpf, J. B. (2018). *Psychologie der Persönlichkeit* (6. Aufl.). Berlin: Springer-Verlag.
3. Onis, M. (2006). WHO Motor Development Study: Windows of achievement for six gross motor development milestones. *Acta Paediatrica, 95*(S450), 86–95.
4. Roze, E., Meijer, L., Van Braeckel, K. N. J. A., Ruiter, S. A. J., Bruggink, J. L. M. & Bos, A. F. (2010). Developmental trajectories from birth to school age in healthy term-born children. *Pediatrics, 126*, e1134–e1142.
5. Murray, G. K., Jones, P. B., Kuh, D. & Richards, M. (2007). Infant developmental milestones and subsequent cognitive function. *Annals of Neurology, 62*, 128–136.
6. Thomas, A. & Chess, S. (1977). *Temperament and development.* New York: Brunner & Mazel. (deutsch: *Temperament und Entwicklung.* Stuttgart: Enke, 1980).

7. Asendorpf, J. B. (2011). Temperament. In H. Keller (Hrsg.), *Handbuch der Kleinkindforschung* (4. Aufl., S. 466–485). Bern: Huber, Tab. 2.

8. Pedlow, R., Sanson, A., Prior, M. & Oberklaid, F. (1993). Stability of maternally reported temperament from infancy to 8 years. *Developmental Psychology, 29*, 998–1007.

9. Achenbach, T. M. & Edelbrock, C. S. (1981). Behavioral problems and competencies reported by parents of normal and disturbed children aged four through sixteen. *Monographs of the Society for Research in Child Development, 46*(1, Whole Serial No. 182).

2

Sedimente: Faktoren und Typen der Persönlichkeit

Im Alltag nutzen wir Eigenschaftswörter zur Beschreibung der Persönlichkeit, vor allem Adjektive wie hilfsbereit, ängstlich, aggressiv, intelligent. Hierfür steht uns ein großes Repertoire an Eigenschaftswörtern zur Verfügung. Kann man dieses Repertoire auf wenige grundlegende Eigenschaften reduzieren, durch deren Kombination sich die beobachtbaren Persönlichkeitsunterschiede gut beschreiben lassen? Ausgehend von der Sedimentationshypothese, nach der alle wichtigen Persönlichkeitseigenschaften in einer Kultur ihren Niederschlag in der Sprache der Kultur gefunden haben, hat die empirische Persönlichkeitsforschung aus vielen Sprachen wenige Hauptfaktoren und Haupttypen der Persönlichkeit destilliert, mit denen sich Menschen in allen Kulturen in ihrer Persönlichkeit beschreiben lassen. Wie dies gelungen ist, um welche Hauptfaktoren und -typen es sich handelt und wie sie sich praktisch nutzen lassen, wird in diesem Kapitel erläutert.

© Springer-Verlag GmbH Deutschland 2018
J. B. Asendorpf, *Persönlichkeit: was uns ausmacht und warum*,
https://doi.org/10.1007/978-3-662-56106-5_2

Die Persönlichkeit anderer richtig einzuschätzen ist wichtig im sozialen Alltag und der beruflichen Praxis. „Kann ich ihr vertrauen?", „Wird er das verstehen, oder muss ich ihm das ausführlicher erklären?", „Ich weiß, dass sie da besonders empfindlich reagiert, und werde es ihr deshalb möglichst schonend beibringen.", „So wie dieser Kunde da ankommt, biete ich ihm mal unser Ökomodell an, dem geht es nicht nur um den Preis." Damit wir in unserer Einschätzung richtig liegen, nutzen wir unsere *Alltagspsychologie*, die auf kulturell tradierten Überzeugungen beruht und die wir tagtäglich zur Beschreibung, Erklärung und Vorhersage des Erlebens und Verhaltens anderer nutzen, aber auch auf uns selbst anwenden können. „Erkenne dich selbst!" stand am Tempel des Apollon in Delphi geschrieben – der Wahlspruch der meisten Philosophen, aber auch ein ganz praktischer Ratgeber, um im Alltag Fehler aus falscher Selbsteinschätzung zu vermeiden.

Zur Einschätzung der Persönlichkeit stellt uns die Alltagspsychologie ein großes Repertoire an Eigenschaftswörtern – meist Adjektive – zur Verfügung. Wie viele Wörter gibt es, die Persönlichkeitseigenschaften beschreiben? Die erste systematische Studie hierzu führten 1936 Allport und Odbert durch. Sie durchforsteten Webster's New International Dictionary von 1925, ein umfassendes Wörterbuch der englischen Sprache mit 550.000 Wörtern, nach Wörtern, die eine Person beschreiben. Nach Ausschluss von Wörtern zur Beschreibung aktueller Stimmungen und Gefühle verblieben 13.412 Wörter, die zur Persönlichkeitsbeschreibung genutzt werden können, darunter allerdings auch viele veraltete oder selten verwendete [1].

Ausgehend von der *Sedimentationshypothese*, nach der alle wichtigen Persönlichkeitseigenschaften in einer Kultur ihren Niederschlag in der Sprache der Kultur gefunden haben, machten sich mehrere Psychologen daran, aus diesen 13.412 Wörtern eine überschaubare Liste gebräuchlicher, nichtsynonymer Wörter zu erstellen. Am zielführendsten erwies sich der Versuch von Norman, noch einmal neu mit der 3. Auflage des Webster von 1961 anzufangen. In einem mehrstufigen Auswahlverfahren, in dem wenig verständliche, körperliche, gesundheitsbezogene, sexualitätsbezogene und stark wertende Merkmale wie z. B. „hervorragend", „bösartig" ausgeschlossen wurden, gelangte Norman zu 2794 Wörtern, die Persönlichkeitseigenschaften beschreiben [2].

Goldberg wiederum erweiterte und reduzierte diese Liste in mehreren Schritten zu 339 Adjektiven, die in 100 Gruppen fast synonymer Adjektive (z. B. ängstlich, furchtsam, nervös) eingeteilt wurden [3]. Diese 100 Marker der Persönlichkeit wurden Studierenden vorgegeben, die auf mehrstufigen Beurteilungsskalen beurteilen sollten, wie gut diese Marker ihre eigene Persönlichkeit beschreiben. Jedem Marker wurde dadurch eine Eigenschafts*dimension* zugeordnet. Diese Beurteilungen wurden dann mithilfe eines statistischen Verfahrens, der *Faktorenanalyse*, auf möglichst wenige, statistisch unabhängige Dimensionen reduziert. Bei diesem Verfahren beginnt man mit wenigen unabhängigen Dimensionen und nimmt dann eine weitere unabhängige hinzu. Wenn die zusätzlich erklärten Unterschiede nur noch gering sind, bricht man ab und kann berechnen, wie viel

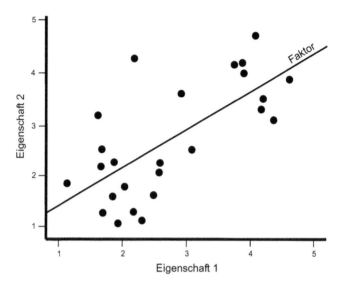

Abb. 2.1 Einfaktorenlösung für die Werte von 25 Personen auf zwei Eigenschaftsdimensionen

Prozent der Unterschiede durch die Dimensionen erklärt werden.

Dies veranschaulicht Abb. 2.1 am Fall von nur zwei Eigenschaften. Sie seien durch 25 Personen auf einer Skala von 1 = „überhaupt nicht" bis 5 = „voll und ganz" dahingehend beurteilt worden, wie gut jede Eigenschaft sie selbst beschreibt. Jede Person erhält dadurch zwei Werte, sodass sie durch einen Punkt in einem zweidimensionalen Raum dargestellt werden kann, dessen Koordinaten die beiden Eigenschaftswerte sind. Die Faktorenanalyse legt nun eine Gerade so durch die Punkte, dass die Abstände aller Punkte von der Geraden minimiert werden. Diese Gerade ist der erste Faktor. Er beschreibt eine neue Eigenschaft, auf der sich die Personen unterscheiden.

Wie die Abbildung zeigt, gelingt das relativ gut, sodass sich die zweidimensionalen Gesamtdaten ganz gut durch die Werte der Personen auf dem eindimensionalen Faktor (ihre Koordinaten auf der Linie) beschreiben lassen. Zwei Dimensionen wurden also auf eine reduziert. Bei drei Eigenschaften würde wieder erst einmal eine Linie optimal angepasst und dann eine Fläche, die die Linie enthält. Dadurch wird ein zweiter Faktor optimal angepasst, der rechtwinklig zur Linie steht. Ist der Gewinn durch die zweite Dimension nur gering, bleibt es bei der Linie, sonst bei zwei Faktoren. Bei mehr als drei Eigenschaften kann man sich das nicht mehr vorstellen, mathematisch ist es aber überhaupt kein Problem, einen Datenraum mit 100 Dimensionen (wie in der Studie von Goldberg) auf möglichst wenige Faktoren zu reduzieren.

Goldberg kam so auf 5 Faktoren, die *Big Five*; sie erklärten immerhin etwa die Hälfte der gesamten beobachteten Unterschiede zwischen den Studierenden in den 100 Markern [3]. Auf diese Weise konnten also die 2794 Eigenschaften auf nur fünf Faktoren reduziert werden (vgl. Tab. 2.1). Die englischen Anfangsbuchstaben ergeben OCEAN, wodurch sich die Big Five gut merken lassen.

Jeder Faktor ist durch diejenigen Wörter charakterisiert, deren zugeordnete Dimension ihm sehr ähnlich ist (der eine Pol der Dimension) oder ihm sehr unähnlich ist (der Gegensatzpol der Dimension). Hierdurch können die Dimensionen inhaltlich interpretiert werden. In Tab. 2.2 sind die Gegensatzpole der Big Five durch jeweils drei derartige Adjektive beschrieben [4].

Tab. 2.1 Die fünf Hauptfaktoren der Persönlichkeit (Big Five OCEAN)

Kürzel	Englisch	Deutsch
O	Openness to new experience	Offenheit gegenüber neuen Erfahrungen
C	Conscientiousness	Gewissenhaftigkeit
E	Extraversion	Extraversion
A	Agreeableness	Verträglichkeit
N	Neuroticism	Neurotizismus

Tab. 2.2 Gegensatzpole der Big Five

Kürzel	Niedrige Werte	Hohe Werte
O	phantasielos, nüchtern, engstirnig	kreativ, feinfühlig, aufgeschlossen
C	unüberlegt, unordentlich, chaotisch	umsichtig, ordentlich, beharrlich
E	passiv, ernst, distanziert	aktiv, fröhlich, gesellig
A	misstrauisch, egoistisch, hartherzig	arglos, hilfsbereit, gutmütig
N	angstfrei, ausgeglichen, unbefangen	ängstlich, empfindlich, gehemmt

Die Tab. 2.2 macht deutlich, dass die Big Five durch Gegensatzpole bestimmt sind, die zwar aus verwandten, keineswegs aber identischen Eigenschaften bestehen. Ihre Verwandtschaft ist nicht durch linguistische oder beurteilte Ähnlichkeit der Adjektive bestimmt, sondern dadurch, dass sie empirisch nachgewiesene ähnliche Persönlichkeitseigenschaften beschreiben. Wer sich auf einer Skala von 1 = „phantasielos" bis 10 = „kreativ" den Wert 7 gibt, wird sich auch auf der Skala 1 = „nüchtern" bis 10 = „feinfühlig" einen Wert nahe 7 geben – große Diskrepanzen zu 7 sind zwar im Einzelfall nicht ausgeschlossen, aber selten.

Dass die Marker für jeweils einen Pol der Big Five ähnliche, aber doch auch deutlich unterscheidbare Eigenschaften beschreiben, führt dazu, dass die Big Five „breite", d. h. etwas heterogene Dimensionen sind. Nur so konnte es überhaupt gelingen, die riesige Zahl an Eigenschaftsbeschreibungen einer Sprache auf wenige Dimensionen zu reduzieren. Dennoch erzeugen diese fünf Dimensionen bereits eine große Zahl unterschiedlicher *Persönlichkeitsprofile* (Kombinationen der Werte auf jeder der Dimensionen). Bei nur fünf Abstufungen pro Dimension von niedrig bis hoch gibt es 5 hoch 5 = 3125 mögliche Persönlichkeitsprofile, die wegen der Unabhängigkeit der Dimensionen durchaus eine Chance haben, bei einer Person tatsächlich vorzukommen. Deshalb sind Fragebögen, die „nur" die Big Five erfassen, schon recht gut geeignet, weite Teile der Persönlichkeit zu beschreiben [5].

Zudem ist die Heterogenität der Big Five kein unüberwindliches Problem. Denn es gibt Persönlichkeitstaxonomien und darauf basierende Fragebögen zur Persönlichkeitsbeurteilung, die die Big Five in mehrere Unterfaktoren zerlegen, die selbst wiederum durch mehrere Marker erfasst werden. So wird ein hoher Differenzierungsgrad erreicht [6]. Bei sechs Unterfaktoren gibt es 30 Dimensionen, die selbst bei nur zwei Abstufungen in niedrig und hoch mehr als 1 Milliarde mögliche Persönlichkeitsprofile ergeben. Viele davon werden aber in der Realität sehr selten sein, weil nun auch Kombinationen hoher Werte einer Dimension mit niedrigen Werten ähnlicher Dimensionen vorkommen können, z. B. ausgesprochen phantasielos und sehr feinfühlig. Die Überlegung macht aber deutlich, dass trotz der nur fünf zugrunde liegenden Hauptdimensionen ein

hoher Differenzierungsgrad der Persönlichkeitsbeschreibung erreicht werden kann.

Zweitens wird deutlich, dass hohe Werte in OCEA sozial
erwünscht sind, niedrige also sozial unerwünscht, während
es bei Neurotizismus genau umgekehrt ist. Deshalb wird in
manchen Fragebögen und Publikationen Neurotizismus
(also N) durch die umgekehrt gepolte Dimension Emotionale Stabilität ersetzt. Inhaltlich erfassen die Big Five in
beiden Varianten die gleichen Persönlichkeitseigenschaften,
aber bei letzterer Variante sind alle hohen Werte sozial
erwünscht.

Betrachten wir die Big Five inhaltlich, so kann man
feststellen, dass zwei Dimensionen, nämlich Extraversion
und Verträglichkeit, Eigenschaften beschreiben, die sich
auf Eigenarten der Interaktion und Kommunikation im
direkten sozialen Kontakt beziehen. Offenheit thematisiert
dagegen eher, wie offen jemand neuen Ideen und Erfahrungen gegenüber ist, nicht Offenheit im Sinne von Offenher-
zigkeit. Extraversion, Neurotizismus und Gewissenhaftigkeit beziehen sich auf Unterschiede im Temperament,
d. h. Eigenarten in Aktivität, Aufmerksamkeit und Affekt
(Gefühlsleben), den „drei A der Persönlichkeit".

Fehlen allgemein als wichtig erachtete Persönlichkeitseigenschaften? Durchaus! Zunächst fällt auf, dass Fähigkeiten wie Intelligenz, soziale Kompetenz, Sportlichkeit
oder Musikalität nicht thematisiert werden. Sie lassen sich
auch durch Kombination der Big Five nicht gut erfassen.
Fähigkeiten werden in Teil II dieses Buchs ausführlich
thematisiert. Zweitens lassen sich auch viele Einstellungen
(z. B. Radikalität der politischen Meinung), Werthaltungen
(z. B. Wertschätzung von Solidarität) und Religiosität nicht

gut erfassen. Ganz fehlen gesundheitsbezogene und auf Sexualität oder den Körperbau bezogene Eigenschaften. Das liegt schlicht daran, dass genau diese Bereiche von Norman und Goldberg, den „Vätern" der Big Five, weggelassen wurden, weil sie in nordamerikanischer Tradition Fähigkeiten, Einstellungen usw. nicht als genuinen Anteil der Persönlichkeit ansahen. Das ist auch ein Grund dafür, warum die Big Five nicht mehr als 50 % der von Laien beurteilten Persönlichkeitsunterschiede erfassen.

Im letzten Satz klang bereits eine grundlegendere Kritik an den Big Five an. Letztlich beruhen sie darauf, die Sedimentation (also den Niederschlag) sozialer Erfahrungen in der Sprache, die „Weisheit der Sprache" zu nutzen. Gleichzeitig begrenzt das aber auch den Nutzen der Big Five. Denn sie sind deshalb nicht mehr als eine saubere Rekonstruktion des alltagspsychologischen Verständnisses der Persönlichkeit. Kulturbedingte blinde Flecken und verzerrte Wahrnehmungen davon, wie sich Menschen voneinander unterscheiden, führen unweigerlich auch zu blinden Flecken und verzerrten Befunden der empirischen Persönlichkeitspsychologie, wenn sie nur die Weisheit der Sprache nutzt. Würden z. B. biologische Taxonomien von Tierarten auf den Ähnlichkeitsurteilen von biologischen Laien beruhen, würden sicherlich Wale und Delphine zusammen mit Fischen in eine Oberkategorie gepackt – Wale und Delphine sind aber aus guten Gründen keine Fische, sondern Säugetiere.

Bei all dieser Kritik an den Big Five sollten aber auch drei große Vorzüge nicht übersehen werden. Zum einen lassen sich die Big Five weltweit zur Persönlichkeitserfassung nutzen, unabhängig von Sprache und Kultur. Die Big Five sind in allen Kulturen verständlich, wenn sie nur sorgfältig übersetzt werden (vgl. hierzu genauer Kap. 16). Das macht sie zu einem universell nutzbaren Handwerkszeug für empirische Untersuchungen gerade auch von kulturellen Unterschieden in der Persönlichkeit. Denn diese Unterschiede können mit einem einheitlichen Maßstab gemessen werden. Das scheint der Tatsache zu widersprechen, dass sich die Big Five zwar in den germanischen Sprachen (Englisch, Holländisch und Deutsch) auf dem von Norman und Goldberg beschriebenen Weg finden lassen, aber man schon im Französischen etwas anders gestaltete Faktoren erhält. Letztlich scheinen nur drei der Big Five aus den meisten Sprachen destillierbar zu sein. Trotzdem sind die Big Five aber in allen Kulturen verständlich [7].

Das liegt daran, dass es kleinere kulturabhängige Unterschiede in der Bedeutung bestimmter Eigenschaftswörter gibt, weshalb sich zwei verschiedene Eigenschaftswörter erst recht in ihrer Bedeutung unterscheiden – und 100 Eigenschaftswörter noch mehr. Versucht man nun mittels Faktorenanalyse, die unterschiedlichen Punkte in den hundertdimensionalen Daten zweier Kulturen durch nur jeweils fünf Dimensionen optimal abzubilden, ist es unwahrscheinlich, dass genau derselbe fünfdimensionale Raum herauskommt. Dennoch können alle Beteiligten die Bedeutung jedes Faktors in beiden Kulturen gut verstehen. So können sich US-amerikanische Studenten problemlos auf Eigenschaftsdimensionen einschätzen, die für China entwickelt wurden und umgekehrt [8].

Zweitens sind die Big Five geeignet, Persönlichkeitsunterschiede in allen Altersgruppen zu beschreiben, in denen es überhaupt stabile Persönlichkeitseigenschaften gibt, nämlich ab dem Alter von 3 Jahren (vgl. Kap. 1). Zwar können sich Dreijährige noch nicht selbst damit beschreiben, aber Eltern können ihre dreijährigen Kinder gut mithilfe der Big Five beurteilen. Und wenn sie gebeten werden, ihre Kinder mit eigenen Worten zu beschreiben, können auch diese Daten gut durch die Big Five beschrieben werden [9].

Und drittens können die Big Five als Koordinatensystem dienen, in dem sich andere Eigenschaftsdimensionen verorten lassen. So liegt z. B. Schüchternheit „quer" zu Extraversion und Neurotizismus. Stark Schüchterne sind sowohl introvertiert (Gegenteil von extravertiert) als auch hoch neurotisch, wenig Schüchterne sind stark extravertiert und wenig neurotisch. Auf diese Weise lassen sich viele in Forschung und Praxis vorkommende Eigenschaftsdimensionen einem der Big-Five-Faktoren zuordnen, weil sie ihm sehr ähneln, oder durch Kombination mehrerer Big Five beschreiben. Das macht die Forschung übersichtlicher und ermöglicht die Zusammenfassung der Befunde zu ähnlichen Dimensionen in Form von Metaanalysen.

Ich habe mich hier auf die Big Five konzentriert, weil sie derzeit das verbreitetste Verfahren der Persönlichkeitsbeschreibung in der empirischen Forschung sind. Es gibt aber je nach Anwendungskontext durchaus andere Verfahren wie z. B. die Hinzunahme einer sechsten Dimension der Ehrlichkeit oder Verfahren zur Personalauswahl und Personalentwicklung, die beruflich relevante Persönlichkeitsdimensionen besonders gut differenzieren [10].

Neben dem Ansatz, Persönlichkeitsunterschiede durch wenige kontinuierliche, graduell abgestufte Dimensionen zu erfassen, auf denen die Eigenschaften von Personen

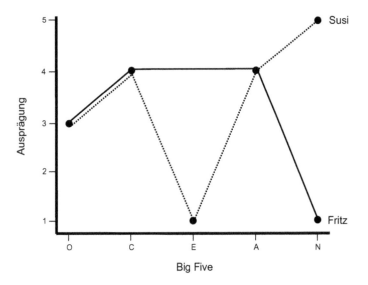

Abb. 2.2 Ähnlichkeit von zwei Big-Five Profilen

variieren, gibt es nicht nur in der Alltagspsychologie, sondern auch in der empirischen Persönlichkeitspsychologie den Ansatz, *Persönlichkeitstypen* voneinander zu unterscheiden, also Personen mit einer ähnlicher Persönlichkeit zu einer Gruppe zusammenzufassen. Die Ähnlichkeit lässt sich empirisch dadurch bestimmen, dass man Profile in den Big Five oder einem anderen dimensionalen System nach Ähnlichkeit gruppiert. Die Ähnlichkeit von zwei Profilen ist die Summe der Ähnlichkeiten in den einzelnen beteiligten Merkmalen. So unterscheiden sich die Big-Five-Profile von Fritz und Susi in Abb. 2.2 in Extraversion E um 3 Punkte und in Neurotizismus N um 4 Punkte, ansonsten sind sie identisch. Es wird allerdings aus statistischen Gründen nicht die Summe der Abweichungen als Unähnlichkeit gewertet, sondern die Wurzel aus der Summe der quadrierten Abweichungen (die Euklidische Distanz). Die Unähnlichkeit der Profile von Fritz und Susi beträgt also Wurzel aus $(3^2 + 4^2) = 5$.

Sind die Big-Five-Werte vieler Personen bekannt, kann man die Profilunterschiede zwischen allen Personen berechnen und mithilfe des mathematischen Verfahrens der *Clusteranalyse* die Personen so in Gruppen („Cluster") einteilen, dass die Ähnlichkeit innerhalb der Gruppen maximiert wird. Ähnlich wie bei der Faktorenanalyse wird dabei geprüft, ob die Erhöhung der Gruppenzahl noch zu einer deutlichen Erhöhung der Ähnlichkeit innerhalb der Gruppen führt. Ist das nicht mehr der Fall, wird abgebrochen. Und das Ergebnis ist eine optimale Einteilung der Personen in Persönlichkeitstypen, die inhaltlich durch das mittlere Profil in jeder Gruppe beschrieben werden. Dieses Verfahren kann man auf beliebig viele Eigenschaftsdimensionen anwenden. In Abb. 2.3 wird gezeigt, welche Gruppen man erhält, wenn man die in Abb. 2.1 gezeigten Daten zugrunde legt. Die Gruppen gruppieren die Personen so in Typen, wie man es auch intuitiv bei Betrachten der Punkte tun würde.

Wendet man dieses Verfahren auf Big-Five-Profile in großen Stichproben von Personen an, erhält man oft drei Persönlichkeitstypen (vgl. Abb. 2.4) [11]. Dem *resilienten Typ* R gehören ca. 50 % der Personen an, dem *unterkontrollierten Typ* U ca. 25 % und dem *überkontrollierten Typ* O (von *overcontroller*) ebenfalls ca. 25 %. Inhaltlich lassen sich

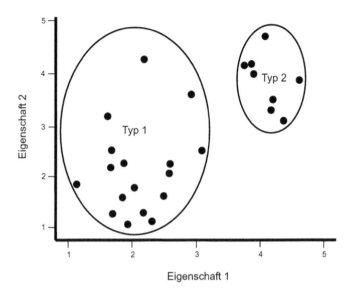

Abb. 2.3 Gruppierung der Werte von 25 Personen auf zwei Eigenschaftsdimensionen

diese drei *Haupttypen der Persönlichkeit* durch ihr mittleres Profil in den Big Five charakterisieren (vgl. Abb. 2.4). Der resiliente Typ ist durch sozial erwünschte Eigenschaften gekennzeichnet, insbesondere niedrigen Neurotizismus und hohe Gewissenhaftigkeit. Das fördert einen erfolgreichen Umgang mit belastenden Situationen, die *Resilienz*, die hier als Namensgeber fungiert. Der unterkontrollierte Typ zeichnet sich durch niedrige Gewissenhaftigkeit aus, ohne dass der Neurotizismus erhöht wäre; diese Kombination weist auf geringe Kontrolle der eigenen Impulse und Gefühle hin. Der überkontrollierte Typ zeichnet sich durch hohen Neurotizismus und niedrige Extraversion aus. Diese

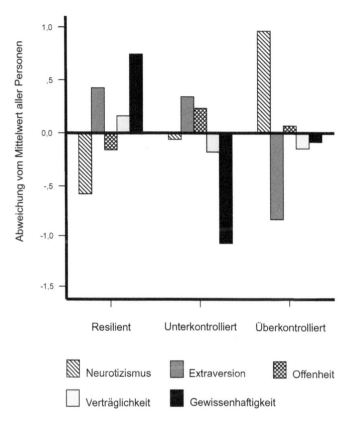

Abb. 2.4 Die drei Haupttypen der Persönlichkeit (RUO)

Kombination weist auf übermäßige Kontrolle von Impulsen und Gefühlen und Gehemmtheit in sozialen Situationen hin. Die drei Haupttypen werden deshalb auch als *RUO-Typen* bezeichnet (RUO steht für die Anfangsbuchstaben der englischen Wörter resilient, undercontroller und overcontroller).

Ähnlich wie bei den Big Five variieren auch die Ergebnisse von Clusteranalysen zwischen Kulturen, aber ähnlich wie bei den Big Five können alle drei Typen gut in unterschiedlichen Kulturen reproduziert werden, wenn man Personen dem ähnlichsten der drei RUO-Typen zuordnet. Die drei Typen finden sich nicht nur bei Erwachsenen, sondern schon bei Kindern im Vorschulalter [11]. Theoretisch könnte man diese sehr grobe Einteilung in nur drei Typen weiter differenzieren, indem man Untertypen jedes Typs bildet. Das gelang bisher aber nicht zufriedenstellend, weil das Verfahren der Clusteranalyse sehr anfällig gegenüber kleinen Abweichungen der Punkte im mehrdimensionalen Raum ist. Von daher ist die dimensionale Beschreibung durch Faktoren deutlich der Typenbildung überlegen.

Dennoch spielen die RUO-Typen und andere Typologien eine gewisse Rolle, weil sie an Nichtpsychologen leichter vermittelbar sind als die dimensionalen Faktoren. Denn wir alle nutzen im Alltag ein Typenkonzept zur Beschreibung von Personen, kein dimensionales Konzept, und in der Medizin hat sich bis heute das Konzept von Krankheitstypen erhalten, sodass Ärzte auch beruflich gewohnt sind, mit Typen umzugehen.

In praktischen Anwendungen der Persönlichkeitspsychologie wird die zwar relativ umfassende, aber gleichzeitig sehr grobe Unterteilung in die RUO-Typen nicht verwendet, sondern es gibt vielfältige maßgeschneiderte Typenbildungen je nach Anwendungsinteresse. Ihre empirische Begründung ist meist zweifelhaft, die Versprechungen zum praktischen Nutzen der Typen sind dafür umso vollmundiger. Dazu gehören z. B. die in der Wirtschaft weitverbreiteten

Myers-Briggs-Typen (MBTI) und die verwandten 16 Typen des 16-Personalities-Test.

Nicht alle diese Konzepte sind unseriös. Zu den seriösen zählt z. B. der Ansatz, die typische *Unternehmerpersönlichkeit* (*entrepreneurial personality*) durch ein charakteristisches Big-Five-Profil zu charakterisieren mit hohen Werten in Offenheit gegenüber neuen Erfahrungen, Gewissenhaftigkeit und Extraversion und niedrigen in Verträglichkeit und Neurotizismus. Empirische Untersuchungen zeigen, dass dieser Typ gekennzeichnet ist durch Unkonventionalität, die auch öfters aneckt, ein hohes Neugiermotiv, höheres Leistungsmotiv im Vergleich zum Machtmotiv, hohe intrinsische Motivation (d. h. Motivierung aus innerem Antrieb, nicht durch Belohnung wie Geld oder Lob), starke Identifikation mit einem längerfristigen Ziel und Ambiguitätstoleranz (d. h. Aushalten von Widersprüchen und Grauzonen, ohne in Schwarz-Weiß-Denken zu verfallen). Der Anteil der Personen mit einer Unternehmerpersönlichkeit im Vergleich von 51 Staaten der USA und im Vergleich der 16 deutschen Bundesländer korrespondierte jeweils damit, wie häufig Selbstständige, Unternehmensgründungen und anderen Indikatoren für unternehmerische Aktivität in diesen Regionen anzutreffen sind. Interessanterweise fanden sich kaum Zusammenhänge zwischen unternehmerischer Aktivität mit den Mittelwerten der einzelnen Big Five in diesen Regionen. Es ist also die *Kombination* von Big-Five-Ausprägungen, auf die es hier ankommt [12].

Zusammenfassung

Faktoren und Typen der Persönlichkeit entsprechen zwei verschiedenen Ansätzen der Persönlichkeitspsychologie, dem *variablenorientierten* und dem *personorientierten* Ansatz. Im Mittelpunkt des variablenzentrierten Ansatzes stehen einzelne Eigenschaftsdimensionen wie z. B. die Big Five. Im Mittelpunkt des personorientierten Ansatzes steht die einzelne Person mit ihrem charakteristischen Persönlichkeitsprofil. Wie die RUO-Typen und die Unternehmerpersönlichkeit gezeigt haben, ist es sinnvoll, beide Ansätze miteinander zu verbinden, indem variablenorientiert grundlegende Eigenschaftsdimensionen destilliert und dann personorientiert die hierauf beruhenden Persönlichkeitsprofile bestimmten Persönlichkeitstypen zugeordnet werden, die sich durch ein charakteristisches Profil von Ausprägungen auf den Eigenschaftsdimensionen beschreiben lassen. Beide Ansätze können genutzt werden, um die Persönlichkeit zu beschreiben. Wie das wissenschaftlich möglich ist und welche Probleme es dabei gibt, wird in den nächsten vier Kapiteln geschildert.

Literatur

1. Allport, G. W. & Odbert, H. S. (1936). Trait names: A psycholexical study. *Psychological Monographs, 47* (Whole No. 211).
2. John, O. P., Angleitner, A. & Ostendorf, F. (1988). The lexical approach to personality: A historical review of trait taxonomic research. *European Journal of Personality, 2,* 171–203.
3. Goldberg, L. R. (1990). An alternative „Description of personality": The Big-Five factor structure. *Journal of Personality and Social Psychology, 59,* 1216–1229.
4. Neyer, F. J. & Asendorpf, J. B. (2017). *Psychologie der Persönlichkeit* (6. Aufl.). Berlin: Springer Medizin Verlag.

5. Sie können sich selbst und andere, z. B. ihren Partner, kostenlos im Internet bezüglich der Big Five testen lassen und bekommen eine ausführliche Rückmeldung mit den Ergebnissen: http://de.outofservice.com/bigfive/

6. Ein verbreiteter Test mit sechs Unterfaktoren jedes Big-Five-Faktors ist das NEO-PI-R (Ostendorf & Angleitner, 2003).

7. Neyer, F. J. & Asendorpf, J. B. (2018). *Psychologie der Persönlichkeit* (6. Aufl.). Berlin: Springer-Verlag.

8. Cheung, F. M., Leung, K., Zhang, J.-X., Sun, H.-F., Gan, Y.-Q. & Song, W.-Z. (2001). Indigenous Chinese personality constructs: Is the Five-Factor Model complete? *Journal of Cross-Cultural Psychology, 32,* 407–433.

9. Kohnstamm, G. A., Kohnstamm, G. A., Halverson, C. F., Mervielde, I. & Havill, V. L. (Eds.) (1998). *Parental descriptions of child personality: Developmental antecedents of the Big Five.* Mahwah, NJ: Erlbaum.

10. Ein solcher Test ist z. B. das Bochumer Inventar zur Persönlichkeitsbeschreibung BIP (Hossiep & Paschen, 2003).

11. Asendorpf, J. B., Borkenau, P. & Ostendorf, F. (2001). Carving personality description at its joints: Confirmation of three replicable personality prototypes for both children and adults. *European Journal of Personality, 15,* 169–198.

12. Obschonka, M., Schmitt-Rodermund, E., Silbereisen, R. K. & Potter, J. (2013). The regional distribution and correlates of an entrepreneurship-prone personality profile in the United States, Germany, and the United Kingdom: A socioecological perspective. *Journal of Personality and Social Psychology, 105,* 104–122.

3

Spiegelbilder: Wie wir uns im Spiegel anderer sehen

Wie nehmen wir unsere eigene Persönlichkeit wahr, und wie möchten wir anderen gegenüber erscheinen? Wie werden unser Selbstbild und unser Selbstwert durch den Eindruck anderer von uns geformt, und wie versuchen wir, diesen Eindruck durch Selbstdarstellung zu beeinflussen? Wieso glauben wir, zu wissen, wer wir sind, obwohl unser Verhalten und die Rückmeldungen unserer Umwelt hierüber alles andere als stabil sind? Warum können Narzissten einen übersteigerten Selbstwert fern jeder Realität aufrechterhalten und trotzdem in vieler Hinsicht erfolgreich sein? Diese Fragen stehen im Mittelpunkt dieses Kapitels, das sich mit dem Bild der eigenen Persönlichkeit und den vielfältigen Prozessen der Selbststabilisierung und Selbstdarstellung beschäftigt.

© Springer-Verlag GmbH Deutschland 2018
J. B. Asendorpf, *Persönlichkeit: was uns ausmacht und warum*,
https://doi.org/10.1007/978-3-662-56106-5_3

Die Persönlichkeit kann man auf unterschiedlichen Wegen beschreiben: Selbstbeschreibung von Eigenschaften, Beschreibung durch gute Bekannte, Beobachtung von Verhaltensregelmäßigkeiten und Rückschlüsse aus Persönlichkeitsspuren in der Umwelt. Diese vier Wege werden in den nächsten vier Kapiteln geschildert. In der Persönlichkeitspsychologie wird am häufigsten die Selbstbeschreibung in Fragebögen, manchmal auch in Interviews genutzt. Auf den ersten Blick scheint das auch die einfachste und beste Methode zu sein. Denn wer kennt die Persönlichkeit eines Menschen besser als der Mensch selbst? Zumindest ab dem späten Kindesalter ist die selbst wahrgenommene Persönlichkeit ein zentraler Teil des *Selbstbildes* (auch Selbstkonzept genannt), des Bildes von einem selbst, und kann erfragt werden. So einfach ist das aber nicht, denn das Selbstbild kann systematisch verzerrt sein. Im Gegensatz zu anderen Beurteilern, die im besten Fall der beurteilten Person neutral gegenüber sind, sodass sie keinen Grund haben, ihr Bild der Person zu verfälschen, ist die Selbstbeurteilung erheblich emotionaler und oft auch stärker motivational beeinflusst.

Wenn Sie sich morgens im Spiegel betrachten, hängt das, was sie da sehen, durchaus davon ab, wie sie die Nacht verbracht haben und wie ihre aktuelle Stimmung ist. An guten Tagen betrachten Sie sich wohlgefälliger oder zumindest unkritischer als an schlechten, obwohl neutrale Beurteiler eines Fotos des Spiegelbildes gar keinen oder nur einen geringen Unterschied sehen würden. Ihre Stimmung überträgt sich auf ihre Selbstwahrnehmung. Selbst eingeschätzte Attraktivität des Gesichts ist ein schlechtes Maß der sozial wirksamen Attraktivität. Denn die selbst eingeschätzte

Attraktivität ist nicht nur stimmungsabhängiger, sondern hängt auch stärker mit dem *Selbstwert* zusammen, der Bewertung der eigenen Person auf der Dimension positiv – negativ. Je niedriger der Selbstwert, desto weniger finden sich Männer und Frauen attraktiv, obwohl der Selbstwert so gut wie gar nicht mit dem Attraktivitätsurteil neutraler Beurteiler zusammenhängt. Auch deshalb stimmen Selbsturteil und Beobachterurteil über die Attraktivität des Gesichts nur gering überein [1]. In diesem Fall ist die Selbst-Beobachter-Übereinstimmung so gering, weil das Selbstbild durch den Selbstwert verzerrt ist.

Nun könnte es sein, dass der Selbstwert genauso wie die Tagesverfassung von Tag zu Tag und sogar von Stunde zu Stunde schwankt, z. B. nach Erhalt eines überraschend guten oder schlechten Zeugnisses oder wenn man überraschend gefeuert oder befördert wird. Dann wäre er vielleicht nur ein Ausdruck der positiven oder negativen Stimmung, in der man gerade ist. Solche Schwankungen gibt es durchaus; z. B. beeinflusst bei Paaren die wahrgenommene aktuelle Qualität der Partnerschaft den aktuellen Selbstwert nicht nur am selben Tag, sondern hat auch noch Auswirkungen auf den Selbstwert am nächsten Tag: Ein Tief in der Beziehung vermindert ihn, ein Hoch erhöht ihn [2].

Dennoch unterscheiden sich Menschen auch in stabiler Weise in ihrem typischen Selbstwert. Der Selbstwert ist dann ein Persönlichkeitsmerkmal, wenn er über viele Tage gemittelt oder für einen übersichtlichen Zeitraum, z. B. den letzten Monat, eingeschätzt wird. Dieser stabile Selbstwert spielt eine zentrale Rolle in der Persönlichkeit, weil er mit sehr vielen anderen Eigenschaften, der Qualität der sozialen

Beziehungen, Leistung in Schule und Beruf und psychischer Gesundheit zusammenhängt [3]. Bezogen auf die Big Five (vgl. Kap. 2) hängt der stabile Selbstwert am stärksten mit emotionaler Stabilität zusammen, also mit geringem Neurotizismus, und am zweitstärksten mit Extraversion [4].

Selbstbild und Selbstwert sind nicht nur davon abhängig, wer wir wirklich sind, sondern auch davon, wie wir diese Wirklichkeit wahrnehmen und interpretieren, also wie wir die vielen uns zugänglichen Informationen über uns selbst verarbeiten. Im Folgenden skizziere ich die fünf wichtigsten Informationsverarbeitungsprozesse, die hier eine Rolle spielen: Selbstwahrnehmung, Selbsterinnerung, soziales Spiegeln, sozialer Vergleich und Selbstdarstellung [5]. Sie sind in Abb. 3.1 dargestellt. Betrachten wir zunächst die einzelnen Prozesse; am Schluss diskutiere ich sie dann noch einmal im Zusammenhang.

Selbstwahrnehmung

Eine ständige Quelle selbstrelevanter Informationen sind der eigene Körper, die in ihm ablaufenden physiologischen Prozesse und das eigene Verhalten. Viele unterschiedliche Sinnesmodalitäten (visuelle, akustische, taktile usw.) liefern Informationen darüber, wie wir aussehen und uns verhalten; durch Hilfsmittel wie Spiegel, Videofeedback (Ansehen von Videoaufnahmen des eigenen Verhaltens) oder Biofeedback (visuelle Rückmeldung über eigene physiologische Reaktionen) können wir den Erfahrungsraum für die Selbstwahrnehmung noch erweitern. Dennoch ist die Selbstwahrnehmung keineswegs sehr akkurat; selbst im visuellen Bereich

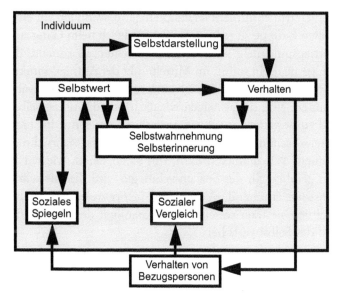

Abb. 3.1 Fünf Prozesse der Selbstwert-Regulation

gibt es Wahrnehmungstäuschungen, und unsere Wahrnehmung physiologischer Vorgänge ist erst recht ungenau – zu
den meisten haben wir überhaupt keinen direkten sensorischen Zugang (z. B. können wir unseren Blutdruck ohne
Biofeedbacktraining nicht direkt wahrnehmen). Von daher
ist das auf Selbstwahrnehmung gegründete Selbstkonzept
abhängig von der Genauigkeit der Selbstwahrnehmung,
und die kann von Person zu Person variieren.

Hinzu kommt, dass jede Wahrnehmung, also auch die
Selbstwahrnehmung, nie ein passives Abbild der Wirklichkeit ist, sondern *erwartungsgesteuert* erfolgt; jede Wahrnehmung beginnt schon mit einer Hypothese. Wenn ich weiß,

dass ich früher immer Herzklopfen hatte, wenn ich vor einer großen Gruppe zu reden begann, werde ich beim Gang zum Vortragspult mehr auf Herzklopfen achten als jemand, der sich gerne darin sonnt, im Mittelpunkt der Aufmerksamkeit zu stehen; dadurch werde ich auch mehr Herzklopfen wahrnehmen. Von daher neigen wir dazu, ständig unser Selbstbild zu bestätigen, weil wir uns selbst immer nur im Licht unseres schon vorhandenen Selbstkonzepts wahrnehmen können: Wir tendieren dazu, uns so zu sehen, wie wir zu sein glauben. In der Sozialpsychologie wird dies als selbstkonsistenzerhöhende Verzerrung (*self-consistency bias*) bezeichnet; sie trägt wesentlich zur Stabilität des Selbstbildes und des Selbstwerts bei.

Selbsterinnerung

Eine weitere Quelle selbstrelevanter Informationen ist die Erinnerung an eigenes Erleben und Verhalten in früheren Situationen. Während die wahrnehmungssteuernden Erwartungen fast immer automatisch und unbewusst wirken, tauchen bisweilen bewusste Erinnerungen an uns selbst auf, oft verbunden mit positiven oder negativen Gefühlen: wie peinlich es war, dass ich damals bei der Rede den Faden verloren hatte, oder wie toll es war, als am Ende alle begeistert geklatscht hatten. Das Erinnern ist aber genauso wie die Wahrnehmung der aktuellen Situation erwartungsgesteuert, und deshalb unterliegt es auch selbstkonsistenzerhöhenden Verzerrungen. Das steigert das Gefühl der *Identität*, also einer Kontinuität zwischen dem, was wir früher zu sein glaubten und was wir jetzt zu sein glauben: Wir glauben, zu wissen, wer wir sind.

Soziales Spiegeln

Selbstwahrnehmung und Selbsterinnerung sind Prozesse, die ganz im Privaten ablaufen können. In der sozialen Interaktion kommt eine dritte Quelle selbstrelevanter Informationen ins Spiel: die Meinung anderer von uns selbst. Cooley verglich 1902 die Rolle anderer mit einem Spiegel: „Each to each a looking glass, reflects the other that doth pass" [6]. Nach dieser Auffassung sehen wir uns selbst so, wie wir uns im Spiegel sehen, den uns andere vorhalten. Wir halten uns z. B. für freundlich, wenn wir aus den Reaktionen anderer schließen, dass sie uns für freundlich halten (ob sie diese Meinung wirklich haben, steht auf einem anderen Blatt). Verkürzte Darstellungen des sozialen Spiegelns gehen davon aus, dass wir uns so sehen, wie andere uns tatsächlich sehen. Wir würden uns sozusagen objektiv aus ihrer Perspektive betrachten. Aber das geht natürlich nicht; wir können nur aus unserer Perspektive vermuten, wie andere uns sehen: Wir tendieren dazu, uns so zu sehen, wie wir glauben, dass andere uns sehen.

Wie verzerrt unsere Wahrnehmung des Spiegelbildes ist, das sie uns vorhalten, wird z. B. in einer Studie deutlich, in der die Mitglieder von Studentengruppen beurteilen sollten, wie sie von den anderen Gruppenmitgliedern in diversen Eigenschaften eingeschätzt wurden; gleichzeitig wurden die tatsächlichen Urteile aller Gruppenmitglieder erfragt. Es zeigte sich, dass die Übereinstimmung der Meinung anderer drastisch überschätzt wurde. Zwar konnten die Befragten recht gut einschätzen, wie sie *im Mittel* von den anderen eingeschätzt wurden. Aber sie waren unfähig, Unterschiede zwischen den Urteilen anderer richtig einzuschätzen. Sie nahmen sozusagen in verschiedenen Spiegeln immer wieder dasselbe Bild wahr. Dieses Bild deckte sich sehr stark mit dem Selbstbild. Die Autoren folgerten daraus, dass unser Bild vom Eindruck anderer über uns stark auf Projektion beruht: Wir glauben, dass andere uns so sehen, wie wir uns selbst sehen [7]. Das begrenzt die Wirkungen sozialen Feedbacks auf uns und stabilisiert auch auf diese Weise unser Selbstbild und unseren Selbstwert.

Diese Studie hat allerdings einen Haken: Sie beruhte auf Gruppen von Studierenden, die sich erst kurz kannten. Daraus kann man nicht schließen, dass Unterschiede zwischen der Meinung, die Vater, Mutter, ein Geschwister oder der Partner von einem haben, ebenso wenig wahrnehmbar sind. Aber auch diese Unterschiede dürften zumindest zu einem Teil durch Projektion des Selbstbildes verwischt werden.

Sozialer Vergleich

Spätestens mit Beginn der Notengebung in der Schule beginnen Kinder, sich selbst mit anderen zu vergleichen. Bis dahin haben die meisten Kinder ein *grandioses Selbstbild*: Sie glauben, die Beste, der Größte und die Klügste zu sein. Je älter sie werden, desto realistischer beginnen sie, sich *innerhalb ihrer Bezugsgruppe* zu vergleichen, und das sind vor allem Gleichaltrige in der Schulklasse. Werden z. B.

Schüler aufgefordert, ihre Leistung in einem Fach relativ zur Leistung der Klassenkameraden auf einer Skala von Minus (schlechter) bis Plus (besser) einzuschätzen, liegt der Mittelwert der Schüler deutlich im positiven Bereich: Leichte Selbstüberschätzung ist normal (*Better-than-Average Effect*). Die Selbstüberschätzung nimmt zwar ab, je älter die Schüler werden, bleibt aber bis ins Erwachsenenalter hinein bestehen; z. B. überschätzen sich Erwachsene jeden Alters in ihrer Hilfsbereitschaft, Intelligenz, emotionalen Stabilität und Geselligkeit. Nur bei alten Menschen findet sich eine Umkehrung des Effekts, denn sie *unterschätzen* sich in Körperkraft, Gesundheit und körperlicher Attraktivität [8, 9].

Diese Umkehrung im Alter ist nicht überraschend. Denn Erwachsene vergleichen sich nicht nur mit dem eigenen Geburtsjahrgang, sondern legen meist die große Bezugsgruppe aller Erwachsener zugrunde, die ihnen im Alltag und in den Medien begegnen. Alte vergleichen sich eben auch mit Jungen, und da schneiden sie in manchen deutlich wahrnehmbaren Merkmalen schlechter ab. Dennoch überschätzen auch sie sich in ihrer Hilfsbereitschaft, weil da die sozialen Rückmeldungen nicht so klar sind und im Prozess des sozialen Spiegelns leichter verzerrt werden können.

Die Bezugsgruppenabhängigkeit des Selbstwerts lässt sich gut an Schülern demonstrieren, die im klassischen Schulsystem nach der vierten Klasse entweder in der Hauptschule verbleiben oder bei entsprechenden Leistungen auf das Gymnasium wechseln. Wie Abb. 3.2 zeigt, haben spätere Gymnasiasten in der Grundschule einen höheren Selbstwert im Leistungsbereich als spätere Hauptschüler, was natürlich an ihren besseren Noten liegt. Nach Wechsel des Schultyps sinkt aber ihr Selbstwert und ist nicht höher als der der

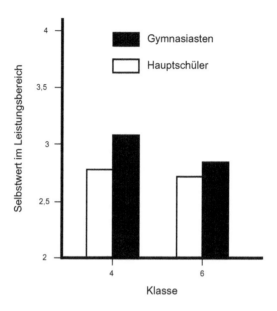

Abb. 3.2 Bezugsgruppeneffekt auf den Selbstwert im Leistungsbereich

Hauptschüler. Das liegt daran, dass sie sich nun tagtäglich mit anderen guten Schülern vergleichen und auch die Lehrkräfte sie mit anderen guten Schülern vergleichen.

Selbstdarstellung

Die Tendenzen zur Selbstwertkonsistenz und Selbstwerterhöhung betreffen nicht nur Wahrnehmung und Erinnerung, sondern auch das eigene Verhalten in sozialen Situationen. Zum einen wird es durch unseren Selbstwert beeinflusst; wer sich minderwertig fühlt, wird in Gesellschaft unsicherer sein als der, der sich so akzeptiert, wie er ist, oder der, der aufgrund eines grandiosen Selbstwerts wie ein Star auf der Bühne auftritt. Der Soziologe Goffman verglich soziales Verhalten mit dem Verhalten eines Schauspielers auf der Bühne, nur dass die Rolle das Bild ist, das er *von sich selbst* vermitteln möchte [10]. Aus dieser Sicht spielen wir in der Öffentlichkeit alle Theater; wir führen unsere erwünschte Persönlichkeit vor, indem wir uns eine Maske aufsetzen (das bringt uns wieder zurück zur ursprünglichen Bedeutung von *persona* – Maske im antiken Theater und Rolle im sozialen Leben; vgl. Kap. 1). Wir verbergen also unsere Persönlichkeit hinter der Maske der *Selbstdarstellung*.

Hierbei stellen wir uns so dar, dass wir im Spiegel der anderen unser Selbstbild bestätigen – der Konsistenzaspekt der Selbstdarstellung –, oder wir setzen uns so in Szene, dass wir im Spiegel der anderen ein Bild sehen, das uns schmeichelt – der *selbstwertdienliche* Aspekt der Selbstdarstellung. In beiden Fällen dient die Selbstdarstellung dem *Eindrucksmanagement*: Wir versuchen, den Eindruck anderer von uns zu steuern.

Eindrucksmanagement bedarf nicht unbedingt der Selbstdarstellung. So können wir den Eindruck anderer von uns durch das gezielte Verbreiten von Gerüchten über die eigene Person manipulieren, ohne dabei selbst in Erscheinung zu treten [11]. Der Versuch, „echt" auf andere zu wirken, kann auch als eine Strategie der Selbstdarstellung angesehen werden und dem Eindrucksmanagement dienen, z. B. in bestimmten Therapiegruppen. Im Grunde ist „Sei echt!" eine paradoxe Aufforderung. Denn, wenn man sich echt gibt, hat man sich ja bereits eine Maske aufgesetzt, die Maske der Echtheit.

Wenn Sie nun noch einmal Abb. 3.1 betrachten, werden Sie sehen, wie diese fünf Prozesse der selbstbezogenen Informationsverarbeitung zusammenwirken. Beachten Sie die Richtung der Pfeile; da gibt es Pfeile auch vom Selbstwert zurück zu Selbstwahrnehmung, Selbsterinnerung und sozialem Spiegeln, die den Konsistenzaspekt unterstreichen und auch dazu führen, dass wir gegenüber sozialem Feedback relativ autonom sind, zumal wir durch Selbstdarstellung und Eindrucksmanagement das Verhalten der anderen beeinflussen können.

Die fünf Prozesse der selbstbezogenen Informationsverarbeitung sind zwar insofern allgemeingültig, als sie spätestens ab dem Schulalter unser aller Selbstbild und unseren Selbstwert steuern. Aber es gibt in vieler Hinsicht auch Persönlichkeitsunterschiede in dem Ausmaß, in dem diese Prozesse selbstwertdienlich sind. Das wird abschließend am Beispiel ziemlich unangenehmer Eigenschaften illustriert, den Dunklen Drei der Persönlichkeit.

Die Dunklen Drei: Narzissmus, Machiavellismus und Psychopathie

Die Dunklen Drei (*Dark Triad* [12]) sind hohe Ausprägungen auf Persönlichkeitsdimensionen, die Unterschiede im alltäglichen Verhalten beschreiben; nur bei den sehr seltenen Extremvarianten handelt es sich um pathologische Persönlichkeitsstörungen. Die überlappen sich teilweise, aber

Tab. 3.1 Die Dunklen Drei

Eigenschaft	Narzissmus	Machiavellismus	Psychopathie
Gefühllosigkeit gegenüber anderen	++	++	++
Überhöhter, fragiler Selbstwert	++		+
Manipulierung anderer	+	++	++
Impulsivität	+		++
Kriminalität		in Führungs-positionen	++

nicht so stark, dass sie untereinander austauschbar wären. Es gibt Gemeinsamkeiten, aber auch Unterschiede, die auf der Basis empirischer Befunde in Tab. 3.1 dargestellt werden [13].

Die Bezeichnungen Narzissmus und Psychopathie gehen auf psychoanalytische [14] und psychiatrische Konzepte zurück [15]. Machiavellismus bezieht sich auf die 1513 von Niccolò Machiavelli verfasste Schrift „Il Principe" (der Fürst), in der er vorschlug, dass gute Politiker vor allem strategisch, taktisch, kalt, manipulativ und, wenn nötig, auch unmoralisch handeln müssten. Wegen ihrer Ähnlichkeit hinsichtlich Gefühllosigkeit und Manipulationstendenz werden Narzissmus, Psychopathie und Machiavellismus als *Dark Triad* (Dunkle Drei) bezeichnet. Die Begriffe bezeichnen also einerseits Dimensionen, andererseits hohe Ausprägungen auf diesen Dimensionen im Sinne von Persönlichkeitstypen.

Alle drei Typen sind durch einen Mangel an Gefühlen anderen gegenüber gekennzeichnet, einen Mangel an Mitgefühl, an *Sympathie*. Empirisch äußert sich dieser Mangel in geringer Verträglichkeit. Manchmal wird das mit mangelnder *Empathie* verwechselt im Sinne der Fähigkeit, die Perspektive anderer einzunehmen. Das trifft aber nur auf Psychopathie zu. Machiavellisten können sich besonders gut in andere hineinversetzen und sind gerade deshalb erfolgreich. Narzissten können die Gefühle und Bedürfnisse anderer wahrnehmen, aber sie sind ihnen egal.

Narzissten, in geringerem Maße auch Psychopathen, zeichnen sich durch ein überhöhtes Selbstbild aus und oft – aber nicht immer – auch durch die Abwertung anderer [16]. Als Inbegriff des Narzissten kann Donald Trump gelten. Wie wir gesehen haben, ist eine mäßige Selbstüberschätzung im Erwachsenenalter normal. Aber je stärker sie darüber hinausgeht, desto eher handelt es sich um Narzissmus. Da dieses übersteigerte Selbstbild schwer mit der Realität in Einklang gebracht werden kann, sind Narzissten besonders empfindlich gegenüber Kritik und besonders empfänglich für Lob; darum weisen sie einen fragilen Selbstwert auf, der starken Schwankungen unterliegt [17]. Auch können sie deshalb durch Lob gut manipuliert werden, was allerdings auch wieder zu ihrem grandiosen Selbstbild beiträgt. Da Narzissten auf Lob angewiesen sind, treten sie zunächst charmant auf und können schnell Herzen erobern; deswegen haben sie auch mehr Sexualpartner und kurzfristige Beziehungen [18].

Erst bei längerer Bekanntschaft tritt ihre mangelnde Sympathie, ihre Manipulationstendenz und ihre Aggressivität bei empfundener Abwertung („narzisstische Kränkung") zutage, sodass sie langfristig unbeliebt werden. Dass Narzissten nur schwer glückliche Partnerschaften aufrechterhalten können, wird zwar bei der narzisstischen Persönlichkeitsstörung angenommen, aber bisher gibt es kaum Daten zur tatsächlichen Partnerschaftsqualität bei Narzissmus im Normalbereich. Bei der wohl ersten Studie dieser Art kam heraus, dass Männer und Frauen während der ersten vier Jahre nach der Hochzeit übereinstimmend eine umso stärkere Zunahme partnerschaftlicher Probleme und Unzufriedenheit mit der Partnerschaft berichteten, je narzisstischer die Frau war, während der Narzissmus des Mannes *keine* Auswirkungen auf Probleme und Unzufriedenheit hatte [19].

Narzissten finden sich gehäuft im Medienbereich. Die höchsten Werte erzielen Stars in Reality-TV-Shows, gefolgt von Komikern, Schauspielern und Musikern [20]. Da die Narzissmuswerte nicht mit der Dauer der Beschäftigung in der Medienbranche zusammenhängen, scheint es sich nicht um eine „professionelle Verbiegung" zu handeln, sondern um einen Selektionseffekt: Medienbranche, Film und Theater ziehen narzisstische Personen an, und sie haben dort auch Erfolg.

Machiavellismus ist neben mangelnder Sympathie vor allem durch eine ausgeprägte Tendenz gekennzeichnet, andere zu täuschen, zu belügen und zu betrügen. Das geht bis hin zur Großkriminalität in Führungsetagen von Firmen, Organisationen und Parteien. Francis Underwood in der Netflix Serie „House of Cards" verkörpert einen prototypischen Machiavellisten. Hingegen hängt Machiavellismus nicht mit dem IQ zusammen [21]. Die Manipulationstendenz zeigen u. a. empirische Untersuchungen, in denen Studierende mit anderen um Geld konkurrieren und durch Bruch von Absprachen ihren Gewinn steigern können, aber auch Befragungen in Firmen [21]. Da Machiavellisten kurzfristig erfolgreich sind, indem sie Absprachen brechen oder lügen und betrügen, das jedoch meist irgendwann auffällt, ist ihr sozialer Status und ihr Einkommen nicht höher als bei vertrauenswürdigen Menschen [21]. Wirtschaftskriminelle zeigen oft typisch machiavellistische Züge [22].

Psychopathen unterscheiden sich von Narzissten und Machiavellisten vor allem durch eine höhere Impulsivität im Sinne mangelnder Kontrolle eigener Gefühle, Bedürfnisse und Verhaltensimpulse. Machiavellisten handeln planvoll, nicht impulsiv. Und Narzissten reagieren nur dann besonders impulsiv, wenn sie stark kritisiert oder gelobt werden. Machiavellisten und Psychopathen, in geringerem Maße auch Narzissten, täuschen und lügen, um andere zu manipulieren, wobei die Psychopathen aufgrund ihrer Impulsivität leichter ertappt werden. Kriminalität zeichnet Psychopathen und Machiavellisten aus, wobei Psychopathen aufgrund ihrer Impulsivität eher auffällig werden und deshalb eher im Gefängnis landen. Psychopathen rauben schon mal eine Bank aus, Machiavellisten gründen Hedgefonds auf den Kaimaninseln.

Empirische Untersuchungen an Psychopathen, vor allem bei Gefängnisinsassen, zeigen eine große Gefühlskälte bis hin zu mangelnder Fähigkeit, sich überhaupt in andere hineinzuversetzen [15]. Der Serienmörder Hannibal Lecter („Das Schweigen der Lämmer") verkörpert einen solchen extremen Psychopathen. Psychopathen haben eher kurzfristige Partnerschaften und neigen zu sexuellen Übergriffen,

Gewalt und Untreue gegenüber dem Partner [23]. Während Narzissmus und Machiavellismus bei beiden Geschlechtern ähnlich stark ausgeprägt ist, ist Psychopathie jeglichen Grades deutlich häufiger bei Männern [24]. Dass es Psychopathen in führende Positionen in Wirtschaft und Politik schaffen, dürfte seltener sein als oft vermutet, weil sich hierbei ihre Impulsivität hinderlich auswirkt. Machiavellisten dürften in diesem Bereich viel häufiger anzutreffen sein. Leichtere Formen der Psychopathie begegnen uns aber nicht selten im Alltag in Form antisozialen Verhaltens: der Drängler auf der Autobahn, der Gelegenheitskriminelle und der Steuerhinterzieher.

> **Zusammenfassung**
> Unser Selbstkonzept und unser Selbstwert werden durch fünf Prozesse der selbstbezogenen Informationsverarbeitung reguliert: Selbstwahrnehmung, Selbsterinnerung, soziales Spiegeln, sozialer Vergleich und Selbstdarstellung. Diese Prozesse können auf der Grundlage mangelnder Sympathie für andere in selbstwertdienlicher Weise genutzt werden. Das zeigt sich in Persönlichkeitsunterschieden bezogen auf die Dunklen Drei: Narzissmus, Machiavellismus und Psychopathie. Die selbstwertdienliche Verzerrung betrifft dabei auch Selbstbeurteilungen der Persönlichkeit, sodass die Methode der Selbstbeschreibung zur Diagnose der Dunklen Drei problematisch ist; deutlich besser geeignet ist die Beurteilung durch gute Bekannte. Aber auch deren Urteil ist fehleranfällig. Wie gut wir andere in ihrer Persönlichkeit beurteilen können, ist Thema des nächsten Kapitels.

Literatur

1. Feingold, A. (1992). Good-looking people are not what we think. *Psychological Bulletin*, *111*, 304–341.
2. Denissen, J. J. A., Penke, L., Schmitt, D. P. & van Aken, M. A. G. (2008). Self-esteem reactions to social interactions: Evidence for sociometer mechanisms across days, people, and nations. *Journal of Personality and Social Psychology*, *95*, 181–195.
3. Schütz, A. (2003). *Psychologie des Selbstwertgefühls* (2. Aufl.). Stuttgart: Kohlhammer.
4. Robins, R. W., Tracy, J. L., Trzesniewski, K., Potter, J. & Gosling, S. D. (2001). Personality correlates of self-esteem. *Journal of Research in Personality*, *35*, 463–482.
5. Neyer, F. J. & Asendorpf, J. B. (2018). *Psychologie der Persönlichkeit* (6. Aufl.). Berlin: Springer-Verlag.
6. Cooley, C. H. (1902). *Human nature and the social order*. New York: Charles Scribner's Sons.
7. Kenny, D. A. & DePaulo, B. M. (1993). Do people know how others view them? An empirical and theoretical account. *Psychological Bulletin*, *114*, 145–151.
8. Helmke, A. (1992). *Selbstvertrauen und schulische Leistungen*. Göttingen: Hogrefe.
9. Zell, E. & Alicke, M. D. (2011). Age and the Better-Than-Average Effect. *Journal of Applied Social Psychology*, *41*, 1175–1188.
10. Goffman, E. (1956). *The presentation of self in everyday life* [deutsch: Wir alle spielen Theater: Die Selbstdarstellung im Alltag. München: Piper 2003].
11. Leary, M. & Kowalski, R. M. (1990). Impression management. A literature review and two-component model. *Psychological Bulletin*, *107*, 34–47.

12. Paulhus, D. L. & Williams, K. M. (2002). The Dark Triad of personality: Narcissism, Machiavellianism, and psychopathy. *Journal of Research in Personality*, *36*, 556–563.

13. Paulhus, D. L. (2014). Toward a taxonomy of dark personalities. *Current Directions in Psychological Science*, *23*, 421–426.

14. Freud, S. (1914). Zur Einführung des Narzißmus. *Jahrbuch der Psychoanalyse*, *6*, 1–24.

15. Hare, R. D. & Neumann, C. S. (2008). Psychopathy as a clinical and empirical construct. *Annual Reviews of Clinical Psychology*, *4*, 217–246.

16. Back, M. D., Küfner, A. C. P., Dufner, M. & Denissen, J. J. A. (2013). Narcissistic admiration and rivalry: Disentangling the bright and dark sides of narcissism. *Journal of Personality and Social Psychology*, *105*, 1013–1037.

17. Morf, C. C. & Rhodewalt, F. (2001). Unraveling the paradoxes of narcissism: A dynamic self-regulatory processing model. *Psychological Inquiry*, *12*, 177–196.

18. Dufner, M., Rauthmann, J. F., Czarna, A. Z. & Denissen, J. J. A. (2013). Are narcissists sexy? Zeroing in on the effect of narcissism on short-term mate appeal. *Personality and Social Psychology Bulletin*, *39*, 870–882.

19. Lavner, J. A., Lamkin, J., Miller, J. D., Campbell, W. K. & Karney, B. R. (2016). Narcissism and newlywed marriage: Partner characteristics and marital trajectories. *Personality Disorders: Theory, Research, and Treatment*, *7*, 169–179.

20. Young, S. M. & Pinsky, D. (2006). Narcissism and celebrity. *Journal of Research in Personality*, *40*, 463–471.

21. Wilson, D. S., Near, D. & Miller, R. R. (1996). Machiavellianism: A synthesis of the evolutionary and psychological literature. *Psychological Bulletin*, *119*, 285–299.

22. Knecht, T. (2006). Das Persönlichkeitsprofil des Wirtschaftskriminellen. *Kriminalistik*, *3/2006*, 201–206.

23. Jonason, P. K., Li, N. P., Webster, G. D. & Schmitt, D. P. (2009). The dark triad: Facilitating a short-term mating strategy in men. *European Journal of Personality*, *23*, 5–18.
24. Cale, E. M. & Lilienfeld, S. O. (2002). Sex differences in psychopathy and antisocial personality disorder: A review and integration. *Clinical Psychology Review*, *22*, 1179–1207.

4

Brunswiks Linse: Wie wir andere sehen

Im Alltag erschließen wir Persönlichkeitseigenschaften intuitiv aus wiederholten Beobachtungen. Schon bei der ersten Begegnung bilden wir uns sehr schnell einen ersten Eindruck, den wir dann durch weitere Beobachtungen in anderen Situationen modifizieren und differenzieren können. Die empirische Psychologie beschreibt den Prozess der Eindrucksbildung mit dem Linsenmodell der Personenwahrnehmung von Brunswik. In diesem Kapitel werden dieses Modell und Befunde zur Persönlichkeitswahrnehmung dargestellt, z. B. die Rolle von Bewerbungsfotos, woran man Homosexualität erkennen kann und worauf Attraktivität beim ersten Date beruht.

Schon in den ersten Sekunden der Begegnung mit Fremden bilden wir uns ganz automatisch und ungewollt einen ersten Eindruck von ihnen – männlich oder weiblich, groß oder

© Springer-Verlag GmbH Deutschland 2018
J. B. Asendorpf, *Persönlichkeit: was uns ausmacht und warum*,
https://doi.org/10.1007/978-3-662-56106-5_4

klein, schön oder hässlich, freundlich oder verschlossen, sicher oder unsicher. Selbst wenn wir nur ein Foto gezeigt bekommen, können wir viele Persönlichkeitseigenschaften besser als der Zufall vorhersagen. Das gilt nicht nur für körperliche Merkmale, sondern auch für manche der Big Five.

Das ist das Ergebnis der sogenannten *Zero-Acquaintance-Forschung* (null Bekanntschaft), in der von vielen Personen in standardisierten Situationen Fotos, Videostandbilder oder kurze Video- oder Audioaufnahmen gemacht werden. Sie werden Beurteilern gezeigt, die die Personen nicht kennen („Unbekannte"), mit der Bitte, bestimmte Eigenschaften der Personen einzuschätzen. Die Einschätzungen der Unbekannten werden dann mit den entsprechenden Selbsteinschätzungen der Personen oder Einschätzungen durch gute Bekannte verglichen. Die Übereinstimmung wird dabei quantitativ bestimmt als *Korrelation* zwischen den Einschätzungen der Unbekannten und den Einschätzungen durch die Personen selbst oder gute Bekannte von ihnen. Fast alle Befunde der empirischen Persönlichkeitspsychologie lassen sich durch Korrelationen beschreiben, sodass deren Bedeutung hier genauer erklärt wird (siehe „Korrelation").

Korrelation

Eine Korrelation beschreibt die *Stärke des Zusammenhangs von zwei Variablen*, z. B. von zwei Eigenschaftsmessungen derselben Personen. Korrelationen können zwischen +1 und −1 variieren. Eine Korrelation von 1 beschreibt einen perfekten Zusammenhang, 0,50 einen starken Zusammenhang, 0,30 einen mittelstarken Zusammenhang und 0,10 einen schwachen Zusammenhang. Das kann mithilfe einer Geraden

---

(Fortsetzung)

veranschaulicht werden, die so durch die Punkte (die im Beispiel Personen repräsentieren) gelegt wird, dass die Abstände der Punkte von der Geraden möglichst gering sind. Je geringer der Abstand insgesamt ist, desto stärker ist der Zusammenhang, und desto stärker lässt sich aus der einen Variable (z. B. Selbsteinschätzung) die andere (z. B. Einschätzung durch Unbekannte) vorhersagen (vgl. Abb. 4.1). Steigt die Gerade an, ist die Korrelation positiv, fällt sie ab, ist sie negativ. So korreliert etwa Intelligenz negativ mit der Lösungszeit für Intelligenzaufgaben: je intelligenter, desto kürzer die Zeit bis zur Lösung. Um zufällige Korrelationen auszuschließen, werden nur „signifikante" Korrelationen interpretiert, die mit 95 % Sicherheit nicht null sind (also statistisch bedeutsam sind). Ob eine Korrelation signifikant ist, hängt von der Zahl der miteinander korrelierten Daten ab (z. B. Zahl der Personen). Bei 100 Personen sind Korrelationen ab 0,20 signifikant, bei 400 Personen ab 0,10, bei 1000 Personen ab 0,07. Man braucht also sehr viele Personen, um schwache Korrelationen zwischen Eigenschaftsmessungen vom Zufall abgrenzen zu können.

Mithilfe von Korrelationen kann man sehr gut auch feinere Unterschiede in der Beurteilungsgenauigkeit beschreiben, z. B. wie gut sich die Big Five bei 100 Erwachsenen von guten Bekannten und von Unbekannten aufgrund von 90 Sekunden Videoaufnahme, der Tonspur davon oder einem Standbild daraus in einer standardisierten Situation beurteilen lassen (vgl. Tab. 4.1). Beurteilungsfehler der Unbekannten wurden dadurch möglichst gering gehalten, dass das Urteil von jeweils 24 Unbekannten gemittelt wurde.

Die Ergebnisse zeigen zunächst einmal, dass das Big-Five-Urteil guter Bekannter bei allen Big Five stark mit dem Selbsturteil übereinstimmte. Die 0,55 in der ersten Zeile der Ergebnisse bedeutet, dass das Selbsturteil in Offenheit

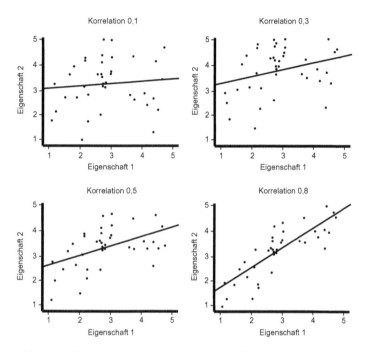

Abb. 4.1 Korrelationen unterschiedlicher Stärke zwischen zwei Eigenschaftsmessungen

mit der Offenheitsbeurteilung durch eine gut bekannte Person stark übereinstimmte. Die 0,20 rechts daneben besagt, dass das Selbsturteil in Offenheit von Unbekannten nach Ansehen von 90 Sekunden Video aber nur schwach vorhergesagt werden konnte (bei 100 Personen ist 0,20 gerade noch überzufällig). Aus Audioaufnahmen und einem Standbild ließ sich aber nicht auf Offenheit schließen (0,14 und −0,08 sind nicht signifikant). Beobachter können einem 90 Sekunden langen Video so viele Informationen

Tab. 4.1 Korrelation zwischen der Big-Five-Selbstbeurteilung und dem Urteil von (Un-)Bekannten [1, 2]

Eigenschaft		Gute Bekannte	Unbekannte nach Ansehen bzw. Anhören von		
			90 sec Video	90 sec Audio	Standbild
O	Offenheit	0,55	0,20	0,14	−0,08
C	Gewissenhaftigkeit	0.52	0,25	0,10	0,32
E	Extraversion	0,44	0,51	0,33	0,33
A	Verträglichkeit	0,42	0,35	0,21	0,19
N	Neurotizismus	0,51	0,10	0,14	0,06

entnehmen, dass sie das Selbsturteil der gezeigten Personen in Extraversion, Verträglichkeit, Gewissenhaftigkeit und Offenheit besser als per Zufall vorhersagen können. Hören sie nur den Ton, funktioniert das jedenfalls noch für Extraversion und Verträglichkeit, bei einem Standbild für Extraversion und Gewissenhaftigkeit.

Wie kommen Beobachter aufgrund von so wenig Information zu einem teilweise erstaunlich zutreffenden Persönlichkeitsurteil? Sie kennen die Person ja nur aus einer Situation! Der Schlüssel zur Erklärung liegt darin, dass Beobachter nicht nur Verhalten sehen oder ein Standbild, sondern auch ihre Alltagspsychologie nutzen können, die ihnen sagt, was es bedeutet, wenn jemand modisch gekleidet ist und laut spricht – dann ist er oder sie vermutlich extravertiert – oder wenn jemand geschniegelt und gebügelt daherkommt – daraus lässt sich vermutlich auf Gewissenhaftigkeit schließen. Personen drücken ihre Eigenschaften in bestimmten wahrnehmbaren Hinweisreizen aus, und wer diese Merkmale wahrnimmt, kann daraus Schlüsse auf die Persönlichkeit ziehen. Das ist die Grundidee des Linsenmodells der Personenwahrnehmung (vgl. Abb. 4.2).

Das Linsenmodell beruht auf dem allgemeinen Modell der Wahrnehmung von Egon Brunswik [3]. Es wird hier etwas vereinfacht am Beispiel der Extraversion erläutert. Tatsächliche Extraversion, wie sie sich durch ausreichend lange Beobachtung des Verhaltens zeigt, kann von den Personen selbst beurteilt werden (vgl. Kap. 3). Extraversion drückt sich in vielen Situationen in Hinweisreizen aus, wie z. B. in expressiven Bewegungen, bei lauter Stimme und modischer Kleidung [4]. Dadurch entstehen auch Korrelationen zwischen den Selbsturteilen und den Hinweisreizen.

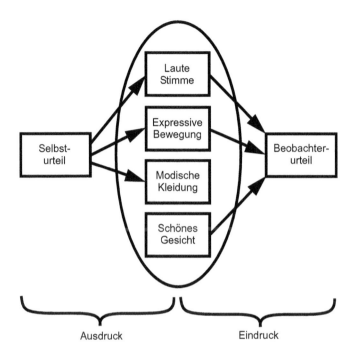

Abb. 4.2 Linsenmodell der Wahrnehmung von Extraversion

Beobachter können diese Hinweisreize für ihren Persönlichkeitseindruck nutzen. Hierdurch entsteht die Korrelation zwischen Selbsturteil und Beobachterurteil. Möglicherweise übersehen sie dabei aber manche Hinweise (in diesem Beispiel: Kleidung) oder interpretieren bestimmte Verhaltensweisen oder körperliche Merkmale als Hinweise für Extraversion, obwohl sie es gar nicht sind (in diesem Beispiel: Schönheit des Gesichts). Beides sind Fehler, die dazu führen, dass die Übereinstimmung zwischen Selbst- und Beobachterurteil nicht höher ausfällt.

Das Linsenmodell macht deutlich, dass eine korrekte Persönlichkeitswahrnehmung voraussetzt, dass sich ein bestimmtes Persönlichkeitsmerkmal tatsächlich in direkt beobachtbarem Verhalten äußert und dass Beobachter das Verhalten auch richtig interpretieren. Die Merkmale wirken dabei wie eine Linse, die die „Ausdruckstrahlen" der Persönlichkeit in Verhalten und körperlicher Erscheinung bricht und zu „Eindrucksstrahlen" verändert, die den Eindruck von Beobachtern festlegen. Das gilt schon für den ersten Eindruck in nur einer Situation. Je größer die Anzahl und Vielfalt der Situationen ist, in der ein Beurteiler eine Person beobachten kann, desto besser wird sein Urteil die Regelmäßigkeiten der Person abbilden können, also ihre Persönlichkeit.

An diesem Beispiel lassen sich auch weitere Befunde der Forschung gut erläutern. Zum einen läuft der Prozess der Eindrucksbildung *automatisch, intuitiv und schnell* ab. Das wurde im Fall des Extraversionsurteils dadurch gezeigt, dass Beobachter Videoaufnahmen der Personen unter zwei verschiedenen Bedingungen beurteilen sollten. Eine Gruppe wurde instruiert, die Videos aufmerksam anzusehen, sich Zeit zu nehmen und ein möglichst genaues Urteil abzugeben. Eine andere Gruppe wurde instruiert, intuitiv und schnell zu urteilen, und wurde durch einen parallel ablaufenden Test abgelenkt, der einen wesentlichen Teil ihrer Aufmerksamkeit beanspruchte (eine in der Forschung häufig angewandte Methode zur Erfassung intuitiver Prozesse). Diese zweite Gruppe war schneller in ihrem Urteil, aber die Übereinstimmung ihrer Extraversionsurteile mit dem Selbsturteil war nicht schlechter als in der langsameren, nicht abgelenkten Beurteilergruppe [4].

Zweitens lassen sich im Linsenmodell typische Beurteilungsfehler gut zeigen. Einer davon ist der *Halo-Effekt*. So wie der Mond in dunstigen Nächten einen Hof – engl. halo – hat, bildet sich bei der Persönlichkeitswahrnehmung um auffällige Eigenschaften ein „Bedeutungshof", der das Urteil über andere Eigenschaften färbt. So korreliert das Selbsturteil in Bezug auf Extraversion nicht mit der Schönheit des Gesichts, eingeschätzt aufgrund eines Fotos mit neutralem Ausdruck. Aber das Extraversionsurteil von Beobachtern von Videoaufnahmen korreliert überzufällig positiv mit der Schönheit des Gesichts der beurteilten Person [4]. Ähnliches gilt auch für Intelligenz: Der getestete IQ korreliert nicht mit der Schönheit des Gesichts. Aber der Intelligenzeindruck von Unbekannten aufgrund eines Fotos korreliert überzufällig damit, wie positiv andere Urteiler die Schönheit des Gesichts der fotografierten Personen einschätzen. Schönheit strahlt auf alle positiven, sozial erwünschten Eigenschaften aus und verzerrt so unseren Persönlichkeitseindruck.

Das hat auch ganz praktische Konsequenzen. Soll man einer Bewerbung ein Foto beilegen oder nicht? Die Antwort ist: Das hängt von der Schönheit des Gesichts ab *und* von der Art der Stelle, auf die man sich bewirbt. Schönheit verstärkt nämlich einerseits die Sympathie der Beurteiler (auch professioneller Führungskräfte), andererseits den Eindruck der Passung auf bestimmte Stellen. So verstärkt Schönheit von Männern ihre Bewerbungschancen für typisch männliche Tätigkeiten und bei Frauen die Chancen für typisch weibliche Tätigkeiten. Dies geschieht vermutlich, weil Schönheit geschlechtstypische Anforderungen an die auszuübenden Tätigkeiten bei den Beurteilern präsenter macht. Da heutzutage Führungskräfte meist sowohl durchsetzungsfähig (männlicher Aspekt) als auch beziehungsfähig (weiblicher Aspekt) sein sollen, treffen ältere Befunde inzwischen nicht mehr zu, dass schöne Frauen bei Bewerbungen auf Führungspositionen benachteiligt sind [5].

Bewerberinnen und Bewerber sollten sich also gut überlegen, ob sie einer schriftlichen Bewerbung ein Foto beilegen oder nicht. Nur wenn gute Freunde, von denen man eine ehrliche Antwort erwarten kann, die auf einem Foto sichtbare Schönheit (der mit Fotoshop subtil nachgeholfen werden kann) als deutlich überdurchschnittlich einschätzen (der Selbsteinschätzung sollte man nicht trauen), sollte einer Bewerbung ein Foto beigelegt werden. Und dann sollten Zeit und Kosten für ein noch besseres professionelles Foto nicht gescheut werden. Umgekehrt kann die Personalauswahl dadurch verbessert werden, dass ein Foto gefordert wird, wenn Wert auf gutes Aussehen gelegt wird (z. B. im Außendienst). Ansonsten sollten Fotos bereits bei Posteingang der Bewerbungen entfernt werden. In den Bewerbungsgesprächen sollte man sich nicht durch attraktives Aussehen der Bewerberinnen und Bewerber blenden lassen, aber auch nicht in den gegenteiligen Fehler verfallen, Schönheit ohne weitere Begründung negativ zu werten.

Das Linsenmodell ist vor allem dann hilfreich, wenn die Hinweisreize nicht so offensichtlich sind wie bei Eigenschaften wie Extraversion, Verträglichkeit oder Schönheit des Gesichts. Kann man beispielsweise erkennen, ob jemand homosexuell ist und woran? In der Psychologie wird der Gegensatz heterosexuell – homosexuell als *sexuelle Orientierung* bezeichnet und meist dreistufig erfasst. Erfragt wird typischerweise, ob jemand durch Menschen nur des anderen Geschlechts (heterosexuell), nur des eigenen

Geschlechts (homosexuell) oder durch Menschen beider Geschlechter (bisexuell) sexuell erregt wird. Bei Frauen findet sich mehr Bisexualität als Homosexualität, bei Männern ist es umgekehrt; über 93 % der Erwachsenen bezeichnen sich als heterosexuell [6].[1] Gibt es ein „Gaydar" – ein „Radar für Homosexualität" –, und ist es bei Homosexuellen besonders entwickelt?

Man kann hierfür Kleidung, Schmuck, Frisur usw. nutzen, die jedoch der Mode unterliegen, manchmal nur Eingeweihten ersichtlich sind und leicht manipuliert werden können. Kann man sexuelle Orientierung aufgrund anderer visueller Hinweisreize (Körperbau und Bewegung) oder an der Art zu sprechen erkennen? Betrachten wir zunächst visuelle Informationen (vgl. Kasten zur Erkennbarkeit sexueller Orientierung aufgrund visueller Informationen).

Erkennbarkeit sexueller Orientierung aufgrund visueller Informationen

Ambady, Hallahan und Conner (1999) [7] filmten 96 ältere Studierende in einer standardisierten Gesprächssituation (jeweils 24 weiblich-homosexuelle, weiblich-heterosexuelle, männlich-homosexuelle, männlich-heterosexuelle). Unbekannte jüngere homo- und heterosexuelle Studierende sollten deren sexuelle Orientierung beurteilen. Das gelang sowohl den homo- als auch den heterosexuellen Beurteilern gut nach Ansehen eines 10 Sekunden langen Videoausschnittes ohne Ton (Korrelation 0,52, was einer Trefferquote von 70 % entspricht) und überzufällig sogar bei Clips von nur 1 Sekunde Dauer (0,35), während bei Standbildern

(Fortsetzung)

---

[1] Laut Repräsentativerhebungen in Deutschland.

aus den Videos nur die Homosexuellen dazu in der Lage waren. Das könnte daran liegen, dass sie Insiderinformationen über Kleidung etc. nutzten. Die Heterosexuellen waren aber letztlich genauso gut, indem sie Körperbewegungen richtig interpretierten. Um diese Interpretation zu bestätigen, stellten die Autoren Versionen der 10 Sekunden langen Videos her, die nur die Schwarz-Weiß-Konturen der Personen zeigten und den Kopf mit einer schwarzen Scheibe verdeckten, sodass Kleidung, Schmuck, Haarschnitt, Gesichtsform und Mimik nicht sichtbar waren. Dennoch gelang es den Beurteilern auch hier, die sexuelle Orientierung überzufällig vorherzusagen (Korrelation 0,29). Dabei gelang ihnen dies aber überzufällig nur bei den Videos der Männer (0,37), nicht bei den Videos der Frauen (0,10).

Männer drücken also ihre sexuelle Orientierung in Körperbewegungen aus, die auch im Sitzen erkennbar sind, Frauen anscheinend nicht. Vielleicht kann man aber die sexuelle Orientierung von Frauen an anderen Bewegungen erkennen, z. B. am Gang? Es gibt ja einen typisch weiblichen Gang „mit wiegenden Hüften" (engl. *sway*), der sich deutlich vom typisch männlichen „Stolzieren" unterscheidet (engl. *swagger*). Das kann durch entsprechende Parameter der Bewegungen von Hüfte und Schultern objektiviert werden. Beurteiler, die computeranimierte Bewegungen geschlechtsneutraler schematischer Figuren sahen, die auf einer Dimension *sway – swagger* variierten, bestätigten das. Wurden die Schemafiguren als Mann bzw. Frau bezeichnet, nutzen Beobachter einen geschlechts*untypischen* Gang als Hinweis auf Homosexualität, allerdings bei den als Mann bezeichneten Figuren viel stärker als bei den als Frau bezeichneten. In einer weiteren Studie zeigte man Videos von tatsächlich homo- und heterosexuellen Männern und

Frauen, die auf einem Laufband gehen sollten. Dabei wurden die Videos so verfremdet, dass nur die Konturen der Person sichtbar waren. In diesem Fall wurden wieder nur männliche Homosexuelle überzufällig erkannt, nicht aber weibliche. Eine detaillierte Analyse der Bewegungen zeigte, dass die Beurteiler die seitlichen und vertikalen Hüftbewegungen, die bei den lesbischen Frauen eingeschränkt waren, nicht für ihr Urteil nutzten [8].

In dieser Untersuchung wurde auch der WHR (*waist-to-hip ratio*) bestimmt, das Verhältnis von Taillen- zu Hüftumfang. Heterosexuelle Männer finden bei Frauen eine Wespentaille oder vergleichsweise breite Hüften attraktiv, während das Pendant bei Männern die SHR (*shoulder-to-hip ratio*) ist, das Verhältnis von Schulter- zu Hüftumfang. Männer mit breiten Schultern oder mit vergleichsweise schmalen Hüften sind attraktiv für heterosexuelle Frauen [9]. Lesbische Frauen unterscheiden sich von heterosexuellen in diesen Merkmalen nur dann, wenn eher maskuline „Butches" von femininen „Femmes" unterschieden werden, eine in lesbischen Kreisen populäre Unterscheidung. Erstere weisen einen höheren, typisch männlichen WHR und einen höheren Testosteronspiegel auf. Letztere unterscheiden sich diesbezüglich nicht von heterosexuellen Frauen [10]. Männliche Homosexuelle haben laut dem Begründer der empirischen Homosexualitätsforschung Magnus Hirschfeld relativ zum Schulterumfang eher breite Hüften, also eine kleine SHR. Doch nach heutigem Standard interpretierbare Daten berichtete er hierzu nicht [11], und es scheint hierzu auch noch keine neueren Untersuchungen zu geben.

Untersuchungen des Sprechens zeigten, dass die sexuelle Orientierung von Männern und Frauen aufgrund von

Tonaufnahmen von Gesprächen auch nach Kontrolle des Gesprächsinhalts überzufällig erkannt werden kann. Eine hohe Stimmlage bei Männern wird von Beurteilern als Hinweis für Homosexualität angesehen und von Schauspielern gewählt, wenn sie einen männlichen Homosexuellen darstellen wollen. In Wirklichkeit ist sie kein Hinweis auf Homosexualität. Welche Merkmale hier genutzt werden, ist noch nicht geklärt [12].

Auch Merkmale des Gesichts können dazu genutzt werden, die sexuelle Orientierung von Männern und Frauen überzufällig gut zu erkennen, wobei extrem kurze Präsentationsdauern im Bereich von 1/20 Sekunde anscheinend ausreichen [13]. Welche Merkmale hierbei genutzt werden, ist wie in Bezug auf das Sprechen noch nicht ausreichend geklärt [12].

Insgesamt lässt sich festhalten, dass sexuelle Orientierung auf vielen nichtverbalen „Kanälen" wahrnehmbar ist. Dabei interpretieren Beurteiler geschlechtsuntypisches Verhalten als Hinweis auf Homosexualität. Dies trifft bei manchen Merkmalen zu, bei anderen aber nicht (z. B. hohe Stimme); und manche zutreffenden Merkmale werden ignoriert (z. B. in Bezug auf den Gang von lesbischen Frauen). Das Linsenmodell kann dazu beitragen, hier die Spreu von Weizen zu trennen. Das besagt natürlich nicht, dass Homosexualitätsmerkmale im Verhalten unveränderbar sind. So konnte gezeigt werden, dass Hetero- und Homosexuelle ihren Gang männlicher oder weiblicher machen können, wenn sie es möchten [14].

Der erste Eindruck spielt auch eine wichtige Rolle bei der Partnerwahl. Denn der erste Eindruck stellt die Weichen dafür, ob es überhaupt zu einem weiteren Kontakt kommt.

Das lässt sich gut beim *Speeddating* untersuchen (siehe Kasten zur Berliner Speeddating-Studie).

Die Berliner Speeddating-Studie

Speeddating ist eine Erfindung der Datingbranche. Singles auf Partnersuche ähnlichen Alters treffen sich in einem großen Raum. Die ca. 10 bis 15 Frauen nehmen einen festen Platz ein, und die 10 bis 15 Männer gehen von Frau zu Frau, um sie in einem jeweils ca. dreiminütigen Gespräch näher kennenzulernen. Wenn ein Gong ertönt, gehen sie zur nächsten Frau, bis sie mit allen gesprochen haben. Am Ende kreuzen Frauen und Männer an, wessen E-Mail-Adresse sie gerne hätten, um den Kontakt weiter zu vertiefen. Die Veranstalter leiten die Adresse nur dann weiter, wenn Frau und Mann um die Adresse gebeten haben. Auf diese Weise kann man sich schnell einen persönlichen Eindruck von vielen möglichen Partnern machen. Die Teilnahme an einem kommerziellen Speeddating kostet ca. 30 Euro.

Wir [15] führten in Berlin ein kostenloses Speeddating in einem leer stehenden Raum durch, in den acht halb offene Kabinen eingebaut wurden, ausgestattet mit zwei Stühlen und zwei Webcams zur Aufnahme der beiden Gesprächspartner. Es wurden also 16 Videos parallel aufgezeichnet. Hierzu meldeten sich 190 Männer und 192 Frauen im Alter von 18 bis 54 Jahren, die in 17 Gruppen ähnlichen Alters eingeteilt wurden und dann ein Speeddating mitmachten. Vorher hatten sie ihre Persönlichkeit u. a. in den Big Five beurteilt und Ausbildung und Einkommen angegeben. Außerdem wurden Größe und Gewicht gemessen, und die Attraktivität von Gesicht und Stimme wurde erfasst, indem Beobachter Standbilder des Gesichts und eine Tonaufnahme beim Zählen von 1 bis 10 beurteilten. Nach 6 Wochen und 1 Jahr wurden die Teilnehmer gebeten, mitzuteilen, welchen Teilnehmer sie später persönlich getroffen hatten, mit wem sie Sex hatten und ob es zu einer festen Beziehung kam. Auf diese Weise kann man untersuchen, wer für wen attraktiv ist und ob das auch längerfristige Konsequenzen hat.

Jeder Teilnehmer der Berliner Speeddating-Studie wurde im Durchschnitt von 35 % der Gruppenteilnehmer des anderen Geschlechts für einen weiteren Kontakt gewählt, erhielt aber nur von 12 % eine Wahl, die mit der eigenen Wahl übereinstimmte (wechselseitige Wahl). Das ergab im Durchschnitt 1,3 „Treffer" pro Teilnehmer, wobei die Treffer aber natürlich sehr ungleich verteilt waren, weil es Unterschiede in der Attraktivität gab; 39 % der Teilnehmer gingen leer aus. Die Nachbefragungen ergaben bei 76 % der Teilnehmer einen E-Mail-Austausch, bei 49 % ein persönliches Treffen, bei 5,8 % kam es zum Sex und bei 4,4 % zu einer festen Beziehung.

Ob das hohe oder niedrige Erfolgsquoten sind, ist unklar, weil es keine Vergleichsdaten gibt. Wie groß ist die Chance im normalen Leben, nach einem kurzen ersten Gespräch mit einem Single auf der Partnersuche eine feste Beziehung mit ihm oder ihr einzugehen? Rein statistisch betrachtet müsste ein durchschnittlicher Teilnehmer 23 Mal an einem Speeddating teilnehmen, um einen Partner zu finden, und müsste dafür ca. 700 Euro investieren. Aber da Teilnehmer unterschiedlich attraktiv für das andere Geschlecht sind und auch der Zufall eine wesentliche Rolle spielt, ist diese Überlegung nicht allzu hilfreich. Immerhin ist es wohl die erste handfeste Statistik dieser Art überhaupt.

Welche Merkmale machen potenzielle Partner beim ersten Eindruck attraktiv? Die Antwort ist nicht allzu überraschend. Bei Frauen *und* Männern war die Attraktivität des Gesichts am wichtigsten (bestimmt von Beurteilern nur aufgrund der Standbilder; Korrelation mit erhaltenen Wahlen 0,52 für Frauen und 0,49 für Männer). Die Attraktivität der Stimme (bestimmt von Beurteilern nur aufgrund des Zählens von 1 bis 10) rangierte auf Platz 2 (bei Männern 0,33, bei Frauen 0,19) und ein niedriger BMI (Body-Mass-Index) an dritter Stelle (bei Männern −0,13, bei Frauen −0,18). Zusätzlich wurden die erhaltenen Wahlen der Männer, nicht aber der Frauen, durch Körpergröße (0,17), Bildung (0,16), Einkommen (0,13) sowie Offenheit gegenüber neuen Erfahrungen (0,20) und geringe Schüchternheit (-0,15) vorhergesagt. Die Damen nutzten für ihre Entscheidung also weit mehr Informationen als die Herren; Letztere kaprizierten sich ausschließlich auf die Attraktivität von Gesicht, Stimme und Körperbau.

Beurteilungen der Videoaufnahmen durch unabhängige Beobachter ergaben Folgendes: Das beurteilte Interesse am Gesprächspartner ermögliche gute Vorhersagen über die spätere Wahl dieses Partners, selbst wenn nur ein 10 Sekunden langer Videoclip aus der zweiten Hälfte des Gesprächs gezeigt wurde. Deutliches Flirten war jedoch *kein* Hinweis auf die spätere Wahl. Vielmehr korrelierte Flirten sehr hoch zwischen den Partnern: Fing erst einmal einer der beiden an, zog der andere mit, was aber noch nicht bedeutete, dass deshalb schon der Funke übergesprungen war. Flirten ist ähnlich wie der Austausch von Nettigkeiten kein Hinweis auf wirkliches Interesse.

Wichtig ist allerdings, sich klarzumachen, dass das nur Einflüsse auf den ersten Eindruck sind, und der ist ja noch lange kein Kriterium dafür, wer letztendlich eine Beziehung eingeht. Nach dem ersten Treffen folgen weitere, in denen mögliche Partner auf Herz und Hirn getestet werden. Und es sind diese Treffen, die letztendlich den Ausschlag geben. In diesen Treffen dürfte dann auch der Einfluss nichtkörperlicher Persönlichkeitsmerkmale zunehmen (vgl. hierzu [16]).

Zusammenfassung

Das Big-Five-Urteil guter Bekannter deckt sich weitgehend mit dem Selbstbild. Und Unbekannte können bereits aufgrund kurzer Videoclips, z. T. sogar nur von Fotos, das Big-Five-Selbsturteil überzufällig gut vorhersagen. Das gilt auch für sexuelle Orientierung. Hierbei kommt es aufseiten der Beobachter zu systematischen Fehlern: Hinweisreize werden ignoriert, Merkmale fälschlich für Hinweise gehalten und Urteile durch allgemein erwünschte Eigenschaften wie z. B. Schönheit verzerrt. Die motivierten Verzerrungen des eigenen Bildes der Persönlichkeit und des Bildes von Beurteilern können weitgehend vermieden werden, wenn die Persönlichkeit in Form von Verhaltensregelmäßigkeiten beobachtet wird. Damit beschäftigt sich das nächste Kapitel.

Literatur

1. Borkenau, P. & Liebler, A. (1992). Trait inferences: Sources of validity at zero acquaintance. *Journal of Personality and Social Psychology, 62*, 645–657;
2. Borkenau, P. & Liebler, A. (1993). Convergence of stranger ratings of personality and intelligence with self-ratings, partner ratings, and measured intelligence. *Journal of Personality and Social Psychology, 65*, 546–553.
3. Brunswik, E. (1956). *Perception and the representative design of psychological experiments.* Berkeley, CA: University of California Press.
4. Hirschmüller, S., Egloff, B, Nestler, S. & Back, M. D. (2013). The dual lens model: A comprehensive framework for understanding self-other agreement of personality judgments at zero acquaintance. *Journal of Personality and Social Psychology, 104*, 335–353.

5. Desrumaux, P., De Bosscher, S. & Léoni, V. (2009). Effects of facial attractiveness, gender, and competence of applicants on job recruitment. *Swiss Journal of Psychology, 68*, 33–42.
6. Runkel, G. (1990). Sexualverhalten und Meinungen zu AIDS in der Bundesrepublik Deutschland. *AIDS-Forschung, 5*, 359-375, sowie in den USA siehe McCabe, S. E., Hughes, T. L. & Bostwick, W. B. (2009). Sexual orientation, substance use behaviors and substance dependence in the United States. *Addiction, 104*, 1333–1345.
7. Ambady, N., Hallahan, M. & Conner, B. (1999). Accuracy of judgments of sexual orientation from thin slices of behavior. *Journal of Personality and Social Psychology, 77*, 538–547.
8. Johnson, K. L., Gill, S., Reichman, V. & Tassinary, L. G. (2007). Swagger, sway, and sexuality: Judging sexual orientation from body motion and morphology. *Journal of Personality and Social Psychology, 93*, 321–334. Beispiele der verwendeten schematischen und verfremdeten Bewegungen kann man sich im Internet ansehen: https://doi.org/10.1037/0022-3514.93.3.321.supp
9. Singh, D. (1993). Adaptive significance of female physical attractiveness: Role of waist-to-hip ratio. *Journal of Personality and Social Psychology, 65*, 293–307; Hughes, S. M. & Gallup, G. G. (2003). Sex differences in morphological predictors of sexual behavior: Shoulder to hip and waist to hip ratios. *Evolution and Human Behavior, 24*, 173–178.
10. Singh, D., Melody, V., Zambarano, R. J. & Dabbs Jr., J. M. (1999). Lesbian erotic role identification: Behavioral, morphological, and hormonal correlates. *Journal of Personality and Social Psychology, 76*, 1035–1049.
11. Hirschfeld, M. (1914). *Die Homosexualität des Mannes und des Weibes*. Berlin: Louis Marcus Verlagsbuchhandlung. Herunterladbar von https://ia800205.us.archive.org/5/items/Die HomosexualittDesMannesUndDesWeibes1914

12. Valentova, J. V. & Havlíček, J. (2013). Perceived sexual orientation based on vocal and facial stimuli is linked to self-rated sexual orientation in Czech men. *PloS one, 8*, e82417.

13. Rule, N. O., Ambady, N., Adams, R. B. & Macrae, C. N. (2008). Accuracy and awareness in the perception and categorization of male sexual orientation. *Journal of Personality and Social Psychology, 95*, 1019–1028; Rule N. O., Ambady N. & Hallett K. C. (2009). Female sexual orientation is perceived accurately, rapidly, and automatically from the face and its features. *Journal of Experimental Social Psychology, 45*, 1245–1251.

14. Lick, D. J., Johnson, K. L. & Gill, S. V. (2013). Deliberate changes to gendered body motion influence basic social perceptions. *Social Cognition, 31*, 656–671.

15. Asendorpf, J. B., Penke, L. & Back, M. D. (2011). From dating to mating and relating: Predictors of initial and long-term outcomes of speed-dating in a community sample. *European Journal of Personality, 25*, 16–30.

16. Asendorpf, J. B., Banse, R. & Neyer, F. J. (2017). *Psychologie der Beziehung* (2. Aufl.). Bern: Hogrefe Verlag, Kapitel 2.4.

5

Persönlichkeit in Aktion: Alltag und Labor

In den letzten beiden Kapiteln haben wir gesehen, wie das
Selbsturteil und das Urteil von Beobachtern über Persönlichkeitseigenschaften zustande kommen. Dabei können
zahlreiche motivierte Verzerrungen auftreten, wenn tatsächliche Verhaltensregelmäßigkeiten als Maßstab dienen.
Es blieb offen, wie denn diese tatsächlichen Verhaltensregelmäßigkeiten bestimmt werden können. In diesem und
im nächsten Kapitel wird gezeigt, dass es meist nicht möglich
ist, Eigenschaften gänzlich zu objektivieren. Mit geeigneten
Methoden gelingt dies aber sehr genau, wobei die Genauigkeit vom investierten Aufwand abhängt. Eine Gruppe von
Methoden beruht auf der Beobachtung der Persönlichkeit
in Aktion: der Beobachtung des Verhaltens im Alltag, aber
auch im psychologischen Labor in speziell inszenierten Situationen. Diese Methoden werden in diesem Kapitel exemplarisch geschildert.

© Springer-Verlag GmbH Deutschland 2018
J. B. Asendorpf, *Persönlichkeit: was uns ausmacht und warum*,
https://doi.org/10.1007/978-3-662-56106-5_5

Wann immer Persönlichkeitseigenschaften interessieren, die sich auf Regelmäßigkeiten des Verhaltens beziehen (wie z. B. die Big Five), ist der Königsweg zu ihrer Erfassung die Beobachtung des Verhaltens durch mehrere *neutrale* Beobachter über längere Zeit. Es sollten nicht Bekannte, Freunde oder der Partner sein, weil deren Urteil durch die Art der Beziehung verfälscht wird. Je positiver nämlich die Beziehung ist, desto stärker werden positive Eigenschaften überschätzt und negative unterschätzt [1]. Selbsteinschätzungen wiederum sind durch Tendenzen verfälscht, sich anderen gegenüber in ein positives Licht zu setzen (*Tendenz zu sozial erwünschten Antworten*). Werden z. B. Persönlichkeitsfragebögen als ein Instrument der Personalauswahl verwendet, muss damit gerechnet werden, dass Bewerber versuchen werden, negative Eigenschaften herunterzuspielen und positive zu betonen. Würden das alle Bewerber in gleicher Weise tun, wäre es kein Problem, weil ja die Bewerber untereinander verglichen werden. Wenn aber diese Tendenz je nach Persönlichkeit unterschiedlich stark ausgeprägt ist (z. B. gering bei depressiven Tendenzen oder stark bei Narzissten), geben die Ergebnisse kein zutreffendes Bild der tatsächlichen Persönlichkeitsunterschiede [2]. Immer dann, wenn ein ungeschminktes Bild der Persönlichkeit interessiert, sind Bekannten- und Selbstbeurteilungen problematisch. Und Selbstbeurteilungen fallen als Methode ganz weg, wenn es um die Persönlichkeit kleinerer Kinder geht.

Weil sich die Persönlichkeit auf das Verhalten im Alltag insgesamt bezieht, ist deshalb die letztendlich beste Methode, das Verhalten im Alltag möglichst vollständig über längere Zeit zu erfassen. Durch Mittelung des Verhaltens über die Zeit werden dann Regelmäßigkeiten sichtbar. Das soll hier anhand einer Studie illustriert werden, in der es darum ging, die Dominanz vierjähriger Kinder im Umgang mit Gleichaltrigen zu erfassen (vgl. Kasten zur Dominanz vierjähriger Kinder).

Dominanz vierjähriger Kinder [3]

Ist Dominanz schon bei Vierjährigen eine Persönlichkeitseigenschaft? Die Autoren beobachteten 8 Wochen lang Vierjährige in ihrer Kindergartengruppe beim freien Spiel. Anwesende Beobachter nahmen nach einem festgelegten Plan jeweils ein Kind für 10 Sekunden ins Visier und notierten, ob es eine von fünf dominanten Verhaltensweisen zeigte (z. B. anderen etwas wegnehmen oder sie zu etwas auffordern). Insgesamt wurde so jedes Kind pro Woche 30 Minuten lang beobachtet. Die Dominanz eines Kindes wurde definiert als die Summe aller dominanten Verhaltensweisen pro Woche. Nach einer Woche Beobachtung korrelierte die beobachtete Dominanz 0,34 mit der Dominanz in der nächsten Woche; nach 4 Wochen aber schon 0,67 mit der Dominanz in den nächsten 4 Wochen. Und aus den Daten lässt sich vorhersagen, dass die Dominanz nach 8 Wochen Beobachtung mit 0,76 mit der Dominanz in den nächsten 8 Wochen korrelieren würde. Dies zeigt, dass man mindestens 8 Wochen lang beobachten muss, um zu einem stabilen Beobachtungsurteil zu kommen.

Zudem beurteilten vier in der Gruppe tätige Erzieherinnen die Dominanz aller Kinder der Gruppe. Ihr Urteil wurde gemittelt, um persönliche Vorlieben für Kinder zu minimieren. Nach einer Woche Beobachtung korrelierte die beobachtete Dominanz 0,38 mit dem mittleren Erzieherinnenurteil, nach 4 Wochen 0,54 und nach 8 Wochen 0,59. Diese zunehmende Übereinstimmung belegt einerseits die zunehmende

(Fortsetzung)

Qualität des Beobachterurteils, andererseits auch die Qualität des gemittelten Erzieherinnenurteils: Sie konnten die tatsächlich vorhandenen Dominanzunterschiede zwischen den Kindern ihrer Gruppe sehr gut einschätzen.

Diese Studie zur Dominanz macht deutlich, wie wichtig das *Aggregationsprinzip* bei der Erfassung von Persönlichkeitseigenschaften ist: Man muss viele einzelne Verhaltensbeobachtungen mitteln („aggregieren"), um zu stabilen Verhaltensregelmäßigkeiten zu kommen. Das Aggregationsprinzip lässt sich präzise mathematisch beschreiben. Dabei wird die beobachtete Korrelation zwischen zwei Messreihen zugrunde gelegt und gefragt, wie sich die Korrelation erhöht, wenn man die Messungen *bei gleicher Qualität* verdoppelt, verdreifacht usw. Das lässt sich durch eine Formel vorhersagen [4] und grafisch veranschaulichen (vgl. Abb. 5.1)

Nehmen wir z. B. an, dass die Korrelation zwischen zwei Eigenschaftsmessungen bei 100 Personen im Abstand von 1 Woche 0,70 beträgt. Dann wird sie, wenn man die beiden Messungen jeder Person mittelt, nach 3 und 4 Wochen nochmals misst und diese beiden zusätzlichen Messungen mittelt, zwischen den ersten zwei und den nächsten zwei Wochen 0,82 betragen. Eine Korrelation von 0,80 und höher gilt als akzeptable Stabilität für Persönlichkeitseigenschaften und wird für viele Beurteilungsverfahren auch tatsächlich erreicht. Theoretisch könnte man also durch ausreichende Messwiederholungen immer beliebig stabile Messungen erhalten. Das wird allerdings dadurch behindert, dass der Zuwachs durch Verdoppelung immer geringer

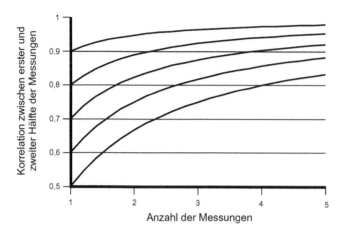

Abb. 5.1 Erhöhung der Stabilität von Messungen durch Erhöhung der Anzahl der Messungen

wird (vgl. Abb. 5.1), sodass man immer länger beobachten muss. Damit steigt aber das Risiko, dass inzwischen tatsächliche Persönlichkeitsveränderungen stattgefunden haben (vgl. Kap. 12). Das Aggregationsprinzip hat also durchaus seine Grenzen.

Sie werden sich jetzt vielleicht fragen: Wozu der ganze Aufwand – interessiert man sich für Dominanz von Kindergartenkindern, hätte man ja gleich die Erzieherinnen fragen können. Wissenschaftlich betrachtet ist aber die aufwendige Beobachtung notwendig, um erst einmal nachzuweisen, dass Erzieherinnen die Dominanzunterschiede so gut beurteilen können. Zudem ist eine unabhängige Eigenschaftsbestimmung notwendig, um in Fällen, in denen Beurteilungen nur gering miteinander korrelieren, zu entscheiden, wer sich wie stark geirrt hat.

So beobachteten wir etwa das aggressive Verhalten von 126 Münchner Kindern jeweils drei Wochen lang im ersten, zweiten und dritten Jahr im Kindergarten mit einer ähnlichen Methode wie in der obigen Dominanzstudie. Eltern- und Erzieherinnenurteil korrelierten im ersten Jahr gar nicht (0,03), im zweiten überzufällig (0,22), im dritten noch etwas besser (0,31). Wer hatte sich anfangs mehr geirrt – Eltern oder Erzieherinnen? Es waren die Eltern, denn ihr Urteil korrelierte ebenfalls nicht mit der beobachteten Aggressivität im ersten Jahr (−0,04), das Urteil der Erzieherinnen aber durchaus (0,24). Aggressives Verhalten ist ausgesprochen unerwünscht und relativ selten, sodass die Beurteilungen aber auch die nur dreiwöchigen Beobachtungen jeweils recht fehleranfällig waren. Das erklärt die niedrigen Korrelationen. Trotzdem ließ sich aufgrund des Aggressivitätsurteils der Erzieherinnen gut vorhersagen, wie viele Strafanzeigen die beurteilten Kinder später im Alter von 18 bis 23 Jahren erhalten hatten [5]. Es war also durchaus von prognostischem Wert.

Das Freispiel im Kindergarten ist zwar ein Ausschnitt aus dem Alltag von Kindern, in dem sich ihr soziales Verhalten untereinander gut beobachten lässt, es ist aber letztendlich auch nur ein Ausschnitt, der z. B. über aggressives Verhalten zu Hause nicht unbedingt viel aussagt. Auch das erklärt teilweise die nur geringe Übereinstimmung zwischen Eltern und Erzieherinnen. So korrelierten in einer großen Studie zu leichten Verhaltensauffälligkeiten bei Kindern und Jugendlichen die Urteile von Mutter und Vater 0,59, die Urteile unterschiedlicher Lehrer derselben Schüler 0,64, aber die Urteile von Lehrern und Eltern nur zu 0,27 [6].

Verhalten im gesamten Alltag zu beobachten stieß aber bis vor Kurzem auf große Probleme. Im Idealfall müsste das Verhalten 24/7, also 24 Stunden an jedem Wochentag, über mehrere Wochen gefilmt und dann ausgewertet werden. Das geht bisher nicht. Immerhin gibt es aber bereits Untersuchungen, in denen das *alltägliche Sprechverhalten* stichprobenartig kontinuierlich von morgens bis abends aufgezeichnet wird. Beispielsweise wurden 96 Studierende mit einem kleinen Stimmrekorder ausgestattet, der in programmierten Abständen jede Stunde fünf 30 Sekunden lange Tonaufnahmen machte, die anschließend inhaltlich analysiert wurden. So konnte z. B. die Annahme bestätigt werden, dass selbstbeurteilte Extraversion positiv mit Gesprächen (0,30) und der Zahl gesprochener Worte (0,29) korrelierte und selbstbeurteilte Gewissenhaftigkeit gute Vorhersagen zur Teilnahme an Lehrveranstaltungen zuließ (0,42) [7]. Widerlegt werden konnte mit dieser Methode auch das Vorurteil, dass Frauen mehr reden als Männer; objektiv ließ sich das bei Analyse des alltäglichen Sprechens von 396 Personen nicht bestätigen [8].

Da heute viele ohnehin ein Smartphone bei sich tragen und die Nutzung eines solchen Geräts selbstverständlich geworden ist, wird Alltagsverhalten zunehmend mit *Smartphones* erfasst, die bereits standardmäßig zahlreiche Nutzerdaten erfassen können (wie z. B. Nutzung von SMS und Telefonaten, Zeit bis zur Antwort bei Anrufen oder eingehenden SMS, Ort und Bewegungen durch Geolokation mithilfe von GPS und Funknetzen usw.). Diese Daten können durch entsprechende Apps sehr differenziert ausgewertet und ausgelesen werden. Zusätzlich lassen sich

Situationen, Erleben und weiteres Verhalten durch Apps erfragen, die per Funk oder zu programmierten Zeitpunkten aktiv werden. Diese Flexibilität hat inzwischen Smartphones zu dem Erhebungsinstrument für psychologische Untersuchungen des alltäglichen Verhaltens und Erlebens gemacht, das am häufigsten verwendet wird [9]. Ein typisches Beispiel aus dem Bereich der Persönlichkeitsforschung ist eine Studie an Schweizer Smartphonenutzern (vgl. Kasten zur Smartphonenutzung und zu den Big Five).

Smartphonenutzung und die Big Five

117 Smartphonenutzer in Lausanne im Alter von 19 bis 63 Jahren nahmen 17 Monate lang an einer Studie zum Kommunikationsverhalten teil [10]. Installiert waren Apps, die u. a. die Art der Nutzung erfassten (z. B. zum Spielen), Gesprächsdauer, Zahl der gesendeten/empfangenen SMS, Einstellung des Geräts (z. B. nur einmal klingeln) und die Häufigkeit, dass mehr als neun Bluetooth-Geräte in der Nähe erkannt wurden (eine Schätzung der Tendenz, sich in größeren Gruppen aufzuhalten). Tab. 5.1 zeigt überzufällige Korrelationen zwischen den selbstbeurteilten Big-Five-Persönlichkeitsdimensionen OCEAN (Kap. 2) und der erfassten Smartphonenutzung.

Da die Korrelationen deutlich geschlechtsabhängig waren, unterschätzen sie die mit dem Geschlecht verbundenen Zusammenhänge.

Man sollte sich durch die bisher erfassten eher bescheidenen Zusammenhänge zwischen Verhaltensbeobachtung im Alltag und selbstbeurteilten Persönlichkeitseigenschaften nicht täuschen lassen. Damit wird das tatsächliche Nutzungs- und Missbrauchspotenzial dieser Methode erheblich unterschätzt. Erstens lassen sich die Ergebnisse zu den einzelnen

Tab. 5.1 Überzufällige Korrelationen zwischen Big Five und Smartphonenutzung

Nutzungsverhalten	O	C	E	A	N
Bürosoftware	−0,19	–	0,12	−0,14	0,18
Spiele	–	–	−0,43	–	–
Youtube	–	−0,44	–	–	–
Anzahl der SMS	−0,19	–	–	−0,11	–
Gesprächsdauer	–	–	0,21	–	–
Anzahl der Rufnummern	0,07	−0,08	0,15	–	–
Modus 1x klingeln	0,09	−0,25	0,19	−0,14	0,15
Modus Ruhe	–	−0,08	–	−0,07	−0,08
Bluetooth in Umgebung	–	−0,08	–	−0,13	0,08

O Offenheit, *C* Gewissenhaftigkeit, *E* Extraversion, *A* Verträglichkeit, *N* Neurotizismus

Eigenschaften zu Persönlichkeitsprofilen kombinieren, wodurch sich die Unterscheidung von Personen verbessert. Zweitens wird die Aussagekraft der Verhaltensdaten bisher fast immer nur durch Korrelationen mit Selbstbeurteilungen bestimmt, wobei diese Selbstbeurteilungen aber diversen Verzerrungen unterliegen (vgl. Kap. 3). Drittens werden gerade von Nichtpsychologen aus der Telekommunikations- und Werbebranche die Big Five zum Maß aller Dinge erhoben. Doch gibt es sehr viel spezifischere Persönlichkeitseigenschaften, die besser als die „breiten" Big Five geeignet sein können, die für die jeweilige Fragestellung wichtigen Persönlichkeitsbereiche zu beschreiben.

Und viertens stehen die Verfahren der Verhaltenserfassung erst am Anfang. Werbeindustrie, Telekommunikationsdienstleister und Geheimdienste haben großes Interesse an automatisierten Methoden der Persönlichkeitserfassung für individualisierte Werbung, individualisierte Unterstützung und Steuerung des Nutzerverhaltens und die Risikovorhersage für bestimmte Risikogruppen. Hier werden Forschungsetats investiert, die die bescheidenen Etats psychologischer Forschungsprojekte weit in den Schatten stellen. Da die Methoden meist ohne Zustimmung der Nutzer eingesetzt werden können, eröffnet sich hier ein weites Feld für den Missbrauch persönlicher Daten.

Wissenschaftliche Untersuchungen nutzen daneben auch speziell inszenierte Situationen im Labor, um Persönlichkeitseigenschaften zu erfassen. Das erscheint zunächst widersinnig, weil es bei solchen Eigenschaften ja um Regelmäßigkeiten geht, die sich erst in vielen Situationen zeigen sollten. Diese Regel stimmt zwar im Alltag, in dem meist sehr viele Faktoren Einfluss auf das beobachtete Verhalten nehmen. Aber es hat immer wieder Versuche gegeben, durch sorgfältige Kontrolle der meisten dieser Faktoren Persönlichkeitseigenschaften durch Beobachtung des Verhaltens in nur einer Situation zu erfassen. Das wird hier exemplarisch am Beispiel des *Bindungsstils* dargestellt.

Wenn Kinder zu laufen beginnen, geraten sie in Gefahr, sich zu weit weg vom Schutz der Erwachsenen zu begeben, sodass in diesem Alter der Schutzmechanismus der *Bindung* wirksam wird. Kinder versichern sich, dass ein schützender Erwachsener in der Nähe ist, und je nachdem, wie ihre Erfahrungen in solchen Situationen sind, erwerben sie Erwartungen, ob sie tatsächlich Schutz finden werden. Meist gibt es eine Person, die das gut leistet, die „primäre Bezugsperson". Früher war das ganz überwiegend die Mutter, heute füllt aber zunehmend auch der Vater diese Rolle aus oder beide Eltern. Diese Erwartungen, ob tatsächlich Schutz gewährt wird, prägen den Bindungsstil des Kindes an Erwachsene. Mit dem Jugendalter wird die Bindung an

Tab. 5.2 Der Fremde-Situation-Test für die Mutter-Kind-Bindung

Personen	Dauer	Situation
Mutter, Kind, Versuchsleiter	½ min	Versuchsleiter zeigt Mutter und Kind den Raum mit interessanten Spielsachen, verlässt ihn dann
Mutter, Kind	3 min	Mutter versucht, das Kind zum Alleinspiel zu bringen
Fremde, Mutter, Kind	3 min	1. Minute: Fremde schweigt 2. Minute: Fremde spricht mit Mutter 3. Minute: Fremde spricht mit Kind, dabei verlässt Mutter den Raum, *ohne sich zu verabschieden*
Fremde, Kind	3 min[a]	Fremde geht auf Initiativen des Kindes ein
Mutter, Kind	3 min	*Wiedervereinigung*: Mutter kommt zurück und begrüßt Kind, Fremde verlässt Raum, Mutter versucht, Kind zum Alleinspiel zu bringen

[a]Kürzer, wenn das Kind länger schreit und sich nicht beruhigen lässt

beste Freundinnen und Freunde wichtiger. Und im Erwachsenenalter entwickelt sich in stabilen Partnerschaften typischerweise nach etwa zwei Jahren eine Bindung, die enger ist als die an die Eltern; der Partner ist jetzt die erste Adresse, wenn man schwierige Situationen bewältigen muss [11].

Ab der späten Kindheit kann man den Bindungsstil erfragen, aber vor allem in der frühen Kindheit kann man ihn nur von den erwachsenen Bezugspersonen beurteilen lassen oder aus dem Verhalten des Kindes erschließen. Hierzu wurde ein standardisiertes Testverfahren für das Alter von 12 bis 18 Monaten entwickelt, der *Fremde-Situation-Test*, bei dem das Verhalten des Kindes gegenüber der Bezugsperson gefilmt und dann im Detail ausgewertet wird ([12]; vgl. Tab. 5.2).

Es wird also gezielt eine bindungskritische Situation dadurch erzeugt, dass die Mutter (die dazu entsprechend instruiert wurde) ohne Verabschiedung den Raum verlässt. Die eigentlich diagnostische Situation ist dann die Reaktion des Kindes bei der Wiedervereinigung. Grüßt es die Mutter zurück oder lächelt sie an und geht dann wieder zum Spiel über, gilt das Kind als *sicher gebunden*; das trifft auf gut 60 % der 12 bis 18 Monate alten Kinder zu. Knapp 20 % der Kinder sind *ängstlich-ambivalent*, d. h., sie zeigen Anzeichen von Angst, klammern sich an die Mutter an und gehen innerhalb der 3 Minuten nicht mehr zum Spielen über. Die anderen Kinder sind *vermeidend*, d. h., sie ignorieren die Mutter oder sind ihr gegenüber ärgerlich. Dass Ignorieren ein Zeichen unsicherer Bindung ist, wird damit begründet, dass Kinder in diesem Alter noch nicht so selbstständig sind, dass sie das Alleinsein mit einer Fremden in einem fremden Raum als stressfrei erleben können. Werden Beobachter entsprechend geschult, stimmen sie bei Beurteilung derselben Videoaufnahme des kindlichen Verhaltens gut darin überein, welchem Bindungsstil das Kind zugeordnet werden sollte.

Ob diese Situation tatsächlich einen stabilen frühkindlichen Bindungsstil des Kindes erfasst, wurde durch Wiederholung nach wenigen Wochen mit einer weiteren Fremden untersucht. Eine Übersicht über alle derartigen Studien mit insgesamt über 2000 Mutter-Kind-Paaren ergab eine Korrelation von nur 0,36 bezüglich der Unterscheidung sicher – unsicher [13]. Das ist weit entfernt von der zu erwartenden kurzfristigen Stabilität von 0,80 und begrenzt dadurch alle längerfristigen Vorhersagen auf den Bindungsstil, aber auch auf andere Persönlichkeitseigenschaften.

Damit ist nicht ausgeschlossen, dass in Extremfällen, in denen ein weiterer beobachtbarer Bindungsstil („desorganisiert – desorientiert") ins Spiel kommt, die Stabilität höher ist, obwohl ein Vergleich von Risikofamilien mit intakten Familien zeigt, dass die Stabilität in Risikofamilien noch niedriger ist [11, 13].

Diese geringe Stabilität besagt, dass im *Einzelfall* der Fremde-Situation-Test wenig über den Bindungsstil des beobachteten Kindes aussagt; morgen kann er ganz anders ausfallen. Entweder erfasst der Test Bindungsverhalten nur unzureichend, oder der Bindungsstil ist weniger stabil, als von Entwicklungspsychologen gemeinhin angenommen wird. Vieles spricht für Letzteres, denn wenn man viele Kinder nach beobachtetem Bindungsstil in sicher, ängstlich-ambivalent und vermeidend gruppiert, unterscheiden sich diese Gruppen später überzufällig. Hier handelt es sich um einen schwachen Unterschied in ihrem durchschnittlichen Verhalten nicht nur den Eltern, sondern auch Gleichaltrigen gegenüber. Sicher gebundene Kinder *als Gruppe* sind sozial etwas kompetenter, ängstlich-ambivalente sind etwas ängstlicher, und vermeidende sind Gleichaltrigen gegenüber etwas aggressiver [11].

Hier zeigt sich wieder die Macht des Aggregationsprinzips. Durch die Zusammenfassung vieler Kinder in eine Gruppe mit dem gleichen beobachteten Bindungsverhalten werden Tagesschwankungen im Bindungsstil weggemittelt, sodass der durchschnittliche Bindungsstil einer Gruppe Vorhersagen zulässt. Im Einzelfall jedoch sind die Vorhersagen äußerst gering. Der Test eignet sich also als Forschungsinstrument, nicht aber zur Diagnose im Einzelfall. Das betrifft sehr viele, wenn nicht alle Laborsituationen, in denen Verhaltensunterschiede als Persönlichkeitsunterschiede interpretiert werden. Das wiederum zeigt, wie wichtig die Aggregation des Verhaltens über die Zeit ist, wenn man praktisch bedeutsame Aussagen über einzelne Personen machen möchte.

Zusammenfassung

Unter Nutzung des Aggregationsprinzips können Verhaltensregelmäßigkeiten und damit Persönlichkeitseigenschaften erschlossen werden, auch aus Sprech- und Smartphonedaten. Am Beispiel des Fremde-Situation-Test zur Erfassung des Bindungsstils in der frühen Kindheit wurden die Grenzen einmaliger Beobachtungen deutlich, selbst wenn sie in sorgfältig kontrollierten Situationen erfolgen. In allen Fällen wurde die Persönlichkeit in Aktion beobachtet oder automatisch registriert. Darüber hinaus hinterlassen diese Aktionen aber auch Spuren in der Umwelt, die zur Persönlichkeitserfassung genutzt werden können. Damit beschäftigt sich das nächste Kapitel.

Literatur

1. Leising, D. , Erbs, J. & Fritz, U. (2010). The letter of recommendation effect in informant ratings of personality. *Journal of Personality and Social Psychology, 98*, 668–682.
2. Auch diese Verzerrung durch sozial erwünschte Antworten muss nicht unbedingt als Problem angesehen werden. So gibt es unter Personalpsychologen auch die Ansicht, dass jemand, der nicht zu einer angemessen positiven Selbstdarstellung im Fragebogen fähig ist, für den Außendienst oder Verhandlungen nicht gut geeignet ist. Denn dort kommt es darauf an, durch gezielte Eindrucksmanipulation den Nutzen des Unternehmens zu fördern.

3. Moskowitz, D. S. & Schwarz, J. C. (1982). Validity comparison of behavior counts and ratings by knowledgeable informants. *Journal of Personality and Social Psychology, 42,* 518–528.

4. Die sog. Spearman-Brown-Formel. Ist R die Korrelation zwischen zwei wiederholten Messreihen („Retest-Korrelation"), so beträgt die erwartete Retest-Korrelation bei Mittelung von k Messungen R' = (kR)/(1+(k-1)R). Würde man z. B. dieselbe Eigenschaft bei 100 Personen zweimal messen und dabei eine Retest-Korrelation von 0,70 erhalten, ist die erwartete Retest-Korrelation zwischen 2 gemittelten Messungen und dann nochmal zwei gemittelten Messungen 0,82.

5. Asendorpf, J. B., Denissen, J. J. A. & van Aken, M. A. G. (2008). Inhibited and aggressive preschool children at 23 years of age: Personality and social transitions into adulthood. *Developmental Psychology, 44,* 997–1011. Dieser Befund und seine Bedeutung werden ausführlich in Kap. 13 dargestellt.

6. Achenbach, T. M., McConaughy S. H. & Howell C. T. (1987). Child/adolescent behavioral and emotional problems: Implications of cross-informant correlations for situational specificity. *Psychological Bulletin, 101,* 213–232.

7. Mehl, M. R., Gosling, S. D. & Pennebaker, J. W. (2006). Personality in its natural habitat: Manifestations and implicit folk theories of personality in daily life. *Journal of Personality and Social Psychology, 90,* 862–877.

8. Mehl, M. R., Vazire, S., Ramírez-Esparza, N., Slatcher, R. B. & Pennebaker, J. W. (2007). Are women really more talkative than men? *Science, 317*(5834), 82–82.

9. Miller, G. (2012). The smartphone psychology manifesto. *Perspectives on Psychological Science, 7,* 221–237.

10. Chittaranjan, G., Blom, J. & Gatica-Perez, D. (2013). Mining large-scale smartphone data for personality studies. *Personal and Ubiquitous Computing, 17,* 433–450.

11. Asendorpf, J. B., Banse, R. & Neyer, F. J. (2017*). Psychologie der Beziehung* (2. Aufl.). Bern: Hogrefe Verlag.
12. Ainsworth, M. D. S., Blehar, M. C., Waters, E. & Wall, S. (1978). *Patterns of attachment.* Hillsdale, NJ: Erlbaum.
13. Pinquart, M., Feußner, C. & Ahnert, L. (2013). Meta-analytic evidence for stability in attachments from infancy to early adulthood. *Attachment & Human Development, 15,* 189–218.

6

Spuren: Homepages, Facebook, Dokumente

Persönlichkeitseigenschaften lassen sich nicht nur aus Beobachtungen des Verhaltens erschließen, sondern – wie schon Sherlock Holmes wusste – auch aus den Spuren, die Menschen in ihrer Umwelt hinterlassen. Diese Spuren finden sich in großer Zahl auch im Internet als Big Data. Sie lassen sich inzwischen so gut auswerten, dass die Persönlichkeitserfassung mindestens so gut ist wie die Beurteilung durch gute Bekannte und Familienangehörige. Es lassen sich aber auch Spuren in Form schriftlicher Dokumente auswerten. Das eröffnet die Möglichkeit, Eigenschaften geschichtlich bedeutsamer Persönlichkeiten empirisch zu rekonstruieren.

Die Persönlichkeit eines Menschen hinterlässt vielfältige Abdrücke in der Umwelt. Sehen wir uns in der Wohnung eines unbekannten Singles um, können wir bereits aus

© Springer-Verlag GmbH Deutschland 2018
J. B. Asendorpf, *Persönlichkeit: was uns ausmacht und warum*,
https://doi.org/10.1007/978-3-662-56106-5_6

Einrichtung und Ordnung einiges über die Persönlichkeit des Bewohners erfahren. Gibt es viele Bücher unterschiedlichen Genres oder CDs unterschiedlicher Musikrichtungen, spricht das für hohe Offenheit gegenüber neuen Erfahrungen. Stapeln sich in der Küche leere Flaschen und das Geschirr von einer Woche, spricht das für geringe Gewissenhaftigkeit. Hängen überall Fotos von Verwandten und Bekannten herum, spricht das für hohe Extraversion oder Verträglichkeit. Gibt es viele Selbstporträts, spricht das für Narzissmus. Im Einzelfall kann das zwar falsch sein, aber bei vielen solchen Wohnungsbegehungen werden sich überzufällige Korrelationen zwischen der Beurteilung aus den Spuren der Bewohner und den Selbst- und Bekanntenurteilen ihrer Persönlichkeit finden (vgl. Kasten zu Studentenzimmer, Büros und die Big Five).

Studentenzimmer, Büros und die Big Five

In der ersten großen Studie von Persönlichkeitsspuren in Räumen wurden 77 Zimmer von Studierenden und 60 Büros in Bürokomplexen von mehreren Beurteilern der Räume und mehreren Beurteilern der Big Five (vgl. Kap. 2) des Raumnutzers besucht [1]. Die Besucher kannten den Nutzer nicht, und alle Fotos des Nutzers wurden entfernt. Die Nutzer wurden durch sich selbst und ein bis zwei gute Bekannte ebenfalls in den Big Five beurteilt. Im Rahmen eines Linsenmodells (vgl. Kap. 4) wurden ca. 40 Spuren aus den Räumen mit den Big-Five-Selbst-/Bekanntenurteilen und den Besucherurteilen korreliert. Die Ergebnisse sind in Tab. 6.1 zusammengefasst.

Die Besucher konnten also aus den Studentenzimmern die Offenheit gegenüber neuen Erfahrungen, den Neurotizismus und die Gewissenhaftigkeit recht gut einschätzen;

Tab. 6.1 Big-Five-Beurteilung aufgrund der Persönlichkeitsspuren in Räumen

Big Five		Zimmer von Studierenden		Büros	
		Ü	Beste Spur	Ü	Beste Spur
O	Offenheit	**0,65**	Vielfalt der Zeitschriften	**0,46**	Persönlich eingerichtet
C	Gewissenhaftigkeit	**0,33**	Ordnung im Zimmer	**0,24**	Gleichartige CDs
E	Extraversion	**0,22**	Laute Umgebung	**0,24**	Unorganisierte Zeitschriften
A	Verträglichkeit	**0,20**	Unorganisierte Zeitschriften	−0,04	Verkehrsreiche Umgebung
N	Neurotizismus	**0,36**	Wenig Tageslicht	0,19	Formell eingerichtet

Ü = Übereinstimmung (Korrelation) der Selbst-/Bekanntenurteile mit den Urteilen der Besucher. Die beste Spur ist die mit der höchsten Korrelation mit den Selbst-/Bekanntenurteilen. Überzufällige Korrelationen sind fett markiert

bei den Büros gelang das vergleichsweise gut nur bei Offenheit. Diese Übereinstimmung beruht auf Spuren, die von den Besuchern richtig eingeschätzt wurden (vgl. Linsenmodell in Kap. 4). Dass es bei den Büros keine Übereinstimmung hinsichtlich Verträglichkeit gab, liegt daran, dass es einerseits kaum Spuren der Verträglichkeit gab und die wenigen nicht genügend genutzt wurden.

In einer Nachfolgestudie wurden Spuren im Internet genutzt, nämlich *persönliche Homepages* [2] (vgl. Tab. 6.2). Beurteilungen der Big Five von Homepagebesitzern nur aufgrund der Homepage wurden korreliert mit den Selbst- bzw. Bekanntenurteilen der Besitzer (Ü, direkt vergleichbar mit Ü in Tab. 6.1) und mit einer Beurteilung der Homepagebesitzer, welche Ausprägungen auf den Big Five sie gerne hätten (ideale Big Five). Dadurch konnte die Ideal-real-Differenz berechnet werden (Differenz zwischen dem Idealbild und dem realen Bild, das durch die Selbst- und Bekanntenurteile bestimmt war).

Wie Tab. 6.2 zeigt, wurden die Big Five ähnlich gut beurteilt wie bei Besuch eines Studentenzimmers oder eines Büros (vgl. Tab. 6.1), wobei die Homepagebeurteilungen meist etwas stärker mit dem Urteil von Bekannten als mit dem Selbsturteil korrelierten. Extraversion und Verträglichkeit wurden von den Beurteilern der Homepages verzerrt wahrgenommen in Richtung auf das Idealbilds des Besitzers hin. Die Homepages waren offenbar so gestaltet, dass sie Besuchern eher einen Eindruck davon vermittelten, wie extravertiert und verträglich ihr Besitzer gerne sein würde. Bei den drei anderen Big Five war der Eindruck der Besucher nicht in Richtung Idealbild des Besitzers verzerrt.

Tab. 6.2 Big-Five-Beurteilung der Besitzer von 81 Homepages durch Besucher der Homepage

Big Five		Ü	Ü(Selbsturteil)	Ü(Bekanntenurteil)	Ü(Ideal–real-Differenz)
O	Offenheit	0,63	0,42	0,60	–0,07
C	Gewissenhaftigkeit	0,43	0,35	0,39	0,03
E	Extraversion	0,38	0,26	0,39	**0,24**
A	Verträglichkeit	0,28	0,31	0,22	**0,34**
N	Neurotizismus	0,31	0,21	0,31	–0,04

Ü = Übereinstimmung (Korrelation) der Besucherurteile mit den gemittelten Urteilen von Besitzern und
Bekannten von ihnen. Überzufällige Korrelationen sind fett markiert

Insgesamt zeigen diese weiteren Studien, dass die Selbstdarstellung auf Homepages erstaunlich gute Auskunft über
die tatsächliche Persönlichkeit des Homepagebesitzers liefert. Dagegen ergaben Befragungen, dass die Besitzer glauben, durch ihre Homepage besonders sympathisch oder
kompetent daherzukommen. Damit haben sie sich aber
getäuscht [3], weil fast alle Homepagebesitzer ähnliche
Absichten haben und ihre Homepage in entsprechender
Weise schönen. Wer hingegen ein ungeschöntes Bild ins
Netz stellt, wird in seinen positiven Eigenschaften unterschätzt. Oder wie die Königin in „Alice hinter den Spiegeln"
sagte: „Hierzulande musst du so schnell rennen, wie du
kannst, wenn du am gleichen Fleck bleiben willst." [4]

Selbstdarstellung findet sich erst recht in *sozialen
Online-Netzwerken* wie Facebook. Bei durchschnittlich 130
Facebookfreunden pro Nutzer dürfte jedem schnell klar
werden, dass es sich hier eher um Wunschdenken als um
wirkliche Freunde handelt. Die meisten passen sich an die
allseits geschönten Darstellungen an, was wiederum in der
Wahrnehmung der anderen auf ein realistisches Maß zu-
rechtgestutzt wird. Immerhin: Je mehr Freunde jemand
angibt, desto attraktiver wird er wahrgenommen. Aber ab
300 „Freunden" kehrt sich das um, und die wahrgenommene Attraktivität nimmt wieder ab [5].

Wegen dieser Korrekturtendenzen und dem ständigen
sozialen Feedback, das Homepagebesitzern fehlt, liefern
Facebook-Seiten ein sogar vergleichsweise weniger verzerrtes
Bild von Persönlichkeitsunterschieden. Zwar fallen die Über-
einstimmungen zwischen Big-Five-Beurteilungen aufgrund
von Facebook-Seiten und den Big-Five-Beurteilungen der
Seitenbesitzer etwas bescheidener aus als bei Homepages,

aber dafür konnte keine persönlichkeitsabhängige Verzerrung in Richtung Idealbild nachgewiesen werden [6].

Deshalb hat es in Zeiten, als Facebook weniger kontrovers war als heute und umfangreiche relativ unverzerrte Stichproben für persönlichkeitspsychologische Untersuchungen gewonnen werden konnten, groß angelegte Studien gegeben, um Persönlichkeitsunterschiede aus Facebookspuren vorherzusagen, z. T. mit mehreren Millionen Teilnehmern. Derartige Daten werden inzwischen *Big Data* genannt und eröffnen ganz neue Wege auch für die Persönlichkeitserfassung aus Spuren im Internet (vgl. Kasten zum Projekt MyPersonality).

MyPersonality

Mithilfe einer Facebook-App wurden die Facebookdaten von über 4 Millionen Nutzern und deren Ergebnisse in zahlreichen Persönlichkeitstests erhoben, teilweise über lange Zeiträume [7]. Das Projekt wurde 2007 vom britischen Studenten David Stillwell begonnen, die Datenerhebung wurde 2012 abgeschlossen. Die öffentlich zugängliche Datenbasis wurde 2016 bereits von mehr als 200 Wissenschaftlern ausgewertet. Mit diesen Daten konnte anhand der Facebookprofile von ca. 86.000 Personen gezeigt werden, dass etwa 65 Facebook-Likes pro Person (Klicks „Gefällt mir!" auf Personen, Markenartikel, Webseiten usw.) ausreichen, um hieraus mithilfe eines mathematischen Algorithmus die selbstbeurteilten Big Five so genau wie ein guter Bekannter vorherzusagen (Korrelation 0,45); bei 125 Likes gelang es so genau wie durch Familienangehörige (0,50) ([8], vgl. Abb. 6.1, sie macht noch einmal das Aggregationsprinzip deutlich). Diese Studie kann bereits als Klassiker der Persönlichkeitspsychologie gelten. So war nicht nur die Stichprobe

---

(Fortsetzung)

sehr groß, sondern der Algorithmus wurde an einem anderen Teil der Daten entwickelt, als er für die Persönlichkeitsvorhersage genutzt wurde, sodass er nicht auf zufälligen Zusammenhängen in den Daten beruhen konnte. Die Personen hatten zwar der Nutzung der Daten für wissenschaftliche Zwecke zugestimmt, hatten aber keine Ahnung, wie sie genau verwendet würden, sodass ihre Facebookdaten nicht in Richtung einer bestimmten Hypothese verzerrt waren.

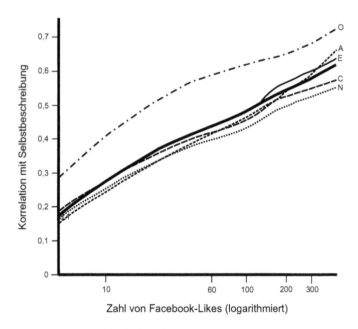

Abb. 6.1 Genauigkeit der Vorhersage der Big Five durch Facebook-Likes (zu OCEAN vgl. Tab. 6.2, dicke Linie ist Mittelwert der Genauigkeit über alle Big Five)

Ca. 100 Facebook-Likes enthalten also genügend persönlichkeitsrelevante Informationen, um die Big Five und viele andere Persönlichkeitseigenschaften so gut wie gute Bekannte zu erfassen (auch ohne Einverständnis der Nutzer). Der verwendete Algorithmus lässt sich für personalisierte Werbung nutzen, aber auch für Untersuchungen zum Nutzerverhalten. Dieses Verhalten muss sich nicht auf Facebookdaten beziehen, sondern kann z. B. auch die Nutzung des mobilen Geräts betreffen (so etwa Gesprächsverhalten, Surfverhalten, Bewegungsverhalten erfasst dadurch, dass der Standort des Nutzers anhand seiner IP-Adresse festgestellt wird, usw.; vgl. Kap. 5) und ohne Zustimmung der Nutzer mit ihrer „Facebookdiagnose" verknüpft werden.

Wie meistens in der empirischen Wissenschaft kann diese Methode der Persönlichkeitserfassung für alle möglichen Zwecke verwendet werden. Big-Data-Nutzungen zur Erstellung von Persönlichkeitsprofilen sind in letzter Zeit in Verruf geraten, weil das Gerücht in Umlauf kam, dass die knappen Wahlsiege der Brexitbefürworter und von Donald Trump auf der intensiven Nutzung von Big Data beruht hätten. Aus Nutzerprofilen u. a. von Facebook seien Wechselwählerhaushalte identifiziert worden, die dann gezielt zum Stimmenfang besucht worden seien. In beiden Fällen hätte Cambridge Analytica, eine private Firma in London, dahinter gesteckt, die Algorithmen zur Herstellung individueller Profile („Mikrotargeting") aus dem in Cambridge beheimateten Projekt MyPersonality für Wahlkampfzwecke benutzt habe [9].

Letztlich ist es gleichgültig, ob diese Gerüchte *fake news* sind, genährt zum Zweck der Werbung für Cambridge

Analytica [10]. Fakt ist, dass bereits Barack Obama Big Data nutzen ließ [11] und inzwischen alle großen Parteien in den USA – und auch in Deutschland – Big Data nutzen; allein die US-Republikaner hatten zur Wahl 2016 mindestens vier verschiedene Firmen damit beauftragt. Welche Rolle dabei Persönlichkeitsprofile nach dem Big-Five-Modell spielen, ist unklar; ich könnte mir sehr viel spezifischere Profile von Einstellungen, Werthaltungen, Interessen und Motiven vorstellen, die da sehr viel zielführender sein könnten.

Persönlichkeiten haben schon immer Spuren hinterlassen; früher gab es nicht das Internet, aber schriftliche Dokumente, entweder von den Personen selbst oder über sie verfasst, weil sie im öffentlichen Rampenlicht standen. Das eröffnet die Möglichkeit, schriftliche Dokumente mithilfe der empirischen Persönlichkeitspsychologie auszuwerten, bis hin zur Persönlichkeit geschichtlich bedeutsamer Personen. Noch ist die Geschichtswissenschaft weitgehend geisteswissenschaftlich geprägt, aber es gibt schon eine lange Zeit Ansätze zu einer Historiometrie – also der Rekonstruktion geschichtlicher Ereignisse und Personen mithilfe empirischer Methoden [12].[1] Im Folgenden wird diese Methode an drei Beispielen illustriert.

Werthaltungen, d. h. die Bevorzugung bestimmter Werte, werden oft mit einem Verfahren erfragt, bei dem u. a. 18 „Endziele" wie z. B. Gleichheit, Frieden oder Genuss in eine Rangreihe gebracht werden sollen [13]. Mit diesem Verfahren wurden Texte von jeweils 25.000 Worten aus

---

[1] Der Begriff historiometry geht auf F. A. Woods 1909 zurück (in Deutschland wird unter Historiometrie auch eine spezielle Unterrichtsmethode für den Geschichtsunterricht verstanden).

Tab. 6.3 Rangplätze der Werte Gleichheit und Freiheit in politischen Schriften

Wert	Sozialisten	Goldwater	Lenin	Hitler
Freiheit	1	1	17	16
Gleichheit	2	16	1	17

den politischen Schriften von Hitler, Lenin, Goldwater (einem als reaktionär angesehenen Präsidentschaftskandidat der US-Republikaner) und „Sozialisten" wie Erich Fromm auf die dort propagierten Werte hin eingeschätzt. Dabei soll sich das in Tab. 6.3 gezeigte Muster ergeben haben[14], das Rückschlüsse auf Werthaltungen der jeweiligen Politiker erlaube [14].[2] Es muss hier aber hinzugefügt werden, dass sich derartige Inhaltsanalysen vor allem dadurch manipulieren lassen, dass nur ganz bestimmte Ausschnitte der Schriften ausgewählt werden. Seriöse Verfahren würden Zufallsstichproben aus sämtlichen verfügbaren Schriften ziehen. Auch müssen Werte in politischer Propaganda nicht mit den persönlichen Werthaltungen der Verfasser übereinstimmen.

Werden Präsidenten neu ernannt, halten sie eine Antrittsrede, in der sie ihre Absichten für ihre Amtsführung darlegen. In einer klassischen Studie wurden die Antrittsreden aller US-amerikanischen Präsidenten zwischen 1789 und 1981 inhaltsanalytisch bezüglich der Stärke des Machtmotivs und des Intimitätsmotivs (Bedürfnis nach nahen Beziehungen) quantitativ untersucht [15]. Hierbei

---

[2] Dort wird das genaue Vorgehen nicht näher beschrieben und auch nicht auf eine Originaluntersuchung verwiesen; weil das Ergebnis „zu schön ist, um wahr zu sein", können Zweifel an der Seriosität der Studie angemeldet werden.

Tab. 6.4 Vorhersage der US-amerikanischen Politik aus motivationalen Themen in den Antrittsreden der Präsidenten 1789–1981

Politikmerkmal	Korrelation mit	
	Machtmotiv	Macht- minus Intimitätsmotiv
Historischer Einfluss (Urteil von Historikern)	0,40	0,35
Zahl historisch bedeutsamer Entscheidungen	0,51	0,27
Zahl rüstungsbegrenzender Verträge[1]	–0,05	–0,55
Beginn eines Krieges	0,52	0,36
Vermeidung von Krieg	0,34	0,16

[1] Nur für 14 Präsidenten kodierbar, da historisch neuere Erscheinung

kodierten trainierte Beurteiler die Texte anhand vorgegebener Kriterien, ohne zu wissen, von welchem Präsidenten die Texte stammten. Hieraus lassen sich Korrelationen zwischen Motivstärke und der späteren tatsächlichen Politik während der Amtsführung bestimmen (vgl. Tab. 6.4).

Das aus Antrittsreden erschlossene *Leistungs*motiv von US-Präsidenten zeigte in weiteren Studien *negative* Korrelationen mit Kriterien des politischen Erfolgs [16]. Anders als im wissenschaftlichen Bereich, in dem das Leistungsmotiv positiv mit Erfolg korreliert, scheint ein hohes Leistungsmotiv die in der Politik oft nötige Kompromissbereitschaft und den langen Atem bei Verhandlungen eher zu behindern. Die Antrittsrede Barack Obamas wies ein durchschnittliches Leistungsmotiv, aber ein stark erhöhtes Machtmotiv auf, vergleichbar mit dem Profil von Harry Truman (1949–53) und John F. Kennedy (1961–65) [17]. Hieraus wurde vorhergesagt, dass Obama später von Historikern als sehr erfolgreicher Politiker eingeschätzt und von den meisten Amerikanern als besonders charismatisch angesehen würde. Außerdem würde sein hohes Machtmotiv erwarten lassen, dass die USA in einen weiteren Krieg ziehen (vgl. Tab. 6.4). Die Geschichte hat zwar gezeigt, dass diese Vorhersagen nicht ganz falsch lagen, aber sie waren auch nicht sehr spezifisch.

Allerdings sind derartige Korrelationen zwischen Motiven und Politik nur teilweise auf die Persönlichkeit der Präsidenten zurückzuführen. Antrittsreden werden selten selbst verfasst, sondern eher von Ghostwritern, und inzwischen von ganzen Stäben psychologischer Berater zumindest vorformuliert. Sie spiegeln damit nicht nur ein individuelles Motiv der jeweiligen Präsidenten, sondern auch die zum Zeitpunkt der Antrittsrede allgemein herrschende Stimmung (den *Zeitgeist*). Spürt ein Beraterstab eine „Vorkriegsstimmung" oder ist er der Meinung, nach außen hin Stärke demonstrieren zu müssen, um potenzielle Gegner abzuschrecken, und hat der Präsident keine abweichende eigene Meinung dazu, wird er sich in seiner Antrittsrede entsprechend äußern und dadurch zu der Korrelation zwischen Machtbedürfnis und Kriegsbeginn beitragen.

Ein letztes Beispiel ist etwas exotisch, soll aber deutlich machen, dass auch sehr detaillierte empirische Einzelfallstudien geschichtlich bedeutsamer Persönlichkeiten möglich sind. Der britische König George III wurde während seiner Regierungszeit von 1760 bis 1811 schubweise von körperlichen und psychischen Symptomen gequält, worüber ausführliche schriftliche Zeugnisse vorliegen. Historiker verfassten Dossiers über seine persönlichen und politischen Belastungen sowie für jeden Monat zwischen Geburt (1738) und Tod (1820) über seinen körperlichen und

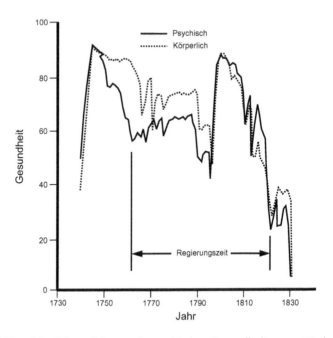

Abb. 6.2 Körperliche und psychische Gesundheit von König George III

psychischen Gesundheitszustand. Gruppen von jeweils elf Studierenden beurteilten aufgrund dieser Dossiers entweder nur die Belastungen oder nur den Gesundheitszustand monatsweise auf einer Skala von 0 (kein Stress oder völlig gesund) bis 100 (maximaler Stress, maximal krank). Die jeweils elf Urteiler zeigten eine hohe Übereinstimmung, sodass ihr mittleres Urteil als zuverlässige Stress- bzw. Gesundheitsmessung gelten kann. Abb. 6.2 zeigt den sich daraus ergebenden Verlauf der körperlichen und psychischen

Gesundheit; für die politische und persönliche Belastung ergaben sich entsprechende Kurven [18].

Aufgrund dieser Daten wurde die Hypothese geprüft, ob Veränderungen in den Belastungen Veränderungen des Gesundheitszustands nach sich zogen. Dies war der Fall; aus Belastungsveränderungen von Monat zu Monat ließen sich die Gesundheitsveränderungen überzufällig vorhersagen, und zwar am besten bei einer Zeitverschiebung von 9 Monaten. Dieser Zusammenhang war etwas stärker für persönliche als für politische Belastungsveränderungen. Dies ist ein Baustein für die Beantwortung der immer wieder diskutierten Frage, warum King George III so extreme Gesundheitsschwankungen aufwies. Neben einer genetischen Belastung durch Porphyrie scheint auch eine falsche Behandlung durch seine Ärzte dazu beigetragen zu haben. Denn Untersuchungen einer Locke von ihm ergaben, dass er an einer vermutlich medikamentös verursachten schleichenden Blei- und Arsenvergiftung litt [19]. Zwar lagen die Stimmungsschwankungen des Königs klar außerhalb des normalen Bereichs, sind also pathologischer Natur. Aber dennoch zeigt dieses Beispiel, wie sich mit modernen empirischen Methoden Aussagen über individuelle Merkmale längst Verstorbener machen lassen.

Zusammenfassung
Die Persönlichkeit hinterlässt Spuren in Wohnungen und Büros, auf Homepages, bei Facebook und in schriftlichen Dokumenten. Mithilfe des Linsenmodells können dabei Zusammenhänge zwischen Eigenschaften und ihren Spuren und Zusammenhänge zwischen Spuren und Beurteilungen

(Fortsetzung)

neutraler Beobachter quantitativ erfasst werden. Das eröff-net neue Möglichkeiten der Persönlichkeitserfassung vom Einzelfall bis hin zu Big Data, die auch missbraucht werden können (z. B. zur Manipulation von Wahlen). Bisher wurde ein weiterer wichtiger Zugang zur Persönlichkeit außen vor gelassen, nämlich die Erfassung von intellektuellen, sozialen und emotionalen Fähigkeiten durch Testverfahren. Damit beschäftigt sich der folgende Teil dieses Buches.

Literatur

1. Gosling, S. D., Ko, S. J., Manarelli, T. & Morris, M. E. (2002). A room with a cue: Personality judgments based on offices and bedrooms. *Journal of Personality and Social Psychology, 82,* 379–398.
2. Vazire, S. & Gosling, S. D. (2004). e-Perceptions: Personality impressions based on personal websites. *Journal of Personality and Social Psychology, 87,* 123–132.
3. Sherman, R. C. , End, C., Kraan, E., Cole, A., Campbell, J., Klausner, J. & Birchmeier, Z. (2001). Metaperception in cyberspace. *Cyberpsychology and Behavior, 4,* 123–129.
4. Carroll, L. (1871). *Through the looking glass, and what Alice found there.* London: Macmillan [deutsch: Alice hinter den Spiegeln. Frankfurt/Main: Insel Verlag, 1963].
5. Wilson, R. E., Gosling, S. D. & Graham, L. T. (2012). A review of facebook research in the social sciences. *Perspectives on Psychological Science, 7,* 203–220.
6. Back, M. D., Stopfer, J. M., Vazire, S., Gaddis, S., Schmukle S. C., Egloff, B. et al. (2010). Facebook profiles reflect actual personality, not self-idealization. *Psychological Science, 21,* 372–374.

7. www.mypersonality.org
8. Youyou, W., Kosinski, M. & Stillwell, D. (2015). Computer-based personality judgments are more accurate than those made by humans. *Proceedings of the National Academy of Sciences, 112,* 1036–1040.
9. www.dasmagazin.ch/2016/12/03/ich-habe-nur-gezeigt-dass-es-die-bombe-gibt/
10. https://de.wikipedia.org/wiki/Cambridge_Analytica
11. Issenberg, S. (2013). *The victory lab. The secret science of winning campaigns.* New York: Broadway Books.
12. Simonton, D. K. (2003). Qualitative and quantitative analyses of historical data. *Annual Review of Psychology, 54,* 617–640.
13. Rokeach Value Survey; Rokeach, M. (1973). *The nature of human values.* New York: Free Press.
14. Graumann, C. F. & Willig, R. (1983). Wert, Wertung, Werthaltung. In H. Thomae (Hrsg.), *Enzyklopädie der Psychologie. Band C/IV/1: Theorien und Formen der Motivation* (S. 312–396). Göttingen: Hogrefe.
15. Winter, D. G. (1987). Leader appeal, leader performance, and the motive profiles of leaders and followers: A study of American presidents and elections. *Journal of Personality and Social Psychology, 52,* 196–202.
16. Winter, D. G. (2010). Why achievement motivation predicts success in business but failure in politics: The importance of personal control. *Journal of Personality, 78,* 1637–1667.
17. Winter, D. G. (2011). Philosopher-King or polarizing politician? A personality profile of Barack Obama. *Political Psychology, 32,* 1059–1081.
18. Simonton, D. K. (1998). Mad King George: The impact of personal and political stress on mental and physical health. *Journal of Personality, 66,* 443–466.

19. Cox, T. M., Jack, N., Lofthouse, S., Watling, J., Haines, J. & Warren, M. J. (2005). King George III and porphyria: An elemental hypothesis and investigation. *The Lancet*, *366* (9482), 332–335.

Teil II

Was wir können

7

IQ: Ein Quotient, der keiner mehr ist

Selbstbeschreibung, Beurteilung durch andere, Verhaltensbeobachtung und Spuren in der Umwelt können auch dafür
genutzt werden, Fähigkeiten zu erfassen. Welchen Noten-
durchschnitt erreichen wir im letzten Jahr des Schulbesuchs?
Wie gut können wir bei Konflikten dazu beitragen, dass sie
ohne Gesichtsverlust der Beteiligten gelöst werden? Wie gut
haben wir unsere Emotionen im Griff, wenn wir beleidigt
werden? Intellektuelle, soziale und emotionale Fähigkeiten
lassen sich nicht nur beurteilen oder im Alltag beobachten,
sondern auch mehr oder weniger gut durch Testverfahren
erfassen: Wie gut können wir bestimmte Aufgaben lösen,
wenn wir uns maximal anstrengen? Wie diese Tests aufge-
baut sind und welche Aussagekraft sie haben, wird in diesem
Kapitel in Bezug auf intellektuelle Fähigkeiten dargestellt.

© Springer-Verlag GmbH Deutschland 2018
J. B. Asendorpf, *Persönlichkeit: was uns ausmacht und warum*,
https://doi.org/10.1007/978-3-662-56106-5_7

Bei Testaufgaben hängt die erbrachte Leistung von zwei Faktoren ab: Fähigkeit und Anstrengung. Deshalb lassen sich Ergebnisse in Intelligenztests ganz einfach dadurch verfälschen, dass man sich weniger anstrengt. Allerdings funktioniert das nur in einer Richtung, nämlich in Richtung auf Unterschätzung der tatsächlichen Fähigkeit – mangelnde Fähigkeit lässt sich nur in Grenzen durch besonders hohe Anstrengung kompensieren. Damit Fähigkeitstests eine Fähigkeit unabhängig von der Anstrengung erfassen, machen sie die Annahme, dass sich alle Getesteten maximal anstrengen, weil das Ergebnis für sie wichtig ist. Fähigkeitstests versuchen also, die *maximale Leistung* zu erfassen, nicht die typische Leistung im Alltag. Weil die typische Leistung immer ein wenig unter der maximalen Leistung bleibt, korrelieren maximale und typische Leistung hoch miteinander, sind aber nicht identisch, weil sie zusätzlich von der Anstrengungsbereitschaft beim Test und im Alltag abhängen.

Je nach Anwendungsinteresse lassen sich zahllose Fähigkeiten unterscheiden, die im Prinzip durch Testverfahren erfasst werden können: sportliche, musikalische, literarische, bildnerische, intellektuelle, soziale und emotionale Fähigkeiten. Die empirische Psychologie hat sich am intensivsten mit den drei letztgenannten Fähigkeiten beschäftigt: Intelligenz und soziale und emotionale Kompetenzen. Sie werden in diesem Teil II des Buches behandelt. Darüber hinaus gibt es umfangreiche Testverfahren in der Sportpsychologie, kaum aber in Bezug auf künstlerische Fähigkeiten. Nicht behandelt werden hier Kreativitätstests, weil trotz vieler Bemühungen noch keine Einigkeit darüber erreicht werden konnte, durch welche Aufgaben kreative Leistungen getestet werden können und wie sich die Kreativität einer Aufgabenlösung erfassen lässt.

Ich beginne mit Intelligenz, weil Intelligenztests die längste und auch erfolgreichste Geschichte aller psychologischen Testverfahren haben. Intelligenz ist die Fähigkeit, intellektuelle Leistungen zu vollbringen. Weil überdurchschnittliche Intelligenz in heutigen westlichen Kulturen stark erwünscht ist (wer möchte schon „nur" durchschnittlich intelligent sein), führt dies zu einer Selbstüberschätzung der eigenen Intelligenz (vgl. auch die Diskussion des Better-than-Average-Effekts in Kap. 3) und einer kritischen Haltung Intelligenztests gegenüber (es könnte sich ja herausstellen, dass man nicht so intelligent ist, wie man zu sein glaubt). Entsprechend werden Intelligenztests in der Öffentlichkeit abgewertet, zumal Psychologen keine einfache Antwort auf die Frage geben können, warum Intelligenztests die Aufgaben verwenden, die sie verwenden, und sich manchmal auf die zirkuläre Definition „Intelligenz ist, was Intelligenztests messen" zurückziehen. Das wird ihnen dann zu Recht als Scheindefinition angekreidet und weckt den Verdacht, das psychologische Intelligenzkonzept sei eine windige Angelegenheit.

Das ist aber ganz und gar nicht der Fall. Wenn es um bildungsabhängige Leistungen in Schule und Beruf geht, sind Intelligenztests mindestens ebenso gut in der Vorhersage wie andere Verfahren und nicht selten überlegen. Das liegt auch daran, dass Intelligenzunterschiede seit 1884 empirisch erforscht werden, sehr viel länger als alle anderen Persönlichkeitsmerkmale. Auch ist es diese lange Geschichte der Intelligenzforschung, die es schwer macht, zu erklären, was Intelligenz ist und was ein IQ-Wert aussagt. Das psychologische Intelligenzkonzept ist nur von seiner Geschichte her wirklich verständlich. Deshalb wird diese Geschichte hier so kurz und knapp wie nötig skizziert.

Den ersten Versuch, Intelligenzunterschiede zu messen, unternahm der Brite Francis Galton (1822–1911), ein Cousin von Charles Darwin. Er richtete 1884 auf der „International Health Exhibition" in London ein „anthropometrisches Labor" ein, in dem sich Ausstellungsbesucher gegen eine Gebühr von drei Pence testen lassen konnten – eine der seltenen Studien, in der die Versuchspersonen die Psychologen bezahlen und nicht umgekehrt. Getestet wurden das Unterscheidungsvermögen für visuelle, akustische oder Tastreize und Gedächtnisleistungen. Die Zusammenhänge zwischen den einzelnen Tests waren jedoch äußerst gering. Das war auch das Ergebnis umfangreicher Testungen von Studierenden der Columbia University in New York um 1900; zudem zeigten die einzelnen Tests so gut wie keine Zusammenhänge mit dem Studienerfolg. Die erste Phase der Intelligenzforschung war in eine Sackgasse geraten.

Aus der Sackgasse heraus führte der neue Ansatz der Franzosen Binet und Simon, die 1905 im Auftrag des französischen Unterrichtsministeriums einen Test entwickelten, der die Zuweisung von Minderbegabten zu Sonderschulen verbessern sollte. Es wurde das Ziel verfolgt, dass der Test im Vergleich zum Lehrerurteil genauer werden sollte. Statt der früher verwendeten Sinnes- und Gedächtnisleistungen entwickelten sie für jede Altersstufe zwischen 3 und 15 Jahren alltagsnahe Aufgaben, zu deren Lösung jeweils unterschiedliche intellektuelle Fähigkeiten und grundlegendes Alltagswissen nötig sind. So bestand etwa eine Aufgabe für Sechsjährige darin, links und rechts dadurch zu unterscheiden, dass auf das richtige eigene Ohr gezeigt wird, und eine andere Aufgabe darin, einen Satz aus 16 Silben zu wiederholen. Die Leistung jedes getesteten Kindes wurde zur mittleren Leistung in einer Altersgruppe in Beziehung gesetzt und Intelligenzalter genannt. Löste z. B. ein zehnjähriges Kind so viele Aufgaben wie ein durchschnittliches Achtjähriges, betrug sein Intelligenzalter acht Jahre. Es war also zwei Jahre im Rückstand gegenüber seinem Geburtsjahrgang.

Bald wurde jedoch erkannt, dass gleich große Abweichungen des Intelligenzalters vom Lebensalter je nach Lebensalter eine unterschiedliche Bedeutung haben. Zum Beispiel ist ein Intelligenzrückstand von zwei Jahren bei einem Zehnjährigen gerade noch im Bereich des Normalen, während er bei einem Fünfjährigen ein gravierendes Problem signalisieren würde. Das liegt daran, dass die Unterschiede im Intelligenzalter mit dem Alter zunehmen. Deshalb schlug der deutsche Psychologe William Stern 1912 vor, als Maß der Intelligenz den *Intelligenzquotienten IQ* zu verwenden:

$$IQ = (\text{Intelligenzalter/Lebensalter}) \times 100$$

Dieser Quotient zeigte eine ähnliche Variabilität auf unterschiedlichen Altersstufen, sodass die IQ-Werte zwischen Kindern unterschiedlichen Alters vergleichbar waren. Der Mittelwert jeder Altersstufe betrug definitionsgemäß 100 (weil dann Intelligenzalter und Lebensalter übereinstimmen) und die Variation der IQ-Werte um den Mittelwert 100 folgten der Gauß'schen Glockenkurve

(Normalverteilung), was immer dann zu erwarten ist, wenn Merkmale durch sehr viele unterschiedliche Faktoren bedingt sind. Diese IQ-Werte erwiesen sich als gut geeignet, die mittlere Schulnote eines Kindes in der Grundschule vorherzusagen (Korrelation ca. 0,50).

Allerdings bestimmt heute niemand mehr den IQ nach der Stern'schen Formel, weil diese Formel nur dann sinnvoll ist, wenn die mittlere Leistung von Jahr zu Jahr konstant zunehmen würde. Tatsächlich ist dies annähernd nur zwischen 6 und 12 Jahren der Fall; dann nimmt der Zuwachs ab, und die mittlere Leistung bleibt ab dem Alter von 17 Jahren gleich hoch. Deshalb brach erstmals der US-amerikanische Psychologe David Wechsler 1939 gänzlich mit dem Binet-Stern-Ansatz. Zunächst wurde für jede Altersgruppe eine große Stichprobe getestet und deren Mittelwert und Variabilität bestimmt. Dann wurden die Leistungspunkte einer Person dieser Altersgruppe so in IQ-Werte umgerechnet („normiert"), dass diese IQ-Werte den Mittelwert 100 und die Variabilität der IQ-Werte nach Stern hatten [1].[1] Hierbei wurde gar kein Quotient Intelligenzalter/Lebensalter mehr bestimmt, und Mittelwert und Variabilität hätten auch ganz anders gewählt werden können (z. B. 0 und 1). Heute wird der IQ stets nach dem

---

[1] Die Umrechnung erfolgt nach der Formel $IQ = 100 + 15 \times (x - M)/SD$, wobei x die erzielten Leistungspunkte und M und SD Mittelwert und Standardabweichung (Variabilität) der zur Normierung herangezogenen Stichprobe sind. Diese IQ-Werte haben den Mittelwert 100 und die Standardabweichung 15 (Letzteres entspricht der Standardabweichung der Stern'schen IQ-Werte). Da M und SD feste Größen sind, muss in der Testpraxis gar keine Umrechnung mehr erfolgen. Vielmehr finden sich in den Testmanualen Tabellen, in denen zu jedem Leistungspunkt jeder Altersgruppe der entsprechende IQ-Wert angegeben ist.

Verfahren von Wechsler bestimmt. Dass er Intelligenz-*quotient* genannt wird und dass sein Mittelwert 100 ist, ist nur historisch verständlich, weil sich die Normierung an dem Quotienten von Stern orientierte, der sich wiederum auf den Test von Binet und Simon bezog.

Auf Wechsler geht auch die Unterscheidung zwischen *sprachlicher und nichtsprachlicher Intelligenz* zurück. Sprachliche Intelligenz wird durch Aufgaben erfasst, die sich z. B. auf allgemeines Wissen und Verständnis und den Wortschatz beziehen, nichtsprachliche Aufgaben beziehen sich z. B. auf Rechnen, räumliches Vorstellungsvermögen und logisches Schlussfolgern. Zwar setzen auch nichtsprachliche Aufgaben ein Mindestmaß an sprachlichem Verständnis voraus, weil die Aufgabenstellung sprachlich beschrieben wird, aber bei der Lösung sind vor allem nichtsprachliche Kompetenzen gefragt. Die Aufgabe 1 in Abb. 7.1 testet das Entdecken einer Regel (der Punkt liegt außerhalb des Kreises und im Überlappungsbereich der beiden Quadrate). Aufgabe 2 testet räumliches Vorstellungsvermögen in Form der *mentalen Rotation*: Eine Figur muss in der Vorstellung im dreidimensionalen Raum gedreht werden; richtig ist Antwort c.

Sprachliche und nichtsprachliche Intelligenz korrelieren 0,40 bis 0,50 miteinander. Nichtsprachliche Intelligenztests wurden vor allem entwickelt, um Benachteiligungen der Getesteten aufgrund geringer Bildung ihrer Eltern oder eines Migrationshintergrunds zu vermindern. Typische Zusammenhänge der (nicht-)sprachlichen Intelligenz untereinander, mit der Bildung der Eltern und den Schulnoten sind in Tab. 7.1 dargestellt. Die Bildung der Eltern korrelierte ab dem Schuleintritt tatsächlich etwas geringer mit der

Aufgabe 1: Regelentdeckung

Bei welcher der folgenden Figuren könnte ein Punkt genauso
eingezeichnet werden wie in der Figur oben?

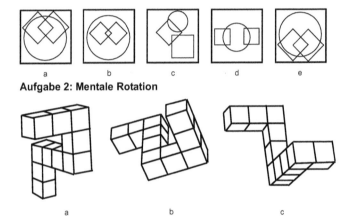

   a   b   c   d   e

Aufgabe 2: Mentale Rotation

          a   b   c

Welche der obigen Figuren lässt sich so drehen, dass die Figur
unten entsteht?

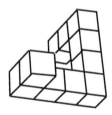

Abb. 7.1   Zwei typische nichtsprachliche Intelligenzaufgaben

Tab. 7.1 Korrelationen zwischen (nicht-)sprachlicher Intelligenz, Bildung der Eltern und dem Mittelwert aus Deutsch- und Mathematiknote auf verschiedenen Altersstufen [2]

Alter	Sprachlich mit	Bildung der Eltern mit		Schulnoten mit	
	nichtsprachlich	sprachlich	nichtsprachlich	sprachlich	nichtsprachlich
5–6	0,38	0,19	0,18		
7–8	0,44	0,36	0,12		
9–10	0,50	0,35	0,14	−0,50	−0,48
11–12	0,43	0,33	0,16		

Daten Münchner Kinder überflüssig, da Zitat vorhanden

nichtsprachlichen Intelligenz ihrer Kinder als mit deren sprachlicher Intelligenz, während sich die Schulnoten durch beide Intelligenzarten gleich gut vorhersagen ließen (die Korrelationen sind negativ, weil die Noten mit zunehmender Leistung sinken, der IQ aber steigt).

Intelligenztests werden seit Binet und Simon so entwickelt, dass sich mit ihrer Hilfe die Schulleistung in ihrer ganzen Breite möglichst gut vorhersagen lässt. Damit ist aber noch nicht klar, welche intellektuellen Fähigkeiten Intelligenztests primär erfassen. Wie im historischen Abriss der Intelligenzforschung deutlich wurde, scheiterte Galtons Ansatz an dieser Frage. Es dauerte über 70 Jahre, bis deutliche Zusammenhänge zwischen Intelligenztestleistung und der Leistung in einfachen kognitiven Aufgaben gefunden wurden. Arthur Jensen entdeckte 1979 einen deutlichen Zusammenhang mit der Reaktionszeit bei einfachen Entscheidungsaufgaben. Bei ihnen mussten die Versuchspersonen so schnell wie möglich eine Taste drücken, wenn eines von mehreren Lämpchen aufleuchtete [3]. Und Ted Nettelbeck fand 1982 einen ähnlich starken Zusammenhang mit der *visuellen Inspektionszeit* [4]. Darunter wird die Schnelligkeit verstanden, mit der Personen unterscheiden können, ob zwei ähnlich lange Linien gleich lang sind oder nicht. Hierzu werden auf einem Bildschirm ähnlich lange Linien immer kürzer dargeboten, bis die Person, die an der Untersuchung teilnimmt, die Entscheidung gerade noch mit ausreichender Sicherheit treffen kann. Intelligente Personen können das bei kürzerer Darbietung tun als weniger intelligente.

In beiden Fällen wird also die Geschwindigkeit der Informationsverarbeitung bei einfachen Aufgaben gemessen

(„mental speed"). Diese Aufgaben sind denen von Galton ähnlich. Ein entscheidender Unterschied ist jedoch, dass die Messung präziser erfolgt und jede Person sehr viele Testdurchgänge machen muss, sodass Schwankungen der Leistung „weggemittelt" werden können und so die individuelle Fähigkeit sehr viel genauer erfasst wird.

Ab den 1950er-Jahren wurde auch Galtons Versuch, Intelligenz durch Gedächtnisleistungen zu erfassen, neu belebt, indem die Intelligenztestleistung auf den Umfang des *Arbeitsgedächtnisses* bezogen wurde. Das Arbeitsgedächtnis ist analog zum Arbeitsspeicher eines Computers derjenige Teil des Gedächtnisses, der für die vorübergehende Speicherung und Veränderung von Gedächtnisinhalten zuständig ist. Je mehr Gedächtnisinhalte gleichzeitig gespeichert werden können, desto schneller können auch komplexere Aufgaben bewältigt werden. Kyllonen und Christal fanden 1990 einen deutlichen Zusammenhang zwischen Umfang des Arbeitsgedächtnisses und der Fähigkeit zum schlussfolgernden Denken, wobei dieser Umfang kaum mit der Geschwindigkeit der Informationsverarbeitung oder Wissenstests korrelierte [5]. Insgesamt kann deshalb Intelligenz als Fähigkeit zur schnellen Verarbeitung komplexerer Probleme verstanden werden, die von der Geschwindigkeit der Verarbeitung und dem Umfang des Arbeitsgedächtnisses abhängt. Das ist vergleichbar mit einem Computer, bei dem die Leistung einerseits von der Größe des Arbeitsspeichers und andererseits von der Taktfrequenz des Prozessors abhängt.

Neben der Unterscheidung von sprachlicher und nichtsprachlicher Intelligenz spielt vor allem in der Forschung zur Entwicklung von Intelligenzunterschieden (vgl. hierzu

Kap. 12) eine verwandte Unterscheidung eine Rolle: *fluide*
und *kristalline* Intelligenz. Fluide Intelligenz ist die wissensunabhängige Fähigkeit, logisch zu denken und Probleme zu
lösen; kristalline Intelligenz ist die wissensabhängige
Fähigkeit, intelligente Leistungen zu vollbringen. Deshalb
nimmt die kristalline Intelligenz mit zunehmendem Wissen
zu, während die fluide Intelligenz unabhängig davon ist.
Sprachliche Intelligenzaufgaben, die Wortverständnis oder
Wortflüssigkeit erfassen, testen eher die kristalline Intelligenz. Da der Wissenserwerb aber auch von fluiden Fähigkeiten abhängt (wie z. B. von der Geschwindigkeit der
Informationsverarbeitung und von der Gedächtniskapa-
zität), ist eine Aufteilung von Intelligenzaufgaben in fluide
bzw. kristalline nicht einfach.

Gottfredson schlug 1994 eine Definition von Intelligenz
vor, der sich 100 Experten mehrheitlich anschlossen und die
bis heute als beste Definition gelten kann:

> Intelligenz ist eine sehr breit angelegte geistige Fähigkeit,
> die u. a. folgende Fähigkeiten einschließt: logisches
> Schlussfolgern und Begründen, Planen, Problemlösen,
> abstraktes Denken, Verstehen komplexer Ideen, schnelles
> Lernen und Lernen aus Erfahrung. Es ist mehr als
> Bücherwissen, enge schulische Fertigkeiten oder geschickter
> Umgang mit Tests. Vielmehr handelt es sich um eine breitere
> und tiefer gehende Fähigkeit, unsere Umwelt zu verstehen –
> Dinge zu begreifen und ihre Bedeutung zu verstehen oder
> herauszufinden, was zu tun ist [6].[2]

---

[2] Eigene Übersetzung der Definition überflüssig, da Zitat vorhanden.

Da Intelligenz eine breit angelegte Fähigkeit zum Denken und Lernen ist, ist zu erwarten, dass Intelligenz auch im Alltag eine fundamentale Rolle beim Lernen, der Lösung neuer Probleme und der Automatisierung von Problemlösungen spielt und sich deshalb auf dieser Grundlage Lernerfolge, hohe Bildung und bildungsabhängige Persönlichkeitsmerkmale vorhersagen lassen (wie z. B. höchster erreichter Bildungsabschluss, Prestige des Berufs und Erfolg im Beruf), aber auch Einkommen, Gesundheit und Langlebigkeit, die jedenfalls teilweise auch bildungsvermittelt sind:

IQ → Lernen → Bildung
　　→ bildungsabhängige Persönlichkeitsmerkmale

Typische Vorhersagen aus dem IQ sind in Tab. 7.2 zusammengefasst. Die meisten Studien erfassten den IQ und das vorhergesagte Merkmal im gleichen Alter, aber Vorhersagen über viele Jahre erwiesen sich als nicht viel schlechter. So ließ sich in einer US-amerikanischen Langzeitstudie anhand des IQs im Kindesalter das Berufsprestige im Alter von über 50 Jahren zu 0,53 vorhersagen [7].

Die Korrelationen mit dem Berufserfolg schwanken stark. Denn sie hängen davon ab, wie der Erfolg gemessen wird und wie stark die betrachtete Berufsgruppe nach Bildung vorausgelesen ist. So wird als Kriterium für den Berufserfolg oft das Vorgesetztenurteil verwendet, das bei nur einem Beurteiler und bei geringer Kenntnis des beurteilten Mitarbeiters ausgesprochen unzuverlässig ist. Genügt ein niedriger Schulabschluss (z. B. bei Auszubildenden), ist die beurteilte Gruppe oft heterogener im IQ, als wenn ein

Tab. 7.2 Typische Vorhersagen durch den IQ

Merkmal	Korrelation mit IQ
Jahre in Ausbildung	0,60
Höchstes erreichtes Bildungsniveau (kein Hauptschulabschluss – Promotion)	0,60
Schulnote (mittlere Note der Hauptfächer)	0,55
Berufsprestige	0,55
Erfolg im Beruf	0,25–0,50
Offenheit gegenüber neuen Erfahrungen (Big Five)	0,40
Studienabschlussnote	0,35
Einkommen	0,30
Effektivität in Führungspositionen	0,30
Berufliche Zufriedenheit	0,25
Religiosität	−0,25
Antisoziale Tendenzen, Delinquenz	−0,20

Korrelationen (gerundet) aus [7, 8]

hoher Bildungsabschluss erforderlich ist (z. B. bei Ingenieuren einer Entwicklungsabteilung). Entsprechend gering ist die Rolle des IQ für den Berufserfolg im letzteren Fall einzustufen. Denn die Ingenieure werden sich nur geringfügig im IQ unterscheiden. Dass Religiosität negativ mit dem IQ korreliert, ist das Ergebnis einer umfassenden Studie aller publizierten Ergebnisse hierzu, die allerdings durch angloamerikanische Stichproben dominiert wurde. Dadurch lässt sich dieses Ergebnis nicht unbedingt auf andere Kulturen verallgemeinern. Es wird hauptsächlich durch den geringeren Konformismus und das stärker ausgeprägte rationale Denken der Intelligenteren erklärt.

In einer Langzeitstudie eines ganzen Jahrgangs in Schottland (über 2000 Kinder) wurde der IQ im Alter von 11 Jahren mit der Lebenserwartung bis zum Alter von 76 Jahren in

Zusammenhang gebracht [9, 10, 11]. Die Überlebenswahr-scheinlichkeiten für die 25 % der 11-Jährigen mit dem geringsten IQ (unter 90) und der 25 % mit dem höchsten IQ (über 110) sind in Abb. 7.2 dargestellt. Vor allem bei den Mädchen hatte der IQ einen deutlichen Einfluss auf die Lebenserwartung. So erreichten nur 45 % der Mädchen mit niedrigem IQ, aber 71 % der Mädchen mit hohem IQ das Alter von 76 Jahren. Bei Männern war der IQ-Effekt nicht so stark, was auch an der höheren Sterblichkeit in jungen Jahren während des Zweiten Weltkriegs gerade bei den Intelligentesten lag. Die ansonsten höhere Sterblichkeit der Personen mit niedrigem IQ wird vor allem durch einen wenig gesundheitsbewussten Lebensstil erklärt [11]. Ähnliche Vorhersagen finden sich auch für Effekte von Gewissenhaftigkeit (Big Five Faktor) auf die Lebenserwartung.

Insgesamt kann festgehalten werden, dass sich intellektuelle Fähigkeiten sehr gut durch Intelligenztests erfassen lassen und die so getestete Intelligenz z. T. eine sehr gute Vorhersage vieler in unserer Gesellschaft erwünschter Merkmale ermöglicht. In der Tat gibt es kaum bildungsabhängige Merkmale, die durch andere Testverfahren deutlich besser vorhersagbar wären (Ausnahme: Noten durch frühere Noten im selben Fach; da ist die Korrelation von Schuljahr zu Schuljahr oft über 0,70). Auch die Studienleistung an der Universität lässt sich durch IQ-Tests ähnlich gut vorhersagen wie durch die Abiturnote; Letztere hat vor allem den Vorteil, dass sie umsonst zu haben ist. Die in Deutschland verbreiteten Studieneignungstests als Alternativ- oder Zusatzkriterium zur Abiturnote und die nordamerikanischen Zulassungstests SAT und GRE sind verkappte Intelligenztests. Dabei vermeiden die Anwender dieser Tests

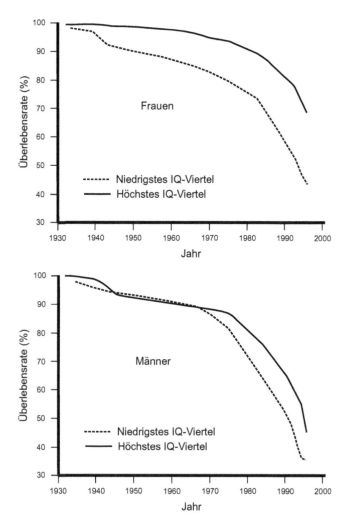

Abb. 7.2 Lebenserwartung bis zum Alter von 76 Jahren in Abhängigkeit von Geschlecht und IQ im Alter von 11 Jahren

allerdings sorgfältig, dies öffentlich zu machen, um Vorbehalten in der Bevölkerung Intelligenztests gegenüber zu entgehen.

> **Zusammenfassung**
> Warum der IQ Intelligenzquotient heißt und sein Mittelwert in jeder Altersgruppe 100 beträgt, hat geschichtliche Gründe. Der IQ spielt eine bedeutende Rolle bei der Vorhersage von Bildungs- und Berufserfolg; selbst Religiosität und Lebenserwartung hängen mit ihm zusammen. Dennoch tragen zum Berufserfolg oft noch weitere Fähigkeiten bei, insbesondere soziale Kompetenzen, die im nächsten Kapitel behandelt werden.

Literatur

1. Wechsler, D. (1939). *The measurement of adult intelligence.* Baltimore, MD: Williams & Wilkins.
2. Weinert, F. E. & Schneider, W. (Hrsg.) (1999). *Individual development from 3 to 12: Findings from a longitudinal study.* Cambridge, UK: Cambridge University Press.
3. Jensen, A. R. & Munro, E. (1979). Reaction time, movement time, and intelligence. *Intelligence, 3,* 121–126.
4. Nettelbeck, T. (1982). Inspection time: An index for intelligence? *Quarterly Journal of Experimental Psychology: Human Experimental Psychology, 2,* 299–312.
5. Kyllonen, P. C. & Christal, R. E. (1990). Reasoning ability is (little more than) working memory capacity?! *Intelligence, 14,* 389–433.
6. Gottfredson, L. (1997). Mainstream science on intelligence: An editorial with 52 signatures, history, and bibliography.

Intelligence, *24*, 13–23. Diese Definition erschien zuerst im *Wall Street Journal* 1994.

7. Judge, T. A., Higgins, C. A., Thoreson, C. J. & Barrick, M. R. (1999). The Big Five personality traits, general mental ability, and career success across the life span. *Personnel Psychology, 52*, 621–652.

8. Neisser, U., Boodoo, G., Bouchard, T. J. J., Boykin, A. W., Brody, N., Ceci, S. J., Halpern, D. et al. (1996). Intelligence – Knowns and unknowns. *American Psychologist, 51*, 77–101.

9. Roth, B., Becker, N., Romeyke, S., Schäfer, S., Domnick, F. & Spinath, F. M. (2015). Intelligence and school grades: A meta-analysis. *Intelligence, 53*, 118–137.

10. Zuckerman, M., Silberman, J. & Hall, J. A. (2013). The relation between intelligence and religiosity: A meta-analysis and some proposed explanations. *Personality and Social Psychology Review, 17*, 325–354.

11. Deary, I. J., Whiteman, M., Starr, J. M., Whalley, L. J. & Fox, H. C. (2004). The impact of childhood intelligence on later life: Following up the Scottish mental surveys of 1932 and 1947. *Journal of Personality and Social Psychology, 86*, 130–147.

8

Soziale Kompetenz und Assessment-Center

Neben hoher Intelligenz fördert vor allem soziale Kompetenz den Erfolg im Beruf. Und soziale Kompetenz befähigt generell dazu, mit anderen Menschen gut zurechtzukommen. In diesem Kapitel werden vier Komponenten der sozialen Kompetenz und deren Beziehung zueinander diskutiert: Durchsetzungsfähigkeit und Beziehungsfähigkeit sowie Einfühlungsvermögen und soziale Handlungskompetenz. Deren Erfassung durch Testverfahren ist erheblich schwieriger als die Erfassung von Intelligenz durch Intelligenztests. Am besten werden soziale Kompetenzen noch durch aufwendige Assessment-Center erfasst. Deren Vorhersagegüte für den Berufserfolg wird mit Vorhersagen aus Intelligenztests und Persönlichkeitsfragebögen verglichen. Dabei wird deutlich, dass Assessment-Center nur in bestimmten Fällen diesen anderen Verfahren überlegen sind.

© Springer-Verlag GmbH Deutschland 2018
J. B. Asendorpf, *Persönlichkeit: was uns ausmacht und warum*,
https://doi.org/10.1007/978-3-662-56106-5_8

Wir alle kennen Menschen, die zwar hochintelligent, aber sozial inkompetent sind, und bei weniger intelligenten Menschen können manche sozialen Kompetenzen durchaus stark ausgeprägt sein. Wir grenzen deshalb im Alltag soziale Kompetenzen deutlich von Intelligenz ab. Die Psychologie hingegen tut sich schwerer mit dieser Abgrenzung, weil sich soziale Kompetenz bei näherer Analyse als eine ganz und gar nicht einheitliche Fähigkeit erweist. Vielmehr lassen sich Komponenten der sozialen Kompetenz unterscheiden, die wenig bis gar nicht korreliert sind. Zum einen sind das *Durchsetzungsfähigkeit* (die Fähigkeit, die eigenen Interessen anderen gegenüber zu wahren) und *Beziehungsfähigkeit* (die Fähigkeit, positive Beziehungen mit anderen Menschen einzugehen und aufrechtzuerhalten). Zur Beziehungsfähigkeit gehört auch Teamfähigkeit (die Fähigkeit, Ziele sozialer Gruppen durch Kooperation mit anderen Gruppenmitgliedern zu fördern).

Sozial kompetent ist, wer durchsetzungs- *und* beziehungsfähig ist und so in der Lage ist, zwischen seinen eigenen Interessen und den Interessen anderer ein balanciertes Verhältnis herzustellen. Rücksichtsloses Durchsetzen eigener Ziele geht längerfristig auf Kosten positiver Beziehungen zu anderen und ist deshalb sozial inkompetent. Umgekehrt ist auch die Tendenz, es anderen immer recht machen zu wollen, kein Zeichen sozialer Kompetenz, weil sie längerfristig zur Selbstaufgabe führt. Von daher sollten sowohl extrem hohe als auch extrem niedrige Durchsetzungsfähigkeit die Erfüllung sozialer Aufgaben behindern, was auch empirisch gut bestätigt wurde, z. B. im Falle von Führungsverhalten [1].

Verwandt, aber nicht identisch mit der Unterscheidung zwischen Durchsetzungs- und Beziehungsfähigkeit ist eine weitere Unterscheidung, die bei der Konstruktion von Testverfahren für soziale Kompetenzen eine zentrale Rolle spielt: *Einfühlungsvermögen* (auch Empathie genannt), also wie gut man andere versteht und sich in sie einfühlen kann, und *soziale Handlungskompetenz,* also wie gut man schwierige soziale Situationen meistern kann, insbesondere zwischenmenschliche Konflikte. Eine hohe soziale Handlungskompetenz setzt zwar ein zumindest durchschnittliches Einfühlungsvermögen voraus. Aber es gibt viele Menschen, die schnell und intuitiv erfassen, wie es anderen gerade geht, jedoch diese Fähigkeit nicht in kompetentes Handeln umsetzen können. Denn sie sind dazu zu ängstlich, es mangelt ihnen an kommunikativen Fertigkeiten, oder sie beschäftigen sich so sehr mit den Gefühlen und Motiven anderer, dass sie gar nicht mehr zum Handeln kommen.

Einfühlungsvermögen lässt sich ähnlich wie Intelligenz nicht gut selbst beurteilen, weil es in starkem Maße sozial erwünscht und deshalb ausgesprochen anfällig für geschönte Selbstbeurteilungen ist. Deshalb gab es ab den 1960er-Jahren Versuche, Einfühlungsvermögen dadurch zu testen, dass soziale Situationen sprachlich, durch Zeichnungen oder Fotos vorgegeben wurden und die Testpersonen unter mehreren Beschreibungen möglicher Gedanken, Gefühle oder Absichten der Akteure in den Situationen jeweils die zutreffendste anzukreuzen sollten (Multiple-Choice-Test). Später wurden die Situationen auch in Form von Videoclips mit teilweise nur extrem kurzer Dauer vorgegeben.

Das Hauptproblem aller dieser Testverfahren ist, dass die Tests untereinander nur gering korrelieren, dafür aber vergleichsweise hoch mit dem IQ (0,19 im Mittel über alle bekannten Studien [2]). Dadurch sind, wenn man den Einfluss des IQs konstant hält, so gut wie keine Zusammenhänge mehr zwischen verschiedenen Testverfahren zu finden. Auch wurden niedrige bis gar keine Zusammenhänge mit dem sozialen Kompetenzurteil von Bekannten gefunden.

Einfühlungsvermögen ist deshalb keine einheitliche Fähigkeit wie etwa die Intelligenz, sondern zerfällt in mehrere unterschiedliche Eigenschaften, die in unterschiedlichen Situationen unterschiedlich bedeutsam sind; nur Intelligenz scheint eine situationsübergreifende förderliche Eigenschaft für Einfühlungsvermögen zu sein. Die Korrelationen mit dem Kompetenzurteil von Bekannten sind niedrig. Das liegt vermutlich daran, dass Bekannte eher die Handlungskompetenz als das Einfühlungsvermögen wahrnehmen und ein gutes Einfühlungsvermögen nur eine notwendige, nicht aber eine hinreichende Bedingung für hohe soziale Kompetenz ist [3].

Zur Erfassung der sozialen Handlungskompetenz werden drei unterschiedliche Strategien verwendet: Selbstbeurteilung bestimmter sozialer Fertigkeiten, Lösen vorgegebener sozialer Probleme und Beobachtung der tatsächlichen Handlungskompetenz in inszenierten Situationen. Ein typischer Fragebogen zur Selbstbeurteilung sozialer Fertigkeiten ist das *Interpersonal Competence Questionnaire* (ICQ), in dem fünf Fertigkeiten durch jeweils mehrere Fragen erfasst werden. Die Korrelationen mit den Big Five OCEAN (vgl. Kap. 2) sind in Tab. 8.1 dargestellt. Das Zusammenhangsmuster ist plausibel (z. B. hängt Extraversion am stärksten mit der Initiierung sozialer Interaktionen zusammen und Gewissenhaftigkeit am stärksten mit der emotionalen

Tab. 8.1 Korrelationen der Fertigkeiten im ICQ mit den Big Five. (Daten aus [3])

Big Five	Initiierung von Inter- aktionen	Durch- setzungs- fähigkeit	Preisgabe persönlicher Informationen	Emotionale Unterstützung anderer	Regelungen von Konflikten
Offenheit	−0,01	−0,11	0,22	0,29	0,06
Gewissenhaftigkeit	−0,03	0,04	−0,10	0,34	0,18
Extraversion	0,49	0,13	0,17	0,22	0,00
Verträglichkeit	0,10	−0,21	0,22	0,18	0,11
Neurotizismus	−0,38	−0,25	0,07	−0,10	−0,16

Unterstützung anderer), aber es handelt sich in allen Fällen nur um Selbstbeschreibungen. Hingegen sind die Vorhersagen auf tatsächlich gezeigte soziale Kompetenz (z. B. Übernahme von Führungsrollen in Gruppen) äußerst bescheiden [3].

Tests der *sozialen Problemlösefähigkeit* geben schwierige soziale Situationen sprachlich oder durch Videoclips vor und erfragen, welcher von mehreren Lösungsvorschlägen am besten geeignet ist („Was würden Sie tun, wenn Sie in dieser Situation wären?"). Ähnlich wie bei Tests zur Erfassung des Einfühlungsvermögens korreliert die Leistung in unterschiedlichen Problemlösetests nur gering zwischen den Tests und nicht höher als mit dem IQ [4]. Das scheint an der Tatsache zu liegen, dass diese Tests ja gar nicht sozial kompetentes Handeln in realen Situationen erfassen, sondern hypothetisches Handeln in hypothetischen Situationen.

Dies wurde auch bei einem Versuch deutlich, Videoclips zur Erfassung der verkäuferischen Fähigkeit und der Teamfähigkeit von Mitarbeitern einer Bank zu entwickeln. Die Clips zeigen typische Situationen, die diese Fähigkeiten erfordern, zum Beispiel die Beratung eines unkonventionell gekleideten jungen Mannes, der einen Kredit für einen Urlaub aufnehmen möchte. Testpunkte gibt es für die Situationsbeschreibung und Vorschläge, wie die Beratung besser, als auf dem Clip zu sehen, gestaltet werden könnte. Die Leistung korrelierte sowohl bei der verkäuferischen als auch bei der Teamfähigkeit am höchsten mit Intelligenzaufgaben, und die Korrelation mit der verkäuferischen Fähigkeit in einem Rollenspiel mit einem schwierigen Kunden war nahe null [5].

Wegen dieser Schwierigkeiten, soziale Handlungskompetenz durch Selbstbeurteilung oder soziale Problemlösetests zu erfassen, wird heute meist der Weg beschritten, reales soziales Handeln in inszenierten sozialen Situationen zu beobachten. Hierbei lassen sich grob zwei Traditionen unterscheiden. In den 1970er-Jahren wurde damit begonnen, *Verhaltenstests* zur Diagnose sozialer Kompetenzdefizite und zur Erfolgskontrolle nach sozialen Kompetenztrainings zu entwickeln [6]. So werden etwa Defizite bei der Kontaktaufnahme in Rollenspielen mit einem sich passiv verhaltenden Interaktionspartner geprüft. Oder nach einem Selbstsicherheitstraining sollen die Klienten in ein Schuhgeschäft gehen, zehn Paar Schuhe anprobieren und dann freundlich, aber ohne langes Herumreden dem Verkäufer mitteilen, dass alle Schuhe nicht infrage kommen, was für selbstunsichere Menschen ein großes Problem wäre.

Derartige Verhaltenstests erwiesen sich im Rahmen von Therapie und Coaching als durchaus erfolgreich, leiden aber daran, dass sie nur zwischen niedriger und durchschnittlicher Kompetenz gut differenzieren, nicht aber zwischen durchschnittlicher und hoher Kompetenz, weil die Situationen zu einfach gestaltet sind. Denn hohe soziale Kompetenz zeigt sich erst in komplexeren Situationen, z. B. in den beiden folgenden: „Er konnte seinen Vorgesetzten, der sich sonst nie etwas von seinen Mitarbeitern sagen lässt, bei einer Entscheidung umstimmen, indem er ihm zunächst vermittelte, dass er seine Autorität und Kompetenz anerkennt"; „Als er merkte, dass sich sein Freund unter den vielen, ihm unbekannten Personen unsicher fühlte, begann er ein Gespräch und versuchte dabei, andere Personen mit einzubeziehen" [7]. Für die Personalauswahl und Personalentwicklung in Betrieben und Organisationen, bei der es oft darum geht, sozial hochkompetente Bewerber oder Mitarbeiter zu identifizieren, sind deshalb die meisten aus Therapie und Coaching stammenden Verhaltenstests ungeeignet. Hier haben sich vor allem drei Verfahren etabliert, die wichtige alltägliche soziale Situationen im Arbeitsleben inszenieren: *Gruppendiskussionen*, *Rollenspiele* und *Präsentationen*.

Bei der Gruppendiskussion wird einer Gruppe eine gemeinsam zu lösende Aufgabe gestellt, z. B. „Welcher Mitarbeiter der Firma X (zu dem Informationen gegeben werden) soll in einen Fortbildungskurs geschickt werden?" Hierbei sollen verschiedene Gruppenmitglieder unterschiedliche Mitarbeiter vorschlagen und ihren Vorschlag auch durchsetzen, sodass sie in Konkurrenz zueinander gebracht werden. Wer sich mit seinem Vorschlag durchsetzt, ist dabei unerheblich. Vielmehr wird beobachtet, wie sich die Teilnehmer im Verlauf der Diskussion verhalten. Jeder Teilnehmer wird dabei von mindestens zwei trainierten Beurteilern eingeschätzt (spätere Vorgesetzte, andere Führungskräfte oder Psychologen), manchmal auch von den anderen Teilnehmern. Entweder werden globale Urteile über die Kompetenz abgegeben oder (besser) Urteile über bestimmte Kompetenzen wie z. B. „Hört zu, lässt andere ausreden", „Meldet sich zu wenig zu Wort", „Meldet sich zu häufig zu Wort", die dann anschließend nach einem vorgegebenen Verfahren zu einem Gesamtwert verrechnet werden.

In Rollenspielen werden berufsrelevante Situationen simuliert, z. B. ein Verkaufsgespräch zwischen Käufer und Kunde oder ein Gespräch eines Vorgesetzten mit einem Mitarbeiter, dessen Leistung in letzter Zeit stark abgefallen ist. Bei Präsentationen soll sich der Teilnehmer den anderen kurz vorstellen oder einen kurzen Vortrag über ein vorgegebenes Thema halten, wobei nur wenig Zeit für die Vorbereitung gegeben wird.

Bei ausreichendem Training der Beurteiler und der Beurteilung spezifischer Kompetenzen lassen sich Korrelationen zwischen den Beobachtern um 0,50 erreichen, sodass das Urteil nach Mittelung über zwei bis drei Beurteiler recht zuverlässig ist (vgl. das Aggregationsprinzip in Kap. 5). Das Hauptproblem dieses Ansatzes besteht darin, dass die Beurteilungen derselben Situation hoch zwischen verschiedenen Beurteilungsdimensionen korrelieren, sodass sich meistens nur zwei Dimensionen klar unterscheiden lassen: Selbstvertrauen und Freundlichkeit in Präsentationen bzw. Durchsetzungsfähigkeit und Kooperativität in Gruppendiskussionen und Rollenspielen. Zwischen verschiedenen Situationen korrelieren die Beurteilungen derselben Dimension aber nur gering. Wer bei Präsentationen gut ist, kann in Gruppendiskussionen schlecht abschneiden und umgekehrt. Es lassen sich deshalb mit diesem Ansatz Stärken und Schwächen für bestimmte Kompetenzanforderungen in Form eines *Kompetenzprofils* erfassen, während der Mittelwert über die Situationen weniger aussagekräftig ist.

Deshalb basieren Entscheidungen über Einstellung, Fortbildungsmaßnahmen, Versetzung oder Aufstieg meist nicht auf dem Mittelwert aller gezeigten Kompetenzen, sondern auf einem Abgleich zwischen dem ermittelten Kompetenzprofil und einem vorher bestimmten *Anforderungsprofil* (vgl. Abb. 8.1). In dem gezeigten Beispiel ist eine Bewerberin für den Einsatz im direkten Kundenkontakt nicht geeignet, weil sie beim Konfliktmanagement zu wenig kompetent

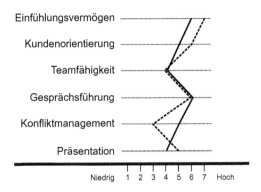

Abb. 8.1 Anforderungsprofil für die Einstellung einer Bewerberin für den direkten Kundenkontakt (*durchgezogene Linie*) mit nicht passendem Kompetenzprofil (*gestrichelte Linie*)

gewesen ist (z. B. weil sie ihren Ärger bei Anschuldigungen nicht im Griff hatte), obwohl sie ansonsten gut abgeschnitten hat.

Da soziale Kompetenzen einen wichtigen Teil der geforderten Fähigkeiten für gehobene Positionen ausmachen, bilden sie auch den Kern der sogenannten *Assessment-Center*, in denen Bewerber für solche Positionen oder Kandidaten aus solchen Positionen für Maßnahmen der Fortbildung, Beförderung oder Versetzung getestet werden. Ein Assessment-Center besteht aus einer Abfolge von Einzel- und Gruppensituationen, in denen Aufgaben gestellt werden, die Aufschluss über arbeitsbezogene Fähigkeiten, insbesondere soziale Kompetenzen, geben sollen [8]. Typischerweise dauert ein solches Assessment-Center einen ganzen Tag, bei Führungspositionen auch zwei Tage, und enthält arbeitsbezogene Gruppendiskussionen, Rollenspiele und

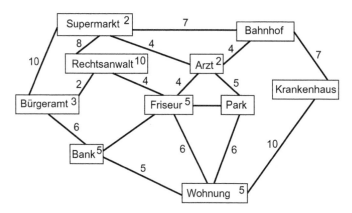

Abb. 8.2 Beispiel einer Postkorbaufgabe. Die Zahlen geben Aufenthalts- und Wegezeiten an

Präsentationen sowie Arbeitsproben und Aufgabensimulationen, z. B. Organisations-, Planungs-, Entscheidungs-, Controlling- und Analyseaufgaben. Eine typische Organisationsaufgabe ist die *Postkorbaufgabe* (vgl. Abb. 8.2), bei der diejenige Reihenfolge der Ortsbesuche bestimmt werden soll, die die Gesamtzeit für die Erledigung aller Aufgaben minimiert. Zusätzlich können in ein Assessment-Center auch Interviews, Leistungstests und das Ausfüllen von Fragebögen integriert werden.

Wie gut lässt sich der Berufs- und Fortbildungserfolg durch Assessment-Center vorhersagen? Um das zu beantworten, werden typischerweise Korrelationen zwischen der Gesamtleistung im Assessment-Center und verschiedenen Kriterien des späteren Erfolgs oder Einschätzungen des erwarteten Erfolgs bestimmt, wobei der Erfolg von Vorgesetzten beurteilt wird. Da deren Urteil deutlich fehleranfällig ist, werden die Korrelationen für diesen Fehler

Tab. 8.2 Vorhersage des Berufserfolgs durch Assessment-Center, aufgeschlüsselt nach verschiedenen Beurteilungskriterien und Beurteilungszielen. (Daten aus [3])

Beurteilungskriterien		Beurteilungsziele	
Kriterium	Korrelation mit AC	Ziel	Korrelation mit AC
Leistungspotenzial	0,53	Forschung	0,48
Erbrachte Leistung	0,36	Frühe Identifika-tion	0,46
Karriere	0,36	Personalauswahl	0,41
Fortbildung	0,35	Beförderung	0,30

AC Gesamtleistung im Assessment-Center

korrigiert. Diese „wahren" Korrelationen betragen im Mittel über viele Studien und Kriterien ca. 0,40 [9, 10], was den Nutzen von Assessment-Centern belegt. Wird die Vorhersagegüte nach verschiedenen Erfolgskriterien und Beurteilungszielen aufgeschlüsselt, ergeben sich leicht variierende Korrelationen (vgl. Tab. 8.2).

Nach diesen Ergebnissen ist die Vorhersage besonders gut, wenn das Vorgesetztenurteil über das Leistungspotenzial vorhergesagt wird. Es bezieht sich nicht auf die erbrachte Leistung, sondern auf die zukünftig erwartete Leistung. Die Vorhersage des Leistungspotenzials gelingt also besser als die Vorhersage der tatsächlichen Leistung. Erklärt wird die Diskrepanz dadurch, dass die tatsächliche Leistung von Umständen abhängt, die teilweise außerhalb der Kontrolle der Mitarbeiter sind, z. B. Beitrag anderer Mitarbeiter, Einfluss von Kunden, Ressourcenmangel. Objektive Karrieremerkmale wie Gehalt und Zahl der Beförderungen oder das Vorgesetztenurteil über die Leistung lassen sich ähnlich gut vorhersagen. Bei Aufschlüsselung nach den Zielen des Einsatzes des Assessment-Centers schnitten Vorhersagen der Beförderung besonders schlecht ab. Das dürfte auch an der unterschiedlichen Qualität liegen, mit der Assessment-Center durchgeführt werden. Untersuchungen zu Forschungszwecken, aber auch zu Zwecken der Personalauswahl dürften umfangreicher und sorgfältiger durchgeführt werden als Routineanwendungen zum Zweck der Beförderung.

Worauf beruht die Vorhersagegüte der Assessment-Center? Diese Frage beleuchten Untersuchungen, in denen die Gesamtbeurteilung in Assessment-Centern und die Beurteilungen des Verhaltens in der Gruppendiskussion und der Postkorbaufgabe mit Intelligenz- und Persönlichkeitstests korreliert werden (vgl. Tab. 8.3).

Die Ergebnisse zeigen, dass die Beurteilungen der Gruppendiskussion stark durch den IQ sowie durch Selbstvertrauen und Dominanz beeinflusst sind. Paradoxerweise zeigten Selbstvertrauen und Dominanz engere Zusammenhänge mit der Leistung in der Postkorbaufgabe als der IQ. Und der IQ korrelierte stärker mit der Leistung in der Gruppendiskussion als mit der Leistung beim Postkorb. Dies weckt Zweifel an dem Sinn der Postkorbaufgabe. Hauptergebnis ist, dass das Assessment-Center-Gesamturteil deutliche Beziehungen zu IQ und sozialer Kompetenz aufwies.

Das wirft die Frage auf, ob das Assessment-Center gegenüber IQ-Tests und Persönlichkeitsfragebögen überhaupt noch einen Zusatzgewinn erbringt, also einen eigenständigen Beitrag zur Vorhersage des Berufserfolgs. Bei deutschen Firmenmitarbeitern im Bereich Forschung und Entwicklung (wo also hohe Anforderungen an Intelligenz gestellt werden) wurde das Vorgesetztenurteil von einer

Tab. 8.3 Zusammenhänge zwischen der Leistung in Assessment-Centern und Intelligenztests und selbst beurteilten Persönlichkeitseigenschaften. (Daten aus [3, 11])

| | Korrelation mit | | |
	AC	Gruppendiskussion	Postkorb
IQ	0,43	0,46	0,18
Soziale Kompetenz	0,41	0,39	0,10
Leistungsmotiv	0,40	0,25	0,04
Selbstvertrauen	0,32	0,38	0,24
Dominanz	0,30	0,34	0,23

AC Gesamtleistung im Assessment-Center

optimal gewichteten Kombination aus Assessment-Center, Intelligenztests und Persönlichkeitsfragebögen zu 0,57 vorhergesagt, von einer optimalen Kombination nur aus Intelligenztests und Persönlichkeitsfragebögen aber immerhin auch noch zu 0,46. Dabei könnte dieser Wert noch höher ausfallen, wenn es um Personengruppen mit größerer Variabilität in Bezug auf Intelligenz geht [9]. Tatsächlich wurde in einer Analyse aller bis 1997 bekannten Daten aus Assessment-Centern gefunden, dass die „wahre" Korrelation zwischen IQ und Vorgesetztenurteil über den Berufserfolg 0,51 betrug. Wenn man die Gesamtleistung im Assessment-Center hinzunahm, verbesserte sich die Vorhersage nur minimal auf 0,53 [12].

Gegenüber Intelligenztests und Persönlichkeitsfragebögen liefert also das Assessment-Center einen zusätzlichen Beitrag, der allerdings nicht dramatisch und oft sehr gering ist. Die sehr aufwendigen Assessment-Center erscheinen deshalb nur dann gerechtfertigt, wenn die Kosten einer

Fehlplatzierung hoch sind. Allerdings gibt es noch zwei weitere Gründe dafür, dass Assessment-Center heute weit verbreitet sind. Zum einen entlasten die aufwendigen Verfahren die Verantwortlichen bei Fehlentscheidungen. Sie können nämlich darauf verweisen, dass ja ein großer Aufwand bei der Entscheidung getrieben wurde. Zum anderen sollen die teuren Assessment-Center gerade bei starker Konkurrenz um hoch qualifiziertes Personal den Kandidaten signalisieren, dass sie dem Unternehmen viel wert sind, und auf diesem Wege das Image des Unternehmens und die Motivation der akzeptierten Kandidaten fördern.

> **Zusammenfassung**
>
> Soziale Kompetenz ist ein ausgesprochen heterogenes Konzept, bei dem zumindest Durchsetzungsfähigkeit von Beziehungsfähigkeit unterschieden werden muss, aber auch Einfühlungsvermögen von Handlungskompetenz. Das erschwert die Entwicklung von Tests zur Erfassung sozialer Kompetenz. Als am zielführendsten erwiesen sich inszenierte soziale Situationen wie Gruppendiskussion, Rollenspiel und Präsentation, in denen das tatsächliche Verhalten von trainierten Beurteilern eingeschätzt wird. Sie bilden den Kern heutiger Assessment-Center zum Zweck der Personalauswahl und Personalentwicklung. Deren Aufwand lohnt sich am ehesten, wenn die Teilnehmer bereits nach Intelligenz vorausgelesen sind. Soziale Kompetenz beinhaltet auch das Erkennen der Emotionen anderer (ein Teil des Einfühlungsvermögens) und die Regulation der eigenen Emotionen (ein Teil der Handlungskompetenz). Mit diesen emotionalen Kompetenzen beschäftigt sich das nächste Kapitel.

Literatur

1. Ames, D. R. & Flynn, F. J. (2007). What breaks a leader: The curvilinear relation between assertiveness and leadership. *Journal of Personality and Social Psychology, 92*, 307–324.
2. Murphy, N. A. & Hall, J. A. (2011). Intelligence and interpersonal sensitivity: A meta-analysis. *Intelligence, 39*, 54–63.
3. Neyer, F. J. & Asendorpf, J. B. (2018). *Psychologie der Persönlichkeit* (6. Aufl.). Berlin: Springer, Kap. 4.3.3.
4. Z. B. Keating, D. P. (1978). A search of social intelligence. *Journal of Educational Psychology, 70*, 218–223.
5. Schuler, H., Diemand, A. & Moser, K. (1993). Filmszenen: Entwicklung und Konstruktvalidierung eines neuen eignungsdiagnostischen Verfahrens. *Zeitschrift für Arbeits- und Organisationspsychologie, 37*, 3–9.
6. Z. B. Ullrich, R. & de Muynck, R. (1998). *ATP (Assertiveness Training Programm): Einübung von Selbstvertrauen und sozialer Kompetenz*. München: Pfeiffer.
7. Amelang, M., Schwarz, G. & Wegemund, A. (1989). Soziale Intelligenz als Trait-Konstrukt und Test-Konzept bei der Analyse von Verhaltenshäufigkeiten. *Zeitschrift für Differentielle und Diagnostische Psychologie, 10*, 37–57.
8. Kanning, U. P. & Schuler, H. (2013). Simulationsorientierte Verfahren der Personalauswahl. In H. Schuler & U. P. Kanning (Hrsg.), *Lehrbuch der Personalpsychologie* (3. Aufl., S. 215–256). Göttingen: Hogrefe.
9. Thornton, G. C. III., Gaugler, B. B., Rosenthal, D. B. & Bentson, C. (1987). Die prädiktive Validität des Assessment Centers – eine Metaanalyse. In H. Schuler & W. Stehle (Hrsg.), *Assessment Center als Methode der Personalentwicklung* (S. 36–60). Göttingen: Verlag für Angewandte Psychologie.

10. Becker, N., Höft, S., Holzenkamp, M. & Spinath, F. M. (2011). The predictive validity of assessment centers in German-speaking regions: A meta-analysis. *Journal of Personnel Psychology, 10,* 61–69.
11. Schuler, H., Funke, U., Moser, K. & Donat, M. (1995). *Personalauswahl in Forschung und Entwicklung.* Göttingen: Hogrefe.
12. Schmidt, F. L. & Hunter, J. E. (1998). The validity and utility of selection methods in personnel psychology: Practical and theoretical implications of 85 years of research findings. *Psychological Bulletin, 124,* 262–274.

9

EQ: Ein Quotient, der nie einer war

Ein Teil sozialer Kompetenzen besteht aus Fähigkeiten im Umgang mit Emotionen: dem Erkennen der Emotionen anderer und der Regulation eigener Emotionen. Diese Fähigkeiten spielen auch in nichtsozialen Situationen eine Rolle, z. B. beim Ansehen von Filmen oder bei der Regulation von Angst vor Krankheiten oder Gefahren der Natur. Hierfür wurde in Anlehnung an das Intelligenzkonzept und seine Messung die Bezeichnung emotionale Intelligenz und die Abkürzung EQ vorgeschlagen. Das wird in der Psychologie zu Recht kritisiert, hat aber der Popularität des Begriffs EQ bis heute nicht geschadet. Dieses Kapitel widmet sich dem EQ-Konzept, den Gründen für seine Popularität und seinem praktischen Nutzen.

Eng verwandt mit dem Konzept der sozialen Kompetenz ist das von Salovey und Mayer 1990 eingeführte Konzept der

© Springer-Verlag GmbH Deutschland 2018
J. B. Asendorpf, *Persönlichkeit: was uns ausmacht und warum*,
https://doi.org/10.1007/978-3-662-56106-5_9

emotionalen Intelligenz [1] als Sammelbezeichnung für Fähigkeiten im Umgang mit eigenen Emotionen und den
Emotionen anderer. Zunächst fand es wenig Beachtung,
wurde aber ab 1995 durch einen Bestseller des Journalisten
Goleman populär, der „die" emotionale Intelligenz als einheitliche Fähigkeit darstellte und in Analogie zum IQ als
EQ bezeichnete [2]. Das wurde in der Psychologie aus
mehreren Gründen stark kritisiert [3, 4]. Zunächst sollte
nach mehr als 30 Jahren Forschung zu sozialer Kompetenz
klar sein, dass emotionale Kompetenz keine einheitliche
Fähigkeit ist, sondern in viele kaum miteinander zusammenhängende Fähigkeiten zerfällt (vgl. Kap. 8). Goleman
dagegen stellte emotionale Intelligenz als einheitliche
Fähigkeit dar, die durch einen Wert (den EQ) charakterisiert werden könne – eine Übervereinfachung, die sicherlich
der Popularisierung des EQ-Konzepts, nicht aber der Sache
selbst dienlich war.

Zweitens ist das Kürzel EQ abwegig. Goleman appellierte
damit an das Halbwissen der meisten seiner Leser, die
glaubten, dass Intelligenz durch einen Quotienten bestimmt
werde, dessen Mittelwert 100 beträgt. Der IQ wurde 1912
von William Stern eingeführt als Quotient Intelligenzalter/
Lebensalter mal 100, wird aber seit Wechsler 1939 ganz
anders bestimmt (vgl. Kap. 7). Und die nach 1995 entwickelten Tests zur Erfassung emotionaler Kompetenzen
nutzten deshalb auch gar nicht die Bezeichnung EQ für
den Mittelwert aller erfassten Kompetenzen. Während der
IQ inzwischen kein Quotient mehr ist, ist der EQ nie einer
gewesen.

Aus wissenschaftlicher Sicht ist aber das gravierendste
Problem die schon von Salovey und Mayer verwendete

Bezeichnung emotionale *Intelligenz*. Denn emotionale Kompetenzen sind andere Fähigkeiten als die intellektuellen Fähigkeiten, auf die sich Intelligenz und Intelligenztests beziehen. Es können zwar Korrelationen zwischen emotionalen Kompetenzen und dem IQ bestehen, genauso wie es Korrelationen zwischen sozialen Kompetenzen und dem IQ gibt (vgl. Kap. 8). Aber konzeptuell ergibt es keinen Sinn, den Intelligenzbegriff für ganz andere Fähigkeiten zu verwenden. Allerdings waren Salovey, Mayer und Goleman nicht die Ersten, die den Intelligenzbegriff für andere Fähigkeiten missbrauchten. Bisweilen wird auch von sozialer Intelligenz gesprochen. Und der Pädagoge Howard Gardner sprach schon 1983 von „multiplen Intelligenzen", worunter er sieben ganz unterschiedliche Fähigkeiten verstand: sprachliche, logisch-mathematische, räumliche, musikalische, bewegungsbezogene (z. B. Sport, Tanz), soziale und intrapersonale (Selbstwahrnehmung und -erkenntnis). Nur die ersten drei davon beziehen sich jedoch auf Intelligenz [5, 6]. Deshalb verwende ich ab jetzt die Bezeichnung „emotionale Kompetenzen".

Meist werden hierbei fünf Fähigkeitsbereiche unterschieden [7]:

* Wahrnehmung von Emotionen bei sich selbst und anderen,
* situationsbezogene Einschätzung von Emotionen,
* Förderung des Denkens durch Emotionen,
* Verstehen und Analysieren von Emotionen,
* Regulation von Emotionen.

Zur Erfassung dieser Fähigkeiten werden meist zwei verschiedene Methoden verwendet, die schon seit Langem auch zur Erfassung sozialer Kompetenzen verwendet werden: fähigkeitsbasierte Fragebogenverfahren und Selbsteinschätzung diverser emotionaler Fertigkeiten. Sie entsprechen von der Methodik her den sozialen Problemlösetests bzw. den Fragebögen zur Selbsteinschätzung sozialer Fertigkeiten. Bei den fähigkeitsbasierten Fragebogenverfahren werden hypothetische emotionale Situationen geschildert. Zu jeder Situation werden mehrere Antwortalternativen zu kompetentem Verhalten in der Situation vorgegeben, von denen die Befragten die angemessenste wählen sollen [7]. Kritisiert wird daran, dass die Testautoren einfach selbst festlegten, welches Verhalten als kompetent anzusehen ist und welches nicht. Und es fehlt der Nachweis, dass sich mit diesen Verfahren tatsächliche emotionale Kompetenzen in realen Situationen vorhersagen lassen [8, 9].

Ein Beispiel für ein Selbsteinschätzungsverfahren ist der *Emotionale-Kompetenz-Fragebogen* (EKF) [10]. Hier wird unterschieden zwischen Erkennen eigener Emotionen, Erkennen von Emotionen anderer, Regulation und Kontrolle eigener Emotionen und emotionaler Expressivität (also wie stark empfundene Emotionen auch ausgedrückt werden). Die Korrelationen zwischen Selbst- und Fremdeinschätzungen liegen unter 0,30 und sind damit ähnlich niedrig wie bei Selbst- vs. Fremdeinschätzungen von Intelligenz. Werden die selbsteingeschätzten emotionalen Kompetenzen gemittelt, korreliert dieses Globalmaß extrem hoch mit den gemittelten selbsteingeschätzten Big Five (NEO-FFI). Es erfasst also lediglich die Tendenz, sich (mehr oder weniger zutreffend) sozial erwünschte Eigenschaften zuzuschreiben.

Eine umfassende Analyse der gefundenen Zusammenhänge zwischen Selbsteinschätzungsverfahren emotionaler Kompetenz und anderen selbsteingeschätzten Persönlichkeitseigenschaften ergab hohe negative Korrelationen mit Neurotizismus und mittelhohe mit Extraversion und Gewissenhaftigkeit (drei der Big Five; vgl. Kap. 2). Deshalb ist es nicht überraschend, dass sich das Urteil eines Vorgesetzten zum Berufserfolgs auch durch selbsteingeschätzte emotionale Kompetenzen vorhersagen lässt. Denn das ist auch mit den Big Five möglich. Über die Big Five hinaus trägt selbsteingeschätzte emotionale Kompetenz aber fast nichts mehr zur Vorhersage des Berufserfolgs bei [11].

Was bisher fehlt, sind Verfahren, die sich im Fall sozialer Kompetenzen noch am aussagekräftigsten erwiesen, nämlich Beobachtung tatsächlicher emotionaler Kompetenzen in inszenierten Situationen. Zumindest gibt es hier keine verbreiteten Verfahren, die über die Beobachtungen in sozialen Situationen hinausgehen (z. B. Erkennen der Emotionen anderer, Ärgerverarbeitung bei Provozierung durch einen Rollenspielpartner). Bisher ist es also nicht gelungen, Tests für emotionale Kompetenzen zu entwickeln, die emotionale Kompetenzen besser erfassen als die gängigen Persönlichkeitsfragebögen (z. B. zur Erfassung der Big Five) und die Beobachtung sozialer Kompetenzen.

Das sollte die Psychologie nicht davon abhalten, das wichtige, wenn auch weite Feld der emotionalen Kompetenzen zu bearbeiten. Es könnte jedoch sein, dass hierfür das Konzept der emotionalen Kompetenz zu breit angelegt ist. Denn konkrete Fähigkeiten wie z. B. die Regulation und der Ausdruck bestimmter emotionaler Qualitäten hängen stark davon ab, *welche Emotionen* verarbeitet werden. Ist es wirklich so, dass jemand, der seinen Ärger nicht gut im Griff hat, deshalb auch Angst, Trauer oder Scham nicht gut regulieren kann? Zumindest was den Ausdruck von Emotionen angeht, konnte Folgendes gezeigt werden: Die scheinbar einheitliche Persönlichkeitsdimension der emotionalen Expressivität zerfällt bei systematischer Variation der emotionalen Qualität in zahlreiche emotionsspezifische Fähigkeiten, die untereinander wenig bis gar nicht korrelieren [12]. Das Konzept „der" emotionalen Intelligenz sieht geflissentlich über diese Probleme hinweg und legt nahe, dass es eine einheitliche Fähigkeit zum Umgang mit Gefühlen jeder Art gibt.

Zusammenfassung

Was derzeit unter emotionaler Intelligenz verstanden wird, hat mit Intelligenz wenig zu tun. Vielmehr handelt es sich hier um ganz unterschiedliche Fähigkeiten, die zum Großteil soziale Kompetenzen sind (z. B. Erkennen der Emotionen anderer, Emotionsregulation in sozialen Situationen). Darüber hinaus lassen sich emotionale Kompetenzen bislang nur ungenügend erfassen. So bleibt als Fazit: Die Psychologie war bisher am erfolgreichsten, wenn sie intellektuelle Fähigkeiten durch Intelligenztests erfasste. Sie war einigermaßen erfolgreich, wenn sie soziale Handlungskompetenzen durch systematische Beobachtung in inszenierten sozialen Situationen erfasste. Aber sie war nicht erfolgreich, wenn sie emotionale Kompetenzen in nichtsozialen Situationen zu erfassen versuchte. In allen drei Fällen geht es um Persönlichkeitsunterschiede zwischen einzelnen Menschen. Darüber hinaus

(Fortsetzung)

gibt es inzwischen aber auch eine seriöse Forschung zu Unterschieden im mittleren Intelligenzniveau von Nationen und seiner historischen Veränderung. Damit beschäftigt sich das nächste Kapitel.

Literatur

1. Salovey, P. & Mayer, J. D. (1990). Emotional intelligence. *Imagination, Cognition and Personality, 9,* 185–211.
2. Goleman, D. (1996). *Emotionale Intelligenz.* München: Hanser. (Original erschienen 1995: *Emotional intelligence: Why it can matter more than IQ*).
3. Schuler, H. (2002). Emotionale Intelligenz – ein irreführender und unnötiger Begriff. *Zeitschrift für Personalpsychologie, 1,* 138–140.
4. Asendorpf, J. B. (2002). Emotionale Intelligenz nein, emotionale Kompetenzen ja. *Zeitschrift für Personalpsychologie, 1,* 180–181.
5. Gardner, H. (1983). *Frames of mind: The theory of multiple intelligences.* New York: Basic Books.
6. Rost, D. H. (2008) Multiple Intelligenzen, multiple Irritationen. *Zeitschrift für Pädagogische Psychologie, 22,* 97–112.
7. Mayer, J. D., Roberts, R. D. & Barsade, S. G. (2008). Human abilities: Emotional intelligence. *Annual Review of Psychology, 59,* 507–536.
8. Roberts, R. D., Zeidner, M. & Matthews, G. (2001). Does emotional intelligence meet traditional standards for an intelligence? Some new data and conclusions. *Emotion, 1,* 196–231.
9. Matthews, G., Emo, A. E., Funke, G., Zeidner, M.,Roberts, R. D., Costa, P. T., Jr. et al. (2006). Emotional intelligence,

personality, and task-induced stress. *Journal of Experimental Psychology: Applied, 12*, 96–107.

10. Rindermann, H. (2009). *Emotionale-Kompetenz-Fragebogen (EKF)*. Göttingen: Hogrefe.

11. Joseph, D. L., Jing, J., Newman, D. A. & O'Boyle, E. (2015). Why does self-reported emotional intelligence predict job performance? A meta-analytic investigation of mixed EI. *Journal of Applied Psychology, 100*, 298–342.

12. Trierweiler, L. I., Eid, M. & Lischetzke, T. (2002). The structure of emotional expressivity: Each emotion counts. *Journal of Personality and Social Psychology, 82*, 1023–1040.

10

Wie klug sind Nationen? Der Greenwich-IQ

Die bisher betrachteten empirischen Ergebnisse zu Persönlich-keitsunterschieden stammen ganz überwiegend aus Studien der letzten 30 Jahre in Nordamerika, Europa und Australien, also aus heutigen westlichen Kulturen. In diesem Kapitel wird der Blick in doppelter Weise erweitert: auf alle heutigen Kultu-ren weltweit und auf die Entwicklung der westlichen Kulturen in den letzten 100 Jahren. Dabei wird gleichzeitig der Blickwin-kel verschoben; standen bisher Unterschiede zwischen ein-zelnen Menschen im Mittelpunkt, sind es in diesem Kapitel Unterschiede zwischen einzelnen Nationen und zwischen un-terschiedlichen historischen Zeitpunkten. Dabei geht es in Fort-führung von Kap. 7 um Unterschiede in der mittleren intellek-tuellen Leistung, wie sie in Schulleistungs- und Intelligenztests gefunden werden. Hierbei zeigen sich im Vergleich heutiger Nationen große Unterschiede, die beim historischen Vergleich innerhalb westlicher Nationen sogar noch größer ausfallen.

© Springer-Verlag GmbH Deutschland 2018
J. B. Asendorpf, *Persönlichkeit: was uns ausmacht und warum*,
https://doi.org/10.1007/978-3-662-56106-5_10

Nationale Unterschiede in Schulleistungstests wie z. B. PISA werden von der Öffentlichkeit relativ kritiklos zur Kenntnis genommen, weil es sich scheinbar nur um Untersuchungen zur Qualität der nationalen Bildungssysteme handelt. Dahinter steht die Überzeugung, dass sich bei Verbesserung des Bildungssystems auch die nationale mittlere Leistung verbessern wird. Dagegen gerät jeder, der sich mit nationalen Intelligenzunterschieden beschäftigt, schnell auf ideologisches Glatteis. Denn bereits die Frage, ob sich z. B. afrikanische Nationen von europäischen Nationen in der mittleren Intelligenz unterscheiden, wird vielerorts als rassistisch wahrgenommen. Dieser Vorwurf beruht neben falschen Annahmen über die Ursachen und die Veränderbarkeit von Intelligenzunterschieden (vgl. hierzu Teil III dieses Buches) vor allem auf der Geschichte der Kolonialisierung und Versklavung von Afrikanern durch Europäer, während der sich die Kolonialherren als grundsätzlich überlegen fühlten. Diese Geschichte schwingt in Rassismus-Vorwürfen meistens mit. Denn die vergleichbare Frage, ob sich südostasiatische Nationen von europäischen in der mittleren Intelligenz unterscheiden, wird nur selten als rassistisch wahrgenommen.

Hier geht es um einen unvoreingenommenen Blick auf die Fakten zu heutigen Intelligenzunterschieden zwischen Nationen und die historische Veränderung der mittleren Intelligenz innerhalb von Nationen. Wie groß sind diese Unterschiede und mit welchen anderen nationalen Merkmalen hängen sie zusammen? Erst am Ende des Kapitels wird auf der Basis der vorliegenden Fakten auf mögliche Ursachen der gefundenen Unterschiede eingegangen. Dennoch soll schon hier vor zwei grundlegenden Missverständnissen gewarnt werden, Fallen, in die sehr viele tappen, die sich mit Intelligenzunterschieden zwischen sozialen Gruppen (Nationen, Ethnien, Kulturen) beschäftigen (z. B. [1, 2]): dem *ökologischen Fehlschluss* und dem *atomistischen Fehlschluss* (vgl. Kasten zum ökologischen Fehlschluss und Kasten zum atomistischen Fehlschluss).

Der ökologische Fehlschluss

Robinson untersuchte Daten aus dem Jahr 1930 zur Lesefähigkeit in den USA [3]. Im Vergleich der Bundesstaaten korrelierte die Lesefähigkeit 0,53 mit dem Anteil der Immigranten der ersten Generation in den Staaten: je höher der Immigrantenanteil, desto *besser* die Lesefähigkeit. Dies legt den Fehlschluss nahe, dass Immigranten besser lesen können als Einheimische, was ja nun wirklich merkwürdig wäre. Tatsächlich war das Gegenteil der Fall: In allen Bundesstaaten konnten Immigranten im Durchschnitt schlechter lesen als Einheimische. Die positive Korrelation kam dadurch zustande, dass sich Immigranten bevorzugt in reicheren Bundesstaaten niederließen, in denen die einheimische Bevölkerung besser lesen konnte. Da Immigranten der ersten Generation nur einen kleinen Teil der Bevölkerung ausmachten, war die mittlere Leseleistung in den Staaten durch die Einheimischen dominiert. Den Schluss von Unterschieden zwischen Gruppen (hier: Bundesstaaten) auf Unterschiede innerhalb der Gruppen nannte Robinson den ökologischen Fehlschluss („ecological fallacy"). Generell können Zusammenhänge zwischen Unterschieden innerhalb von Gruppen und zwischen Gruppen ganz unterschiedlich ausfallen, weil die Ursachen für die Unterschiede ganz andere sein können.

Deshalb kann aus Ursachen für Intelligenzunterschiede zwischen Nationen nicht auf Ursachen für Intelligenzunterschiede innerhalb von Nationen geschlossen werden.

Aber auch der umgekehrte Schluss ist nicht zulässig (vgl.
Kasten zum atomistischen Fehlschluss). Vielmehr müssen
die Zusammenhänge innerhalb von Gruppen und zwischen
Gruppen getrennt empirisch untersucht und die Ursachen
der Unterschiede getrennt analysiert werden.

Der atomistische Fehlschluss

Er besteht darin, von Zusammenhängen innerhalb von Gruppen auf Zusammenhänge zwischen Gruppen zu schließen.
Danach müsste die Lesefähigkeit zwischen den Bundesstaaten der USA negativ mit deren Immigrantenanteil korrelieren. Für Intelligenzunterschiede hat Scarr-Salatapek diesen
Fehlschluss mit einer Metapher beschrieben [4]. Wähle zwei
Zufallsstichproben von Samenkörnern aus derselben genetisch heterogenen Population aus, wobei die Pflanzenhöhe
genetisch und durch die Fruchtbarkeit des Bodens bestimmt
ist. Säe die eine Stichprobe auf durchweg fruchtbarem
Boden aus, die andere auf durchweg unfruchtbarem Boden.
Die Pflanzen auf dem fruchtbaren Boden werden durchschnittlich höher wachsen als die auf dem unfruchtbaren
Boden. Dieser Unterschied ist rein umweltbedingt, während
die Unterschiede innerhalb der beiden Ackerflächen genetisch bedingt sind. Deshalb kann man aus der Tatsache, dass
Intelligenzunterschiede innerhalb westlicher Nationen zu
ca. 50 % durch genetische Unterschiede innerhalb dieser
Nationen bedingt sind (vgl. hierzu Teil III), nicht schließen,
dass Unterschiede in der mittleren Intelligenz zwischen
Nationen auch zu 50 % genetisch bedingt sind. Möglicherweise unterscheiden sich Nationen lediglich in intelli-
genzrelevanten Umweltbedingungen, z. B. den Zugangs-
chancen zu intelligenzförderlichen Umwelten (der
„fruchtbare Boden").

Der Greenwich-IQ

Betrachten wir nun nach diesen Vorbemerkungen nüchtern und leidenschaftslos Unterschiede zwischen Nationen in der mittleren Intelligenztestleistung. Normale IQ-Werte können hierfür nicht verwendet werden, weil ihr Mittelwert pro Nation per Definition 100 beträgt (die IQ-Werte werden innerhalb jeder Nation standardisiert; vgl. Kap. 7). Unterschiede zwischen Nationen können nur ermittelt werden, wenn man die Leistungspunkte in demselben Intelligenztest zwischen Nationen vergleicht (z. B. Zahl der gelösten Aufgaben). Dann würden die Unterschiede aber von der Zahl und Schwierigkeit der jeweiligen Testaufgaben abhängen und bei einem anderen Intelligenztest anders ausfallen. Deshalb schlugen Lynn und Vanhanen 2002 vor, die nationalen Mittelwerte bezogen auf den Mittelwert von Briten 1979 zu standardisieren (u. a. weil es hierzu umfangreiche, repräsentative Daten gab). Ein Land mit gleichem Mittelwert erhielt also einen IQ-Wert von 100. Und die Unterschiede zwischen Nationen wurden so standardisiert, dass die weltweite Variabilität wie beim IQ innerhalb einer Nation auch zwischen Nationen 15 betrug (vgl. Kap. 7). In Anspielung auf die Standardisierung des Längengrads und der Weltzeit, die sich auf Greenwich (eine Stadt nahe London) beziehen, nannten Lynn und Vanhanen diese nationalen IQ-Werte den *Greenwich-IQ*.

Lynn und Vanhanen gaben auf dieser Grundlage erstmals eine umfassende Übersicht über Mittelwerte in getesteter Intelligenz in diversen weltweiten Stichproben (113 Nationen) [5, 6]. Die Mittelwerte waren am höchsten in

Südostasien (Greenwich-IQ ca. 105; Hongkong, Japan, Singapur, Südkorea, Taiwan); sehr nahe 100 in Nord-, West- und Zentraleuropa sowie Nordamerika, Australien und Neuseeland; nahe 85 in Nordafrika und den Golfstaaten; und nahe 70 in Zentral- und Südafrika („Subsahara") bei Ausschluss weißer Südafrikaner. Allerdings war die Datenqualität in der Subsahara besonders schlecht. Und die Werte waren manchmal nicht wirklich vergleichbar, weil sie aus verschiedenen Jahrzehnten stammten (warum das ein Problem ist, wird weiter unten erläutert).

Rindermann fand 2007, dass nationale Mittelwerte in internationalen Schulleistungsstudien wie PISA, TIMMS und PIRLS je nach Test und Jahr hoch mit dem Greenwich-IQ korrelierten (0,78–0,92) [7]. Wenn die unterschiedlichen Tests gemittelt wurden, ergab sich eine Korrelation zwischen der mittleren Schulleistung der Länder und ihrem Greenwich-IQ von 0,87. Die mittlere Schulleistung eines Landes kann also als sehr gute Schätzung des mittleren Intelligenzniveaus eines Landes betrachtet werden. Sie hat folgende Vorteile: Die Stichproben sind sehr groß und die Tests sehr gut vergleichbar zwischen Nationen. Und die Tests wurden zu einem sehr ähnlichen Zeitpunkt durchgeführt.

Diese Studie stieß zunächst auf starke Kritik vieler an PISA und ähnlichen Studien beteiligten Forscher. Dabei wurde manchmal argumentiert, dass Schulleistung und Intelligenz typischerweise weniger als 0,60 korrelieren (vgl. Kap. 7), also nicht dasselbe messen. Da sich diese Korrelationen aber auf die Variation der individuellen Leistung innerhalb von Nationen beziehen, nicht auf die Variation nationaler Mittelwerte zwischen Nationen, beruht diese Kritik auf dem atomistischen Fehlschluss (s. o.).

Hauptsächlich beruhte die Kritik an der Studie von Rindermann aber gar nicht auf wissenschaftlichen Bedenken, sondern auf wissenschaftspolitischen Vorbehalten. Viele Schulleistungsforscher fürchteten nämlich, die inzwischen erfolgreiche Einwerbung der nötigen großen Mittel für internationale Schulleistungsstudien sei gefährdet, wenn Politiker und Öffentlichkeit erfahren würden, dass PISA „eigentlich" Intelligenz messe. Denn Intelligenztests stoßen in weiten Teilen der Öffentlichkeit auf große Aversion. Auch wurde wohl davon ausgegangen, dass es schwerfallen würde, der Öffentlichkeit den atomistischen Fehlschluss deutlich zu machen, auf dem das Wörtchen „eigentlich" beruht.

So wurde mir als verantwortlichem Herausgeber der Studie von Rindermann von sehr einflussreicher Seite durch die Blume mitgeteilt, ich möge doch bitte dafür sorgen, dass der Artikel nicht erscheine. Das habe ich natürlich nicht getan, habe aber dafür gesorgt, dass im Artikel Folgendes sehr klar gemacht wurde: Es handelte sich hier um Korrelationen auf der Ebene von Nationen, nicht um solche auf der Ebene von Individuen. Und nirgends im Artikel gab es eine Verwechselung der Ebenen, wie sie sich leider oft auch in wissenschaftlichen Veröffentlichungen findet. Inzwischen haben sich die Gemüter beruhigt, die Mittel für PISA und ähnliche Studien fließen weiter, und Rindermann erhielt für seine Studie den William-Stern-Preis der einschlägigen Fachgruppe der Deutschen Gesellschaft für Psychologie. Die Tatsache aber, dass internationale Schulleistungsstudien sehr gut geeignet sind, das nationale Intelligenzniveau zu

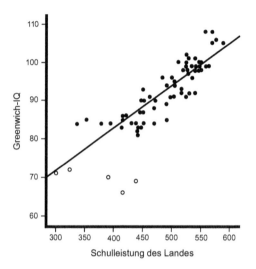

Abb. 10.1 Zusammenhang zwischen Greenwich-IQ und mittlerer Leistung in Schulleistungstests im Ländervergleich. Beim nicht ausgefüllten O handelt es sich um die Länder der Subsahara. (Nach Neyer & Asendorpf, 2018, Abb. 8.11)

erfassen, wird in der Schulleistungsforschung weithin ignoriert.

Der Zusammenhang zwischen dem Greenwich-IQ und der mittleren Schulleistung der Länder ist in Abb. 10.1 dargestellt (die Schulleistung wurde wie in diesen Studien üblich auf einer Skala mit Mittelwert 500 und Variabilität 100 gemessen). Es wird deutlich, dass die Korrelation von 0,87 den Zusammenhang noch unterschätzt, weil es in der Subsahara drei stark abweichende Werte gab. In einer nachfolgenden, methodisch sehr sorgfältigen Analyse wurde der Greenwich-IQ für die Länder der Subsahara aufgrund aller

Tab. 10.1 Korrelationen zwischen nationalen Kenngrößen und dem Greenwich-IQ und der mittleren Leistung in Schulleistungstests im Ländervergleich. (Nach Neyer & Asendorpf, 2018, Tab. 8.5).

Indikator	Greenwich-IQ	Schulleistung
Bruttonationalprodukt	0,62	0,61
Ausbildungsdauer (Jahre)	0,77	
Höchster erreichter Bildungsabschluss	0,75	0,76
Arbeitslosigkeit	−0,76	
Lebenserwartung	0,75	
Kinderzahl pro Person	−0,73	
Religiosität	−0,58	
Demokratische Verfassung	0,52	0,53

vorhandenen Schulleistungsdaten auf 82 geschätzt und aufgrund aller methodisch akzeptablen IQ-Testdaten auf 79 [8]. Insgesamt erscheint deshalb eine Schätzung des Greenwich-IQ für die Subsahara von 80 realistisch. In jedem Fall ergibt sich eine Rangfolge Südostasien > Europa, Nordamerika, Australien > Nordafrika und Golfstaaten > Subsahara für den Greenwich-IQ und die mittlere Leistung in internationalen Schulleistungstests.

Worauf beruhen diese Unterschiede? Tab. 10.1 zeigt Korrelationen diverser nationaler Kennwerte, die von internationalen Organisationen wie UNO und WHO ermittelt wurden, mit dem Greenwich-IQ und der mittleren Leistung in Schulleistungstests [9]. Es wird deutlich, dass das mittlere Intelligenzniveau eines Landes stark mit dem Bildungsniveau, geringer Arbeitslosigkeit, der Lebenserwartung und einer geringen Kinderzahl zusammenhängt, wobei damit über die kausalen Zusammenhänge noch nichts gesagt ist. Denn es ist plausibel, dass z. B. ein höheres

Bruttonationalprodukt über höhere Mittel für die Bildung die mittlere Schulleistung fördert. Umgekehrt führt aber auch eine höhere Schulleistung über eine höhere Wertschöpfung zu einer stärkeren Position auf dem Weltmarkt und einem höheren Bruttosozialprodukt. Die kausale Interpretation wird weiter erschwert durch die Tatsache, dass alle Indikatoren in Tab. 10.1 auch untereinander teilweise hoch korrelieren. Es handelt sich also um ein schwer entwirrbares Geflecht von wechselseitigen kausalen Einflüssen.

Die mittelhohen Korrelationen des Greenwich-IQ mit demokratischer Verfassung und geringer Religiosität lassen viele Abweichungen von der Erwartung aufgrund der Korrelation zu. So sind z. B. die USA deutlich religiöser als Westeuropa, ohne dass Greenwich-IQ oder Schulleistung deutlich niedriger wären. Und die derzeitige Nr. 1 in PISA ist Singapur, das keine demokratische Verfassung hat, sondern eher wie ein erfolgreiches Unternehmen geführt wird.

Insgesamt gibt es aber starke Zusammenhänge des Greenwich-IQ und der mittleren Schulleistung mit sozioökonomischen Kennwerten der nationalen Entwicklung. Hierzu gibt es in der Ökonomie verschiedene empirische Indikatoren, z. B. den *Human Development Index* HDI der UNO, der Lebenserwartung, Ausbildungsdauer und Bruttonationaleinkommen berücksichtigt und der jährlich für fast alle Nationen veröffentlicht wird [10]. Danach nahmen Norwegen, Australien, Schweiz, Deutschland, Dänemark und Singapur die ersten Plätze ein, die USA belegten Platz 10, Rumänien Platz 50 und Tunesien Platz 97; das Schlusslicht bildete die Zentralafrikanische Republik (Platz 188).

Der Flynn-Effekt

Der Human Development Index kann auch für den historischen Vergleich des Entwicklungsstands derselben Nation verwendet werden. 1987 publizierte der Australier James Flynn eine bahnbrechende Analyse zu historischen Veränderungen der Intelligenztestleistung in westlichen Kulturen. In allen untersuchten Nationen nahm nämlich diese Leistung – umgerechnet in IQ-Punkte – um 5 bis 25 Punkte pro Generation zu [11]. Dieser Befund wird heute nach seinem Entdecker Flynn-Effekt genannt und wurde nachfolgend immer wieder bestätigt und weiter ausgebaut. Abb. 10.2 zeigt die Veränderungen der IQ-Testleistungen

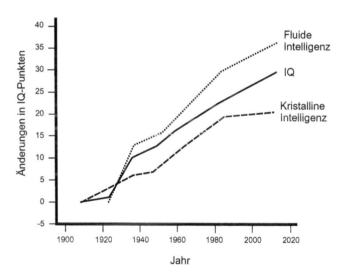

Abb. 10.2 Zuwächse in Intelligenzleistungen zwischen 1909 und 2013. (Daten aus [12])

von 1909 bis 2013 anhand der Daten von 31 Ländern (ca. 4 Millionen Getestete) für verschiedene Intelligenzbereiche und den Gesamt-IQ [12]. Fluide Intelligenz bezieht sich hierbei auf eher wissensunabhängige Testaufgaben, kristalline Intelligenz auf eher wissensabhängige Aufgaben.

Die Leistungen nahmen in allen Bereichen zu, jedoch stärker bei den eher wissensunabhängigen Aufgaben. Ab Mitte der 1980er-Jahre fallen die Zuwächse etwas geringer aus als zuvor. Der Flynn-Effekt beruht, ähnlich wie der entsprechende Trend zur Zunahme der Körpergröße, vermutlich auf den sich ständig verbessernden Lebensbedingungen von Schwangeren und Kleinkindern, denn er findet sich bereits im Vorschulalter. Zumindest kann er nicht einfach auf Veränderungen im Schulsystem zurückgeführt werden (wie etwa auf eine zunehmende Bildungsdauer).

Eine unangenehme Konsequenz des Flynn-Effekts ist, dass die faktisch gefundenen IQ-Mittelwerte für einigermaßen repräsentative Stichproben einer Nation umso mehr den Wert 100 überschreiten, je länger die letzte Testnormierung zurückliegt. Deshalb müssen Intelligenztests regelmäßig neu normiert werden. Das ist nicht nur ein akademisches Problem, sondern kann handfeste Konsequenzen haben, wie das Beispiel der Legastheniediagnose um 1980 zeigt (vgl. Kasten zur Legasthenie und zum Flynn-Effekt).

Legasthenie und Flynn-Effekt

Legasthenie (Lese-Rechtschreib-Schwäche) ist ein umstrittenes Konzept, wonach es Kinder gibt, die große Schwierigkeiten mit dem flüssigen Lesen bzw. der Rechtschreibung

(Fortsetzung)

haben, ansonsten aber normal intelligent sind. Eine besonders kontroverse Methode der Legastheniediagnose besteht darin, die Differenz zwischen dem IQ und der Leistung in einem Lese-Rechtschreib-Test zu bestimmen. Ist der IQ mindestens durchschnittlich und die Lese-Rechtschreib-Leistung sehr viel niedriger, wird auf Legasthenie geschlossen. Da Lese-Rechtschreib-Tests und IQ nur zu etwa 0,50 korrelieren, muss es viele Kinder geben, deren Lese-Rechtschreib-Leistung deutlich unter ihrem IQ liegt (aber auch umgekehrt). Da der IQ, nicht aber die Lese-Rechtschreib-Leistung in den Jahren zwischen 1970 und 1980 zunahm und der IQ sich zunehmend auf veraltete Testnormen bezog, führte dies dazu, dass von Jahr zu Jahr immer mehr Legastheniker „entdeckt" wurden (denn die Intelligenz wurde durch den IQ zunehmend überschätzt). Damit verdienten immer mehr Psychologen und Logopäden an der Behandlung von Legasthenikern. Als 1983 der Hamburg-Wechsler-Intelligenztest für Kinder neu normiert wurde, der häufig zur Legastheniediagnose benutzt wird, sank die Rate von Legasthenikern schlagartig. Dies löste damals Irritationen aus, weil der Flynn-Effekt noch nicht bekannt war. Dies zeigt, wie problematisch es sein kann, wenn Persönlichkeitsunterschiede auf der Basis veralteter Testnormen bestimmt werden.

Aus dieser Sicht könnten die starken Unterschiede im nationalen Intelligenzniveau zumindest teilweise auf Unterschieden im Einsetzen des Flynn-Effekts beruhen; danach hätten die Länder der Subsahara den Flynn-Effekt erst noch vor sich [8]. Umgekehrt könnte man aus dem Flynn-Effekt zwischen 1930 und 2010 schließen, dass der Greenwich-IQ für Deutschland im Jahr 1930 ungefähr 80 betragen hatte, also auf dem Niveau der heutigen Subsahara lag. Zudem könnte man erwarten, dass eine Anhebung des Entwicklungsniveaus der Subsahara auf das Niveau des heutigen

Deutschland aufgrund des Flynn-Effekts eine Anhebung des Intelligenzniveaus der Subsahara auf das Niveau des heutigen Deutschland nach sich ziehen könnte. Wären diese Zusammenhänge zwischen dem Intelligenzniveau eines Landes und seinem Entwicklungsniveau und dem Flynn-Effekt allgemein bekannt, würde das die noch immer oft ideologisch geführte Debatte um Intelligenzunterschiede zwischen Nationen entschärfen.

Zusammenfassung
Nationen unterscheiden sich erheblich in der mittleren Schul- und Intelligenztestleistung. Und beides hängt stark mit dem sozioökonomischen Entwicklungsniveau eines Landes zusammen. Deshalb zeigt die mittlere Leistung in Intelligenztests in den letzten 100 Jahren eine starke Zunahme. Sie ist so groß, dass der Unterschied im Intelligenzniveau von Deutschland zwischen 1930 und 2010 in etwa so groß ist wie der Unterschied zwischen Zentralafrika und Deutschland 2010. Intelligenzunterschiede zwischen Nationen sind also nicht in Stein gemeißelt, sondern spiegeln in starkem Maße Unterschiede in der sozioökonomischen Entwicklung wider. Dieses Wissen entschärft ideologische Debatten um Intelligenzunterschiede zwischen Nationen. Ähnliches gilt auch für die Frage, ob sich bestimmte Gruppen der Bevölkerung eines Landes in ihrer mittleren Intelligenz unterscheiden. Dies gilt insbesondere für Schwarze und Weiße in den USA und für Immigranten und die einheimische Bevölkerung in Mitteleuropa. Mit dieser Frage beschäftigt sich das nächste Kapitel.

Literatur

1. Herrnstein, R., & Murray, C. (1994). *The Bell Curve – Intelligence and class structure in America*. New York: Free Press.

2. Sarrazin, R. (2010). *Deutschland schafft sich ab*. München: Deutsche Verlags-Anstalt.
3. Robinson, W. S. (1950). Ecological correlations and the behavior of individuals. *American Sociological Review, 15,* 351–357.
4. Scarr-Salatapek, S. (1972). Unknowns in the I.Q. equation. *Science, 174,* 1283–1285.
5. Lynn, R. & Vanhanen, T. (2002). *IQ and the wealth of nations*. Westport, CT: Praeger.
6. Lynn, R. & Vanhanen, T. (2006). *IQ and global inequality*. Augusta, GA: Washington Summit Books.
7. Rindermann, H. (2007). The g-factor of international cognitive ability comparisons: The homogeneity of results in PISA, TIMSS, PIRLS and IQ-tests across nations. *European Journal of Personality, 21,* 667–706.
8. Wicherts, J.M., Dolan, C.V. & van der Maas, H.L. (2010). A systematic literature review of the average IQ of sub-Saharan Africans. *Intelligence, 38,* 1–20.
9. Daten nach [5] sowie Lynn, R. & Vanhanen, T. (2012). National IQs: A review of their educational, cognitive, economic, political, demographic, sociological, epidemiological, geographic and climatic correlates. *Intelligence, 40,* 226–234.
10. Deutsche Gesellschaft für die Vereinten Nationen e.V. (Hrsg). (2017). *Bericht über die Menschliche Entwicklung 2016.* http://www.dgvn.de/un-berichte/
11. Flynn, J. R. (1987). Massive IQ gains in 14 nations: What IQ tests really measure. *Psychological Bulletin, 101,* 171–191.
12. Pietschnig, J. & Voracek, M. (2015). One century of global IQ gains: A formal meta-analysis of the Flynn effect (1909–2013). *Perspectives on Psychological Science, 10,* 282–306.

11

Kontroversen: IQ von Rassen und Migranten

Noch kontroverser als die Frage nach IQ-Unterschieden zwischen Nationen ist die nach IQ-Unterschieden zwischen Rassen in den USA und zwischen Immigranten und Einheimischen weltweit. Während der Begriff der Rasse in Deutschland durch den Nationalsozialismus diskreditiert wurde, wird er in den USA bis heute verwendet und dient dort zur groben Charakterisierung der geografischen Herkunft der Vorfahren. Daten zu IQ-Unterschieden zwischen weißen und schwarzen US-Amerikanern von 1970 bis heute zeigen historisch abnehmende Unterschiede. Deren Interpretation ist schwierig, weil Effekte der Rasse und des sozialen Status voneinander abhängig sind. Noch schwieriger ist es bei Unterschieden zwischen Immigranten und Einheimischen in Bezug auf den IQ und Schulleistung. Denn der Greenwich-IQ des Herkunftslandes und des aufnehmenden Landes, selektive

(Fortsetzung)

© Springer-Verlag GmbH Deutschland 2018
J. B. Asendorpf, *Persönlichkeit: was uns ausmacht und warum*,
https://doi.org/10.1007/978-3-662-56106-5_11

Auswanderung, Immigranten-Generation und Sozialisation im aufnehmenden Land müssen hier berücksichtigt werden. Das wird anhand des „Immigrant Paradox" in Nordamerika und anhand von Daten aus den Niederlanden und Deutschland verdeutlicht.

Rassenunterschiede

Unter einer Rasse wird im deutschsprachigen Raum eine große Gruppe von Menschen verstanden, die sich aufgrund genetisch determinierter körperlicher Oberflächenmerkmale (wie z. B. Hautfarbe und Augenform) von anderen Gruppen von Menschen unterscheidet. Der Rassenbegriff hat eine lange Geschichte, die untrennbar mit der Geschichte der Ablehnung und Herabwürdigung andersartiger Populationen (Rassismus) verbunden ist. Besonders extrem war der Rassismus in Deutschland während der Zeit des Nationalsozialismus. Deshalb ist der Begriff der Rasse seit dem Zweiten Weltkrieg besonders in Deutschland diskreditiert. Wie die jüngste deutsche Geschichte zeigt, wird Rassismus aber nicht durch die Tabuisierung von Fragen nach Rassenunterschieden verhindert. Meiner Überzeugung nach ist das beste Mittel gegen Rassismus eine nüchterne Bestandsaufnahme der vorhandenen Fakten zu Unterschieden zwischen Rassen und zu möglichen Ursachen dieser Unterschiede.

Die meisten Klassifikationen der Rasse orientieren sich an zwei Merkmalen: Hautfarbe und Augenform. Hierdurch lassen sich drei Hauptrassen unterscheiden: Schwarze (dunkle Hautfarbe), Weiße (helle Hautfarbe) und Mongolide, charakterisiert durch die Mongolenfalte, eine Hautfalte über dem Augenlid, die eine Lidspalte vortäuscht (dieses Merkmal wurde in der Vergangenheit oft abschätzig als „Schlitzauge" bezeichnet). Es handelt sich dabei – ähnlich wie bei Persönlichkeitstypen (vgl. Kap. 2) – um eine äußerst grobe Klassifizierung mit beliebigen Mischformen, bei der eine eindeutige Zuordnung zu einem der drei Typen schwierig bis unmöglich sein kann. Hautfarbe und Augenform weisen auf den Lebensraum der Vorfahren hin (Afrika, Europa, Asien). Wird der Rassenbegriff so verstanden, ist er zur groben Charakterisierung der geografischen Herkunft geeignet. So wird er z. B. in nordamerikanischen psychologischen Untersuchungen genutzt. Dort ist es üblich, die Stichproben durch den Prozentsatz der Weißen („European Americans"), der Schwarzen („African Americans"), der Mittel- und Südamerikaner („Hispanics") und der Asiaten („Asian Americans") zu charakterisieren. Faktisch bezeichnet Rasse hier die geografische Herkunft der Vorfahren in einer Nation von Einwanderern.

Zur Charakterisierung der genetischen Ähnlichkeit ist aber ein auf Hautfarbe und Augenform beruhender Rassenbegriff nicht geeignet. Denn die Aborigines von Australien unterscheiden sich genetisch besonders stark von den Afrikanern. Aber sie haben eine ähnlich dunkle Hautfarbe (weil beide Bevölkerungsgruppen besonders starker Sonneneinstrahlung ausgesetzt sind). Die Popularität von Hautfarbe und Augenform bei der Einteilung von Rassen beruht schlicht darauf, dass es sich um die am leichtesten erkennbaren genetisch bedingten Merkmale handelt, in denen sich Populationen unterscheiden. Wissenschaftlich sinnvoll für die genetische Klassifikation von Populationen sind sie damit aber noch nicht.

Hinzu kommt das Problem, dass der Rassenbegriff meist so verstanden wird, als seien Rassen genetisch sehr stark verschieden. Das ist aber nicht der Fall. Weltweite genetische Analysen der Unterschiede zwischen alteingesessenen menschlichen Populationen (*indigene Völker*) können drei Quellen der genetischen Variation unterscheiden: innerhalb der Populationen, zwischen geografischen Regionen und zwischen Populationen innerhalb der Regionen (vgl. Abb. 11.1). Danach machen die Unterschiede innerhalb der Populationen 85 % aller Unterschiede aus, die Unterschiede zwischen geografischen Regionen 10 % und die

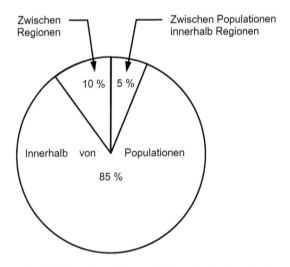

Abb. 11.1 Relativer Anteil genetischer Unterschiede innerhalb und zwischen Populationen und geografischen Regionen. (Aus [2], Abb. 8.7)

verbleibenden Unterschiede zwischen Populationen innerhalb derselben geografischen Region 5 % (Nach der Übersicht in [1]). Oder noch weiter vereinfacht: Die genetischen Unterschiede zwischen Angehörigen derselben alteingesessenen Population sind durchschnittlich fast sechsmal so groß wie die Unterschiede zwischen den Populationen. Da Rassen ethnisch gemischter sind als alteingesessene Populationen, sind genetische Unterschiede innerhalb von Rassen noch größer, wenn man sie in Relation zu den Unterschieden zwischen Rassen sieht.

Die Vorstellung, dass sich Rassen genetisch stark voneinander unterscheiden, ist also falsch; es handelt sich hierbei um eine starke Übertreibung tatsächlich vorhandener kleiner Unterschiede (*Stereotypisierung*). Diese Überbetonung kleiner Unterschiede hat fatale Konsequenzen, weil sie den Nährboden für Fremdenfeindlichkeit und eine Überbewertung der eigenen Kultur bildet und so Zündstoff für soziale Konflikte bietet.

Die Überbetonung von Rassenunterschieden ist besonders problematisch in gemischtrassigen Populationen, wo die Rasse oft sehr leichtfertig zur genetischen Erklärung beobachtbarer Persönlichkeitsunterschiede herangezogen wird. Zum Problem der Stereotypisierung kommt hier meist das weitere Problem hinzu, dass Rasse mit sozialem Status gekoppelt ist. Deshalb werden Persönlichkeitsunterschiede, die möglicherweise auf Unterschieden im sozialen Status beruhen, oft unbesehen als Rassenunterschiede interpretiert. Wie schwierig die Trennung dieser beiden Interpretationsmöglichkeiten ist, wird im Folgenden am Beispiel der Intelligenz von Schwarzen und Weißen in den USA genauer dargestellt.

IQ-Unterschiede zwischen Weißen und Schwarzen in den USA

Um 1970 hatten Schwarze in den USA einen relativ geringen mittleren IQ von 84, wenn man es mit dem mittleren IQ der Weißen von 100 vergleicht [3]. Weiße und Schwarze in den USA unterscheiden sich aber auch in ihrem sozioökonomischen Status (erfasst durch Bildung und Einkommen), und der sozioökonomische Status korreliert mit dem IQ. Die Beziehung zwischen Rasse, Status und IQ wird zusätzlich dadurch kompliziert, dass die Unterschiede zwischen Schwarzen und Weißen von der Höhe des sozioökonomischen Status abhängen. Dies wird z. B. in einer Studie an 669 weißen und 622 schwarzen kalifornischen Schulkindern Anfang der 1970er-Jahre deutlich ([4]; vgl. Abb. 11.2).

Erklärungsbedürftig ist dabei vor allem der mit zunehmendem Status wachsende IQ-Unterschied. Eine mögliche Erklärung basiert auf einer Abhängigkeit genetischer Effekte vom sozialen Status der Familie. Viele weiße Kinder könnten intelligenzförderliche Gene haben, die bei schwarzen Kindern seltener sind und die sich vor allem in den intellektuell anregenden Umwelten der Familien mit hohem Status auf den IQ auswirken. Eine andere mögliche Erklärung beruht auf einer Diskriminierung schwarzer Kinder. Schwarze Kinder als Mitglieder einer Minderheit in den USA könnten wahrnehmen, dass sie von der weißen Mehrheit diskriminiert werden. Dadurch werden sie intellektuell demotiviert, werden durch ihre schon vorher demotivierten Eltern und (meist schwarzen)

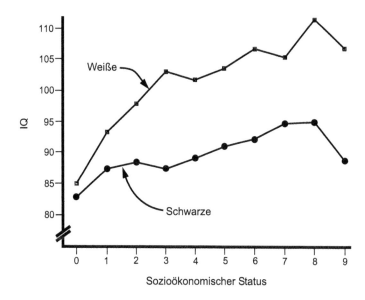

Abb. 11.2 Abhängigkeit des IQ von Hautfarbe und sozio-ökonomischem Status bei US-amerikanischen Schulkindern um 1970. (Aus [2], Abb. 8.8)

Lehrer darin noch bestärkt und somit in ihrer Intelligenz-entwicklung behindert, selbst wenn sie formal gleiche Bildungschancen haben wie weiße Kinder. Oder gibt es eine spezifische Subkultur der Schwarzen in den USA, die aus ihren afrikanischen Herkunftskulturen importiert wurde und sich durch ihre Betonung von Spontaneität und Interaktivität hinderlich auf die Leistung in IQ-Tests auswirkt, die Selbstdisziplin und individualistisches Problemlösen erfordert? Die in Abb. 11.2 gezeigten Daten sind mit allen drei Erklärungen vereinbar.

Verbreitet ist der Fehlschluss, dass man vom genetischen Einfluss der IQ-Unterschiede innerhalb von Nationen auf den genetischen Einfluss der IQ-Unterschiede zwischen Schwarzen und Weißen in den USA schließt (vgl. die Metapher von Scarr-Salatapek in Kap. 10). Will man diesen atomistischen Fehlschluss vermeiden, bleibt nur der Versuch, den Einfluss des sozioökonomischen Status von genetischen Faktoren mit anderen Methoden zu trennen. Eine Möglichkeit sind Adoptionsstudien, in denen Adoptivkinder unterschiedlicher Rasse mit leiblichen Kindern derselben weißen Eltern verglichen werden. Erfolgt die Adoption sehr früh und gibt es keinen genetischen und keinen sehr frühen Umwelteinfluss auf Rassenunterschiede, sollten die Adoptivkinder später denselben IQ aufweisen wie ihre weißen Adoptivgeschwister. Das war jedenfalls die Überlegung von Scarr und Weinberg, die 1976 eine solche Studie begannen und nach 10 Jahren abschlossen (vgl. Kasten zur Minnesota Transracial Adoption Study).

Die Minnesota Transracial Adoption Study [5, 6]

Untersucht wurden weiße Familien der oberen Mittelschicht in den USA um 1975, die überwiegend ein nichtweißes Adoptivkind adoptiert hatten; die Adoptiveltern hatten zudem meist auch leibliche Kinder. Die Adoptivkinder und die leiblichen Kinder ihrer Adoptiveltern wurden im Alter von 4 bis 12 Jahren und meist noch einmal 10 Jahre später auf ihren IQ hin getestet. Für die biologischen Eltern der Adoptivkinder war nur die Ausbildungsdauer bekannt, für die Adoptiveltern zusätzlich der IQ. Die Ergebnisse sind in Tab. 11.1 dargestellt.

(Fortsetzung)

Das zentrale Ergebnis dieser Studie ist, dass es eine äußerst stabile Rangfolge der Mittelwerte bei den Adoptivkindern gab und dass sich die Extreme in dieser Rangfolge (weiße Adoptivkinder und Adoptivkinder, deren biologische Eltern beide schwarz waren) zu beiden Zeitpunkten um mindestens eine ganze Standardabweichung im IQ unterschieden (15 bzw. 17 IQ-Punkte). Dies entspricht in etwa dem erwarteten IQ-Unterschied zwischen weißen und schwarzen US-Kindern der gehobenen Mittelschicht um 1975 (vgl. Abb. 11.2). Dass die IQ-Mittelwerte aller Gruppen sanken, geht darauf zurück, dass die IQ-Werte zum zweiten Zeitpunkt auf aktuelleren Normwerten beruhten, sodass sie nicht so stark wie die Werte zum ersten Zeitpunkt Überschätzungen aufgrund des Flynn-Effekts darstellten (vgl. Kap. 10).

Die sparsamste Erklärung für diese Ergebnisse scheint die Annahme genetisch bedingter Intelligenzunterschiede zwischen Schwarzen und Weißen in den USA zu sein. Denn die über die weißen Elternhäuser hergestellte „weiße Umwelt" verringerte den IQ-Unterschied zwischen schwarzen und weißen Kindern nicht wesentlich. Diese mögliche Interpretation muss jedoch in dreifacher Hinsicht relativiert werden. Erstens unterschieden sich die rein schwarzen Kinder von den Mischlingskindern nicht nur in der Hautfarbe, sondern auch in der Qualität ihrer Umwelt. Sie waren zum Zeitpunkt der Adoption erheblich älter (im Mittel 32 statt 9 Monate) und hatten öfter einen Wechsel der Bezugspersonen vor der Adoption erlebt (1,2-mal statt 0,8-mal). Da ihre biologischen Mütter schlechter ausgebildet waren (mittlere Bildungsdauer 10,9 versus 12,4 Jahre), ist zweitens zu vermuten, dass die rein schwarzen Kinder erhöhten Umweltrisiken während Schwangerschaft und Geburt ausgesetzt

Tab. 11.1 Intelligenzunterschiede in gemischtrassigen US-Adoptionsfamilien in den Jahren 1975 und 1985. (Aus [2], Tab. 8.4)

Person	IQ im Alter von 4 bis 12 Jahre				IQ im Alter von 14 bis 22 Jahre			
	Anzahl	Mittel	min	max	Anzahl	Mittel	min	max
Vater (weiß)	99	121	93	140	74	117	92	145
Mutter (weiß)	99	118	96	143	84	114	85	136
Eigene Kinder (weiß)	143	117	81	150	104	109	78	146
Adoptivkinder								
Weiße	25	112	62	143	16	106	79	140
Schwarz-weiße Mischlinge	68	109	86	136	55	99	73	134
Asiatisch oder indianisch	21	100	66	129	12	96	73	122
Schwarze	29	97	80	130	21	89	75	112

Mittel Mittelwert, *min* Minimum des IQ, *max* Maximum des IQ

waren. Und schließlich waren die rein schwarzen Kinder aufgrund ihrer Hautfarbe zumindest außerhalb ihrer Familie ähnlichen Erwartungen ihrer sozialen Umwelt ausgesetzt wie andere schwarze Kinder. Dies mag ihre Intelligenzentwicklung in Form einer sich selbst erfüllenden Prophezeiung behindert haben.

Ein strikter Nachweis, dass es sich bei den Rassenunterschieden im IQ in den USA um direkte genetische Wirkungen auf den IQ handelt, würde erfordern, dass schwarze Kinder in Bezug auf Hautfarbe und Körperbau „weiß gemacht" würden (was nicht möglich ist) oder dass die verursachenden Gene identifiziert wären (was derzeit noch nicht der Fall ist). Ob und in welchem Grad diese Rassenunterschiede durch direkte genetische Wirkungen auf den IQ bedingt sind, kann also derzeit nicht beantwortet werden.

Neuere Ergebnisse zu IQ-Unterschieden zwischen Schwarzen und Weißen in den USA zeigen in repräsentativen Stichproben eine Abnahme der Unterschiede von ca. 2 IQ-Punkten pro Jahrzehnt zwischen 1970 und 2000 [7]. Dieser historische Effekt ist in etwa so groß wie der Flynn-Effekt (vgl. Kap. 10). Hätte diese Abnahme weiter so angedauert, wäre der 1970 vorhandene Unterschied von 16 IQ-Punkten im Jahr 2010 auf die Hälfte geschrumpft. Die deutliche Abnahme des IQ-Unterschieds innerhalb von nur zwei Generationen spricht für einen deutlich überwiegenden Umwelteinfluss auf den IQ-Unterschied [8]. Zudem könnten auch genetische Effekte beteiligt sein wie die Zunahme „weißer" Gene in der schwarzen Bevölkerung der USA. Denn heute, ca. zehn Generationen nach ihrer Versklavung, haben schwarze Nachkommen dieser Sklaven bereits 24 % europäische und 1 % indianische

Genvarianten [9]. Insgesamt kann jedenfalls das Fazit gezogen werden, dass derzeit keine seriösen definitiven Aussagen darüber möglich sind, worin die Ursachen des IQ-Unterschieds zwischen Schwarzen und Weißen in den USA und dessen historischer Abnahme bestehen.

IQ von Migranten

Migration ist kein neues Phänomen, sondern war Motor der Ausbreitung des modernen Menschen *Homo sapiens* über den gesamten Erdball und hat auch nach Erschließung unbesiedelter Gebiete nicht nachgelassen (z. B. Völkerwanderung in Europa). Deutschland ist seit Jahrhunderten ein Transitland oder Ziel von Migrationsströmen. Zwar wird die Anzahl der Migranten weltweit größer, aber auch die Bevölkerung der Erde nimmt zu; der Anteil der Migranten an der Weltbevölkerung liegt derzeit bei 3 % [10]. Gemeint sind damit Migranten der ersten Generation, also Menschen, die ihr Heimatland seit der Geburt gewechselt haben.

Migration hat viele Gründe (ökonomische, politische, persönliche), die je nach Herkunftsland, aufnehmendem Land und historischem Zeitpunkt stark variieren. Deshalb stellen Migranten eine äußerst heterogene Gruppe dar. Die einzige Gemeinsamkeit ist die Tatsache der Migration bei der Person selbst oder einem Elternteil. Gemeinsamkeiten in der Persönlichkeit sind deshalb noch am ehesten für Migranten der ersten Generation zu erwarten, wenn sie mit Einheimischen des Herkunftslandes verglichen werden und freiwillig ausgewandert sind (also nicht vertrieben wurden).

Wie stark sich Migranten von Einheimischen des aufnehmenden Landes in einem Persönlichkeitsmerkmal unterscheiden, hängt ab von

- der Definition, was ein Migrant genau ist
- selektiver Auswanderung
- dem Unterschied zwischen aufnehmender und Her-
  kunftskultur in Bezug auf das Persönlichkeitsmerkmal
- der Sozialisation der Migranten im aufnehmenden Land

Während unter Migranten meist Migranten der ersten
Generation verstanden werden, spricht man von Menschen
mit Migrationshintergrund, wenn sie der ersten oder zweiten
Generation angehören, also bereits im aufnehmenden Land
geboren wurden. Was unter einem Migrationshintergrund
genau zu verstehen ist, variiert sogar innerhalb von Deutschland, wo sich zwischen 2005 und 2015 allein beim Statistischen Bundesamt drei verschiedene Definitionen finden.
Die jüngste Definition aus dem Mikrozensus 2015 lautet:

Migrationshintergrund
Eine Person hat einen Migrationshintergrund, wenn sie selbst
oder mindestens ein Elternteil nicht mit deutscher Staatsan-
gehörigkeit geboren wurde. Im Einzelnen umfasst diese Definition zugewanderte und nicht zugewanderte Ausländer,
zugewanderte und nicht zugewanderte Eingebürgerte,
(Spät-)Aussiedler sowie die als Deutsche geborenen Nachkommen dieser Gruppen.

Nach dieser Definition hatten 2015 21 % der deutschen
Bevölkerung einen Migrationshintergrund [11], wobei die

im Jahr 2015 in großer Zahl nach Deutschland gekommenen Flüchtlinge noch nicht erfasst wurden. Die Bundesagentur für Arbeit verwendet eine etwas andere Definition, und in Österreich wird gefordert, dass die Person oder *beide* Eltern eingewandert sind, sodass ein direkter Vergleich des Migrationsanteils von Deutschland und Österreich irreführend wäre.

Neben der Definition, was unter einem Migranten verstanden werden soll, ist ein zentraler Faktor für Persönlichkeitsunterschiede zwischen Migranten und Einheimischen der Unterschied in der mittleren Ausprägung von Persönlichkeitseigenschaften zwischen Herkunftsland und aufnehmendem Land. Danach wäre z. B. zu erwarten, dass ein türkischer Immigrant der ersten Generation in Deutschland einen um ca. 10 Punkte niedrigeren IQ als ein einheimischer Deutscher hat. Denn der Greenwich-IQ liegt in der Türkei ca. 10 IQ-Punkte unter dem in Deutschland (zu den Daten hierzu siehe weiter unten).

Das ist aber eine Milchmädchenrechnung, denn Migranten sind meist nicht repräsentativ für das Herkunftsland. Die erste große Welle türkischer Einwanderer nach (West-) Deutschland 1961 bis 1973 bestand aus Arbeitsmigranten und deren Familienangehörigen, die überwiegend aus bildungsfernen Schichten der Türkei kamen, sodass deren IQ unter dem mittleren IQ der damaligen Türkei lag; umgekehrt wäre bei türkischen Immigranten aus Istanbul ein höherer IQ zu erwarten.

Aber selbst wenn derartige Selektionseffekte berücksichtigt werden, kann die Erwartung noch immer an der Realität vorbeigehen, weil die Einstellung der Einheimischen gegenüber Immigranten nicht berücksichtigt ist. Das lässt sich gut anhand des *Immigrant Paradox* illustrieren (vgl. Kasten zum Immigrant Paradox).

Das Immigrant Paradox

In den klassischen Einwanderungsländern USA und Kanada wurde im letzten Jahrzehnt empirisch gut belegt, dass die Immigranten der ersten Generation im Kindes- und Jugendalter hinsichtlich solcher Kriterien wie Verhaltensproblemen und Schulmotivation besser abschnitten als Altersgleiche der zweiten Generation und alteingesessener Familien [12]. Erwachsene Immigranten der ersten Generation werden in den USA oft als risiko- und leistungsbereiter wahrgenommen, sodass sie oft positiv diskriminiert werden („the first generation is the best generation"). Bei Immigranten der ersten Generation in den USA wurden weniger häufig Persönlichkeitsstörungen gefunden (insbesondere weniger häufig aggressives und delinquentes Verhalten) als bei Immigranten der zweiten Generation und alteingesessenen US-Amerikanern [13]. In Europa dagegen gibt es nur wenige Belege für dieses Paradox; vor allem in Nord- und Westeuropa wurde eher das Gegenteil gefunden [14]. Dies dürfte vor allem an der gezielten Auswahl von legalen Einwanderern in Nordamerika und der positiveren Einstellung gegenüber Immigranten liegen.

Da in den weltweiten Schulleistungsstudien PISA, TIMMS und PIRLS (vgl. Kap. 10) auch der Migrationshintergrund der getesteten Schüler erfragt wurde, können auf dieser Grundlage Intelligenzunterschiede zwischen Schülern mit und ohne Migrationshintergrund geschätzt werden. Die Ergebnisse zeigen eine enorme Variation in den Intelligenzunterschieden zwischen Schülern mit und ohne Migrationshintergrund [15]. Am besten schnitten die Migranten relativ zu den einheimischen Schülern in den

Vereinigten Arabischen Emiraten ab (+10 IQ-Punkte), am schlechtesten in Ägypten (−12 IQ-Punkte); in Deutschland und Österreich betrug der Unterschied jeweils −8 IQ-Punkte. Diese Variation beruht einerseits auf Unterschieden im mittleren Intelligenzniveau der Einheimischen (z. B. Greenwich-IQ = 81 in den Vereinigten Arabischen Emiraten), andererseits auf Unterschieden im mittleren Intelligenzniveau der häufig vertretenen Herkunftsländer der Migranten (in dieser Studie nicht erfasst).

Die Korrelation zwischen der mittleren Intelligenz der Schüler mit bzw. ohne Migrationshintergrund betrug im Nationenvergleich 0,92. Diese sehr hohe Korrelation dürfte vor allem auf zwei Effekten beruhen: interkulturellen Unterschieden in Bezug auf die Qualität des Bildungssystems, die Migranten und Nichtmigranten in ähnlicher Weise betreffen, und Ähnlichkeiten zwischen Herkunftsland und aufnehmendem Land (oft kommen Migranten aus benachbarten Ländern). Das Intelligenzniveau der Einheimischen korrelierte 0,52 mit dem Effekt gemischter Ehen (ein Elternteil mit, eines ohne Migrationshintergrund): Je höher die Intelligenz der Einheimischen, desto positiver schnitten die Schüler aus gemischten Ehen im Vergleich zu den Schülern ab, deren Eltern beide einen Migrationshintergrund hatten. Während in Europa Schüler aus gemischten Ehen in diesem Vergleich besser abschnitten als Schüler mit reinem Migrationshintergrund, schnitten sie in den arabischen Staaten schlechter ab.

Die Befunde zur Intelligenz von Migranten werden in Tab. 11.2 noch etwas detaillierter dargestellt anhand von Vergleichen der Leistung von Schülern mit und ohne

Tab. 11.2 Mittelwerte in nichtverbaler Intelligenz (Niederlande) und PISA-Mathematikleistung (Deutschland) bei verschiedenen Gruppen von Schülern mit Migrationshintergrund bezogen auf die Leistung von Schülern ohne Migrationshintergrund und von Schülern im Herkunftsland. (Aus [2], Tab. 8.10)

Gruppe	Erste Generation	Zweite Generation	Herkunftsland
In den Niederlanden aus:			
Türkei und Marokko	81	88	88 (Türkei), 77 (Marokko)
Antillen und Surinam	84	88	87 (Surinam)
Südostasien	110	keine Daten	103 (Median von 5 Nationen)
In Deutschland aus:			
Alle Migranten	89	86	
Türkei	79	83	89
Ehem. Jugoslawien	84	92	90 (Serbien)

Intelligenz (Niederlande) und Schulleistung (Deutschland) sind als IQ normiert

Migrationshintergrund in den Niederlanden in nichtverbaler Intelligenz (um Nachteile der Migranten in den sprachlichen Untertests zu vermeiden) [16] und in Deutschland im mathematischen Teil des PISA-Test 2003 [17]. Die Leistung der Migranten und der Schüler des Herkunftslandes sind ausgedrückt in IQ-Punkten relativ zu den einheimischen Schülern, differenziert nach der Generation der Migranten (Antillen und Surinam sind ehemalige Kolonien der Niederlande, Südostasien bezieht sich auf China, Japan, Korea, Taiwan und Vietnam).

Erstens wird deutlich, dass mit Ausnahme der Migranten aus Südostasien die Migranten der ersten Generation schlechter abschnitten als die Schüler im Herkunftsland; das weist auf eine entsprechende negative Selektion ihrer Eltern oder Anpassungsprobleme hin. Dies wiederum erklärt zumindest zum Teil die im Mittel deutlich niedrigere Intelligenz relativ zu den Schülern ohne Migrationshintergrund.

Zweitens schnitten die Migranten der zweiten Generation durchweg besser ab als die Migranten der ersten Generation desselben Herkunftslandes. Dass die Migranten der zweiten Generation in Deutschland insgesamt leicht schlechter abschnitten (86) als die der ersten Generation (89) liegt daran, dass unter ihnen türkischstämmige stark vertreten waren, während sich unter den Migranten der ersten Generation vergleichsweise viele Aussiedler aus der ehemaligen Sowjetunion befanden, deren Eltern besser ausgebildet waren [17]. Durch den deutlich erhöhten Anteil türkischstämmiger Migranten in der zweiten Generation von Migranten in Deutschland fiel die Mathematikleistung in Deutschland in der zweiten Generation insgesamt niedriger aus als in der ersten Generation, obwohl sie auch bei den türkischstämmigen Migranten etwas zunahm (von 79 auf 83).

Mit einiger Vorsicht können aus diesen Daten drei Schlussfolgerungen gezogen werden. Erstens waren in Westeuropa um 2000 die meisten Migranten der ersten Generation negativ hinsichtlich IQ und Bildung ausgelesen und/oder hatten Probleme, sich der neuen Kultur anzupassen. Zweitens zeigt die zweite Generation eine Annäherung des

IQ an den IQ der alteingesessenen Einheimischen. Drittens können Selektions- und Sozialisationseffekte nicht verallgemeinert werden, wie das Immigrant Paradox in Nordamerika zeigt. Vielmehr wird die mittlere Intelligenz von Immigranten durch sehr viele unterschiedliche Faktoren beeinflusst, sodass sie im Vergleich zur mittleren Intelligenz im Herkunftsland und im aufnehmenden Land höher oder niedriger ausfallen kann. Allgemeingültige Aussagen über diese Mittelwerte über alle diese Länder hinweg sind deshalb nicht möglich.

Nicht zuletzt handelt es sich bei den hier diskutierten Daten um statistische Mittelwerte von Gruppen, wobei es in allen Gruppen eine sehr große Variabilität um den Mittelwert herum gibt, die nicht viel kleiner ist als die Variabilität insgesamt. Deshalb können für den Einzelfall keine Voraussagen, sondern nur Wahrscheinlichkeitsaussagen gemacht werden – ähnlich wie bei Risikofaktoren und präventiven Faktoren in der Medizin. In allen diesen Fällen ist die Irrtumswahrscheinlichkeit im Einzelfall sehr hoch; sie ist allerdings noch höher, wenn man diese Faktoren gar nicht zur Kenntnis nimmt.

Zusammenfassung

Die Unterschiede im mittleren IQ zwischen weißen und schwarzen US-Amerikanern haben sich von 1970 bis heute mehr als halbiert, was auf einen starken Umwelteinfluss auf diese Unterschiede hinweist. Weil Effekte der Rasse und des sozialen Status auf den IQ voneinander abhängig sind, ist es schwierig, Einflüsse von Rasse und Status zu trennen. Noch schwieriger ist es bei Unterschieden zwischen Immigranten

(Fortsetzung)

und Einheimischen in Bezug auf IQ und Schulleistung, weil der Greenwich-IQ des Herkunftslandes und des aufnehmenden Landes, selektive Auswanderung, Immigrantengeneration und Sozialisation im aufnehmenden Land berücksichtigt werden müssen. In jedem Fall sind die Persönlichkeitsunterschiede innerhalb von sozialen Gruppen und Nationen größer als zwischen ihnen. Wie kommt es zu diesen großen Unterschieden? Sind sie bereits in der Kindheit ausgebildet, oder verändern sie sich lebenslang? Welche Rolle spielen hierbei die Gene und bestimmte Umweltbedingungen? Mit diesen Fragen beschäftigt sich der folgende Teil dieses Buches.

Literatur

1. Jobling, M., Hollox, E., Hurles, M., Kivisild, T. & Tyler-Smit, C. (2014). *Human evolutionary genetics* (2nd ed.). New York: Garland Science.
2. Neyer, F. J. & Asendorpf, J. B. (2018). *Psychologie der Persönlichkeit* (6. Aufl.). Berlin: Springer Verlag.
3. Jensen, A. R. (1980). *Bias in mental testing.* New York: Free Press.
4. Jensen, A. R. & Figueroa, R. A. (1975). Forward and backward digit-span interaction with race and IQ: Predictions from Jensen's theory. *Journal of Educational Psychology, 67,* 882–893.
5. Scarr, S. & Weinberg, R. A. (1976). IQ tests performance of black children adopted by white families. *American Psychologist, 31,* 726–739
6. Weinberg, R. A., Scarr, S. & Waldman, I. D. (1992). The Minnesota Transracial Adoption Study: A follow-up of IQ test performance at adolescence. *Intelligence, 16,* 117–135.

7. Dickens, W. T. & Flynn, J. R. (2006). Black Americans reduce the racial IQ gap evidence from standardization samples. *Psychological Science, 17*, 913–920.

8. Nisbett, R. E., Aronson, J., Blair, C., Dickens, W., Flynn, J., Halpern, D. et al. (2012). Intelligence: New findings and theoretical developments. *American Psychologist, 67*, 130–159.

9. Bryc, K., Auton, A., Nelson, M. R., Oksenberg, J. R., Hauser, S. L., Williams, S. et al. (2010). Genome-wide patterns of population structure and admixture in West Africans and African Americans. *Proceedings of the National Academy of Sciences, 107*, 786–791.

10. Bericht der UNO von 2013.

11. Statistisches Bundesamt 2016.

12. García Coll, C. & Marks, A. K. E. (Eds.) (2012). *The immigrant paradox in children and adolescents: Is becoming American a developmental risk?* Washington, DC: American Psychological Association.

13. Salas-Wright, C. P., Kagotha, N. & Vaugn, M. G. (2014). Mood, anxiety, and personality disorders among first and second-generation immigrants to the United States. *Psychiatry Research, 220*, 1028–1036.

14. Dimitrova, R. (2016). Adjustment outcomes of immigrant children and youth in Europe: A meta-analysis. *European Psychologist, 21*, 150–162.

15. Rindermann, H. & Thompson, J. (2016). The cognitive competences of immigrant and native students across the world: An analysis of gaps, possible causes and impact. *Journal of Biosocial Science, 48*, 66–93.

16. te Nijenhuis, J., de Jong, M.-J., Evers, A. & van der Flier, H. (2004). Are cognitive differences between immigrant and majority groups diminishing? *European Journal of Personality, 18*, 405–434.

17. Ramm, G. et al. (2004). Soziokulturelle Herkunft: Migration. In M. Prenzel, J. Baumert, W. Blum, R. Lehmann, D. Leutner, M. Neubrand et al. (Hrsg.), *PISA 2003. Der Bildungsstand der Jugendlichen in Deutschland. Ergebnisse des zweiten internationalen Vergleichs* (S. 254–272). Münster: Waxmann.

Teil III

Warum sind wir so und verändern uns trotzdem?

12

Sind wir so? Stabilität und Veränderung

In Teil I und II wurden Persönlichkeitsunterschiede fast nur querschnittlich behandelt: Wie unterscheiden sich Menschen derselben Altersgruppe? In Teil III wird dagegen die längsschnittliche Sichtweise eingenommen: Wie verändert sich die Persönlichkeit mit wachsendem Alter zwischen Zeugung und Tod? Diese Frage betrifft also die Persönlichkeitsentwicklung. Ändern sich bestimmte Persönlichkeitsmerkmale langfristig und warum? In diesem Kapitel geht es erst einmal noch nicht um die Warumfrage, sondern um eine Bestandsaufnahme dessen, was die Längsschnittforschung der letzten 50 Jahre über die Stabilität und Veränderung der Persönlichkeit herausgefunden hat. Stabilisieren sich Persönlichkeitseigenschaften in der Kindheit oder im jungen Erwachsenenalter und bleiben dann weitestgehend konstant, oder ändern sie sich lebenslang immer wieder?

© Springer-Verlag GmbH Deutschland 2018
J. B. Asendorpf, *Persönlichkeit: was uns ausmacht und warum*,
https://doi.org/10.1007/978-3-662-56106-5_12

Im Alltag betrachten wir die Entwicklung der Persönlichkeit vor allem aus individueller Perspektive. Ist Fritz seit dem letzten Jahr aggressiver geworden? Um diese Frage zu beantworten, vergleichen wir Fritz heute mit dem Fritz vor einem Jahr. Hat sich sein aggressives Verhalten erkennbar verändert? Übersteigt die Veränderung deutlich die kurzfristigen Schwankungen von Fritz' aggressivem Verhalten von Tag zu Tag, so schließen wir daraus, dass sich auch seine Aggressivität verändert hat. Das ist kein Widerspruch dazu, dass Persönlichkeitseigenschaften Regelmäßigkeiten des Verhaltens sind (vgl. Definition der Persönlichkeit in Kap. 1). Denn diese Regelmäßigkeiten betreffen das Verhalten innerhalb kurzer Zeiträume (wenige Wochen). Hier haben wir es aber mit Veränderungen über ein ganzes Jahr zu tun, und da kann es zu Veränderungen der Regelmäßigkeiten kommen – zu Veränderungen der Persönlichkeit.

Aber hat sich Fritz wirklich in seiner Persönlichkeit geändert, wenn sich sein aggressives Verhalten langfristig verändert hat? Nehmen wir einmal an, Aggressivität sei durch Mittelung der beobachteten Aggressivität an 20 Tagen im ersten Jahr bestimmt worden und dabei sei der Wert 3 auf einer Skala von 1 bis 5 herausgekommen; 3 sei auch der Mittelwert der Aggressivität in Fritz' Alter. Fritz ist also durchschnittlich aggressiv für sein Alter. Im darauffolgenden Jahr beträgt Fritz' Aggressivität 4 (wieder bestimmt durch Mittelung der beobachteten Aggressivität an 20 Tagen). Anscheinend ist Fritz aggressiver geworden. Aber wenn dieser Anstieg von 3 auf 4 altersgemäß ist, also der Mittelwert im zweiten Jahr 4 beträgt, ist Fritz gar nicht wirklich aggressiver geworden. Denn er ist ja immer noch durchschnittlich aggressiv.

Diese Überlegung ist zunächst einmal verwirrend und soll es auch sein, denn sie zeigt die Ungenauigkeit, mit der wir im Alltag über Entwicklung reden. Je nach Kontext verwenden wir nämlich im Alltag zwei unterschiedliche Entwicklungskonzepte. Meistens verstehen wir unter Entwicklung *individuelle Entwicklung* und vergleichen dazu Personen nur mit sich selbst – Fritz ist heute aggressiver als vor einem Jahr, weil er sich öfter als zuvor aggressiv verhält. Manchmal verstehen wir aber unter Entwicklung *differenzielle Entwicklung* und vergleichen dazu Personen mit ihrer Altersgruppe – Fritz ist nicht aggressiver geworden, weil er nach wie vor durchschnittlich aggressiv ist. Aber Susi ist aggressiver geworden, weil sie im Jahr zuvor mit einem Wert von 2 unterdurchschnittlich aggressiv war, jetzt aber mit einem Wert von 4 durchschnittlich aggressiv ist. Ihr Aggressivitätszuwachs von 2 war doppelt so hoch wie der altersgemäße Anstieg, und damit hat sich ihre Rangposition in der Altersgruppe geändert: von unterdurchschnittlich aggressiv zu durchschnittlich aggressiv. Wir verwenden dieses differenzielle Entwicklungskonzept, wenn wir sagen, dass ein Kind „zurückbleibt", „aufgeholt hat" oder „ein Spätentwickler ist".

In der empirischen Psychologie müssen wir aber klarer als im Alltag zwischen individueller und differenzieller Entwicklung trennen, um Widersprüche und Fehlinterpretationen zu vermeiden. Besonders tückisch ist der in Abb. 12.1 gezeigte Fall, in dem sich jemand individuell betrachtet nicht im aggressiven Verhalten geändert hat, während die Altersgruppe einen deutlichen Anstieg zeigt. Deshalb nimmt die Aggressivität differenziell betrachtet bei dieser Person ab, von überdurchschnittlich zu unterdurchschnitt-

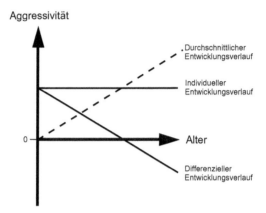

Abb. 12.1 Individueller, durchschnittlicher und differenzieller Entwicklungsverlauf

lich. Je nach Perspektive hat also eine Entwicklungs-veränderung stattgefunden oder nicht.

Wann sollen wir dann eigentlich von Persönlichkeits-veränderung reden? Bei individuellen oder bei differenziellen Entwicklungsveränderungen oder in beiden Fällen? Leider ist auch die psychologische Literatur hier nicht einheitlich. Um der Klarheit willen werde ich im Folgenden immer dann von Persönlichkeitsentwicklung reden, wenn *differenzielle Entwicklung* gemeint ist, und von *durchschnittlicher Entwicklung*, wenn es um Veränderungen der alters-gemäßen Mittelwerte geht. Die Gleichsetzung von Persön-lichkeitsentwicklung mit differenzieller Entwicklung ist schon deshalb sinnvoll, weil mit Persönlichkeit ja individu-elle Besonderheiten im Erleben und Verhalten gemeint sind (vgl. Kap. 1). Persönlichkeitsentwicklung meint dann indi-viduelle Besonderheiten in der Entwicklung.

Nach dieser langen, aber notwendigen Vorrede können wir nun zur zentralen Frage dieses Kapitels kommen: Wie verändern sich Persönlichkeitseigenschaften im Verlauf des Lebens? Wir können diese Frage jetzt in zwei ganz unterschiedliche Fragen aufspalten: Wie verläuft die durchschnittliche Entwicklung von Persönlichkeitseigenschaften und wie die differenzielle Entwicklung? Beides diskutiere ich anhand der Big Five (vgl. Kap. 2) und der Intelligenz (vgl. Kap. 7), weil wir in diesen Bereichen inzwischen über die besten Daten verfügen.

Durchschnittliche Entwicklung

Die durchschnittliche Entwicklung kann man prinzipiell sowohl querschnittlich als auch längsschnittlich untersuchen. Das wird hier am Beispiel der Intelligenztestleistung illustriert. Im Erwachsenenalter ist das relativ unproblematisch. Querschnittlich würde man eine große, möglichst für die Gesamtbevölkerung repräsentative Stichprobe von Erwachsenen testen und dann die Abhängigkeit der durchschnittlichen Testleistung vom Lebensalter betrachten. Dazu kann man nicht den IQ heranziehen. Denn der ist ja so standardisiert, dass der mittlere IQ in jeder Altersgruppe 100 beträgt (vgl. Kap. 7). Im IQ kann es also definitionsgemäß keine durchschnittlichen Veränderungen geben. Man kann aber die durchschnittlich erreichten Testpunkte auf das Lebensalter beziehen. Denn alle Personen wurden ja mit demselben Test getestet.

Würden wir das tun, würde die mittlere Testleistung vermutlich mit zunehmendem Alter der Getesteten sinken.

Denn wir vergleichen in diesem querschnittlichen Ansatz verschiedene Geburtsjahrgänge. Die 2018 Getesteten im Alter von 18 Jahren wären im Jahr 2000 geboren worden, die 2018 im Alter von 28 Jahren Getesteten wären 1990 geboren, die 2018 im Alter von 78 Jahren Getesteten wären 1940 geboren. Aufgrund des Flynn-Effekts (vgl. Kap. 10) ist zu erwarten, dass die 78-Jährigen im Jahr 2018 deutlich weniger gut im Test abschneiden als die 18-Jährigen, wenn sich die tatsächliche Testleistung der 2018 78-Jährigen seit ihrem 18. Geburtstag nicht verändert hätte.

Diese Überlegung zeigt, dass der querschnittliche Ansatz zur Ermittlung von durchschnittlichen Intelligenzveränderungen mit zunehmendem Lebensalter ungeeignet ist. Denn er vermengt Veränderungen mit zunehmendem Lebensalter (die eigentlich interessierenden Entwicklungsveränderungen) mit Veränderungen in der durchschnittlichen Intelligenz von Geburtsjahrgängen (die hier nicht interessierenden historischen Veränderungen). So einfach der querschnittliche Ansatz auch ist – er führt in eine Sackgasse, wenn es um Entwicklungsveränderungen geht.

Aus der Sackgasse heraus führt der alternative längsschnittliche Ansatz, bei dem *dieselben* Personen in verschiedenem Alter mit demselben Test getestet werden. Denn hier bleibt der Geburtsjahrgang bei allen Testungen identisch; die Ergebnisse sind nicht durch den Flynn-Effekt verfälscht. Allerdings bedeutet das einen erheblich größeren Aufwand. Denn man muss nach langer Zeit dieselben Personen wieder ausfindig machen (sie können ja inzwischen ihre Adresse geändert oder gar ausgewandert sein) und dazu motivieren, am Test teilzunehmen. Trotzdem gibt es inzwischen Längsschnittdaten an Zehntausenden von Personen, die über lange Zeiträume mehrfach mit demselben Test getestet wurden.

Allerdings beschränken sich diese Studien bisher meist auf solche, in denen Veränderungen nur für bestimmte Altersgruppen und nur über wenige Jahre untersucht wurden (z. B. ab der Kindheit oder nur im hohen Alter). Mit einem Trick kann man aus diesen Daten dennoch die gesamte durchschnittliche Entwicklung der Intelligenz rekonstruieren, wenn man die einzelnen längsschnittlichen Veränderungen in verschiedenen Altersabschnitten (z. B. Veränderungen über 5 Jahre ab dem Alter von 2 Jahren, 12 Jahren,. . ., 92 Jahren) zu einer einzigen Kurve über das gesamte Leben zusammensetzt. Das Hauptergebnis dieser Analysen ist, dass die Intelligenzleistung bis zum Alter von etwa 26 Jahren mit abnehmenden Zuwächsen pro Jahr zunimmt (also ein abnehmendes Wachstum zeigt). Dann nimmt sie leicht ab, wobei die eher wissensabhängige kristalline Leistung (vgl. Kap. 7) stärker und länger bis zum Alter von 30 Jahren zunimmt und dann nur wenig abnimmt. Dagegen erreicht die eher wissensunabhängige fluide Intelligenz (vgl. Kap. 7) bereits mit 23 Jahren den Höchpunkt und nimmt dann stärker ab [1] (vgl.Abb. 12.2).

Ähnliche Verläufe wurden schon früh vermutet [2], wobei jedoch oft angenommen wurde, dass die kristalline Intelligenz viel länger zunimmt, sodass sie bis ins hohe Alter hinein die Verluste der fluiden Intelligenz kompensieren kann [3]. Wie Abb. 12.2 zeigt, war das etwas zu optimistisch gedacht. Dennoch sind die Verluste in der gesamten Intelligenztestleistung so gering, dass die mittlere Leistung im Alter von 80 Jahren immerhin noch in etwa der mittleren

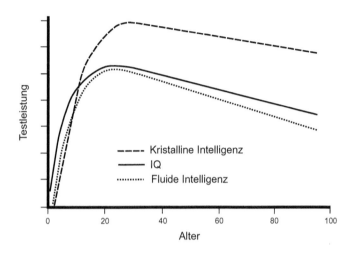

Abb. 12.2 Veränderung der mittleren Ausprägung in Bezug auf die gesamte, die fluide und die kristalline Intelligenz. (Vereinfacht nach [1])

Leistung im Alter von 15 Jahren entspricht. Wissen und Erfahrung können also das früh einsetzende Nachlassen (in Bezug auf die Geschwindigkeit der Informationsverarbeitung und auf die Kapazität des Arbeitsgedächtnisses; vgl. Kap. 7) recht gut kompensieren, wenn auch nicht vollständig.

Für die Big-Five-Faktoren der Persönlichkeit (vgl. Kap. 2) gibt es zwei vergleichbare Längsschnittstudien an sehr großen national repräsentativen Stichproben, dem *Sozio-oekonomischen Panel* (SOEP) des deutschen Instituts für Wirtschaftsforschung und der australischen Studie *Household, Income and Labour Dynamics* (HILDA). Im SOEP werden pro Jahr über 20.000 deutsche Erwachsene interviewt, in HILDA über 17.000. Beide Studien kamen mit großer

Übereinstimmung zu folgendem Ergebnis: Wenn die Entwicklung im Erwachsenenalter in 4-Jahres-Abschnitte zerlegt wird und die längsschnittlichen Veränderungen in diesen Abschnitten dann wieder zu einem Gesamtbild zusammengesetzt werden, wurden je nach Big-Five-Faktor unterschiedliche durchschnittliche Veränderungen beobachtet [4, 5]. Bei Neurotizismus und Offenheit waren fast immer deutliche Abnahmen zu verzeichnen, bei Extraversion fast immer schwache Abnahmen, bei Verträglichkeit deutliche Abnahmen im Rentenalter und bei Gewissenhaftigkeit deutliche Zunahmen bis zum Alter von 30 Jahren und dann deutliche Abnahmen im Rentenalter (vgl. Abb. 12.3).

Die „Sprünge" zwischen den einzelnen Veränderungen über 4 Jahre zeigen Einflüsse der Geburtsjahrgänge. Meist sind sie klein, bei Gewissenhaftigkeit im Rentenalter jedoch relativ groß und positiv. Das besagt, dass die 65 bis 85 Jahre vor der ersten Befragung Geborenen (die Jahrgänge 1939 bis 1919) im Rentenalter umso gewissenhafter waren, je früher sie geboren waren. Oder anders ausgedrückt: Es gibt einen historischen Trend zu geringerer Gewissenhaftigkeit im Rentenalter für die zwischen den beiden Weltkriegen Geborenen. Das gilt sowohl für Deutschland [4] als auch für Australien [5], kann also nicht auf deutsche Besonderheiten wie den damaligen Aufschwung des Nationalsozialismus zurückgeführt werden, sondern eher auf Gemeinsamkeiten (wie etwa das Alter, in dem man die Weltwirtschaftskrise um 1929 erlebt hat). Dieses Beispiel illustriert, wie detailliert sich inzwischen Altersveränderungen und historische Veränderungen in der mittleren Ausprägung von Persönlichkeitseigenschaften untersuchen und voneinander trennen lassen.

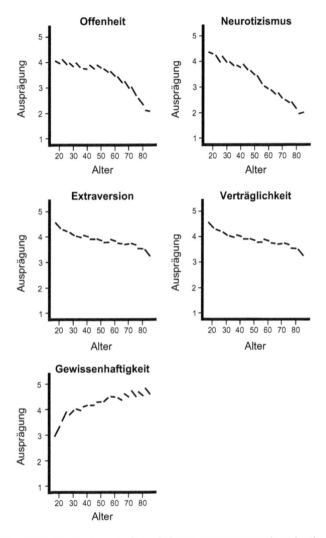

Abb. 12.3 Veränderung der mittleren Ausprägung der Big-Five-Faktoren der Persönlichkeit von 2004 bis 2008. (Daten aus [5])

Differenzielle Entwicklung

Hinter den in Abb. 12.3 gezeigten mittleren Veränderungen verbergen sich große Unterschiede in Bezug auf die individuellen Veränderungen der beteiligten Personen. Das wird etwa dann deutlich, wenn Veränderungen in den Big Five auf einschneidende Lebensereignisse wie z. B. Antritt der ersten festen Stelle oder Berentung bezogen werden. Diese können auch zu einer Erklärung der mittleren Veränderungen beitragen. So fand sich in der deutschen SOEP-Studie eine Zunahme der Gewissenhaftigkeit bei denjenigen Befragten, die zwischen 2005 und 2009 ihre erste Stelle angetreten hatten. Dagegen nahm die Gewissenhaftigkeit bei Altersgleichen desselben Geschlechts ab, die keine erste Stelle angetreten hatten. Eine vergleichbare Analyse zeigte, dass die Gewissenhaftigkeit bei Beginn der Berentung mehr sank als bei Altersgleichen desselben Geschlechts (vgl. Abb. 12.4). Das wird meist als Auswirkung der ersten Stelle bzw. Berentung auf Gewissenhaftigkeit interpretiert, wobei ein umgekehrter Einfluss aber auch vorhanden sein könnte.

Da Antritt der ersten Stelle und Berentung Veränderungen sind, die die meisten erleben („normative Transitionen"), der Zeitpunkt der Veränderung aber von Person zu Person deutlich variiert, können die in Abb. 12.4 gezeigten Befunde zumindest zum Teil erklären, warum die Gewissenhaftigkeit im Alter von 20 bis 30 Jahren steigt (irgendwann bekommen die meisten eine feste Stelle) und im Rentenalter wieder sinkt (irgendwann werden die meisten berentet). Inzwischen gibt es sogar eine weltweite Studie zu Veränderungen der Big Five in Abhängigkeit von einschneidenden

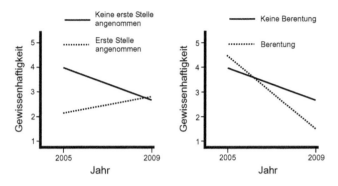

Abb. 12.4 Auswirkungen der ersten Stelle und der Berentung auf die Gewissenhaftigkeit. (Daten aus [4])

Lebensereignissen, in der u. a. Folgendes gefunden wurde: In Nationen, in denen der Eintritt in die Berufstätigkeit früh erfolgt (z. B. Zimbabwe), steigt die Gewissenhaftigkeit früher an als in Nationen, wo sie spät erfolgt (z. B. Deutschland) [6].

Aber selbst innerhalb dieser Gruppierungen gibt es deutliche Unterschiede in den Veränderungen. Ob man im Rentenalter lockerer wird, hängt wiederum auch von vielen weiteren Faktoren ab (wie z. B. dem Gesundheitszustand und wie auskömmlich die Rente ist). Immer dann, wenn irgendwelche Faktoren die alterstypischen Veränderungen modifizieren, kommt es zu einer Destabilisierung der *Rangordnung* der Personen in dem betrachteten Persönlichkeitsmerkmal (sie werden von „am höchsten" bis „am niedrigsten" angeordnet). Nach der Berentung rutschen die meisten etwas nach unten in der Rangposition bezüglich Gewissenhaftigkeit, während die noch nicht Berenteten etwas nach oben rutschen. Je stabiler die Rangordnung, desto weniger variieren die Entwicklungsveränderungen von Person zu Person und desto besser lässt sich ihre differenzielle Entwicklung vorhersagen.

Deshalb ist die Stabilität der Rangordnung von Persönlichkeitsmerkmalen ein zentrales Maß der Persönlichkeitsentwicklung, und es gibt hierzu sehr viele empirische Untersuchungen. Da sich die Rangordnungsstabilität auf differenzielle Veränderungen bezieht, kann sie in querschnittlichen Untersuchungen nicht ermittelt werden. Bestimmt wird sie in Längsschnittuntersuchungen (mal wieder) mithilfe der Korrelation, nämlich der Korrelation der Merkmalsmessungen zwischen zwei Zeitpunkten. Die Höhe der hierbei gefundenen Korrelation hängt natürlich von der Länge des Zeitintervalls ab, auf die sich die Stabilität bezieht; wird z. B. die Stabilität des IQ zwischen dem Alter von 11 und 12 Jahren bestimmt, dürfte sie deutlich höher sein als die Stabilität zwischen 11 und 61 Jahren, weil in 1 Jahr sehr viel weniger Chancen für eine differenzielle Entwicklung bestehen als in 50 Jahren.

Dennoch ist der IQ ein gutes Beispiel für sehr hohe Rangordnungsstabilitäten selbst über viele Jahrzehnte hinweg. In der schon in Kap. 7 zitierten Längsschnittstudie zur Abhängigkeit der Lebenserwartung vom IQ wurde der IQ bei denselben Personen im Alter von 11 Jahren und dann später im Alter von 80 Jahren mit demselben Test getestet. Dabei ergab sich eine Stabilität, die angesichts des Testabstands von 69 Jahren enorm hoch ausfiel, nämlich 0,66 [7]. Die Daten, die der Korrelation von 0,66 zugrunde liegen, sind in Abb. 12.5 dargestellt. Jeder Punkt entspricht einer der 485 Personen, die im Alter von 11 und 80 Jahren getestet wurden. Die X-Koordinate ist der IQ-Wert im Alter

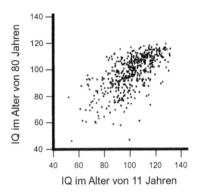

Abb. 12.5   Stabilität des IQ über 69 Jahre. (Aus [8], Abb. 6.4)

von 11 Jahren, die Y-Koordinate der Wert im Alter von 80 Jahren. Würden alle Punkte auf einer geraden Linie liegen, wäre der IQ im Alter von 80 Jahren perfekt aus dem IQ im Alter von 11 Jahren vorhersagbar; die Korrelation wäre 1. Wäre keinerlei Vorhersage möglich, wäre die Korrelation null (vgl. zur Korrelation auch Abb. 3.1, 4.1 und „Die Korrelation" in Kap. 4).

Allerdings ist Testintelligenz das stabilste bisher untersuchte Persönlichkeitsmerkmal überhaupt. Bei den im vorigen Abschnitt schon zitierten national repräsentativen Längsschnittstudien SOEP und HILDA wurden die Vierjahresstabilitäten für die Big Five für verschiedene Altersgruppen ermittelt, wieder mit sehr ähnlichen Ergebnissen für Deutschland und Australien. Insbesondere fand sich für alle fünf Faktoren ein sehr ähnlicher Verlauf der Stabilität. Deshalb ist es ausreichend, die über die fünf Faktoren gemittelte Stabilität zu betrachten (vgl. Abb. 12.6). In diesem Fall markiert jeder Punkt die pro Altersgruppe

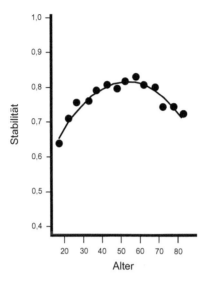

Abb. 12.6 Verlauf der messfehlerkorrigierten Vierjahresstabilität der Big Five im Erwachsenenalter. (Aus [8], Abb. 6.5)

bestimmte Vierjahresstabilität; die X-Koordinate ist das Alter bei der ersten Befragung, die Y-Koordinate die Korrelation zwischen den beiden Befragungen. Die Daten wurden für den Messfehler bei der Bestimmung der Big Five korrigiert, weil er die Stabilität mindert (sie kann nicht höher sein als die kurzfristige Stabilität über wenige Wochen).

Dieses auch in anderen Studien gefundene Muster zeigt einen Anstieg der Stabilität von 0,65 im Alter von 18 Jahren auf über 0,80 im Alter von ca. 60 Jahren und dann einen Abfall auf 0,70 im Alter von 84 Jahren. Es widerlegt frühe Theorien der Persönlichkeitsentwicklung (etwa von Sigmund Freud), wonach die Persönlichkeit weitgehend in der frühen Kindheit geprägt wird [9]. Wäre dies der Fall, müsste die Stabilität schon im Kindesalter ihr Maximum erreichen. De facto zeigen aber Längsschnittstudien, dass die Stabilität in Kindheit und Jugendalter geringer ist als später [10].

Die in Abb. 12.5 zum IQ und Abb. 12.6 zu den Big Five gezeigten Stabilitäten können aus zwei Gründen nicht direkt miteinander verglichen werden. Erstens sind die Stabilitäten in Abb. 12.5 messfehlerkorrigiert. Würde die IQ-Stabilität ebenfalls für den Messfehler korrigiert, würde sie über 0,70 betragen. Viel wichtiger ist aber, dass das Zeitintervall in Abb. 12.5 sehr viel länger ist als in Abb. 12.6 (69 Jahre gegenüber 4 Jahren). Alle Längsschnittstudien zeigen, dass die Stabilitäten mit wachsendem Zeitintervall mit abnehmender Geschwindigkeit sinken, bis sie nach ca. 30 Jahren eine Asymptote erreichen, also eine minimale Stabilität, die dann nicht mehr abnimmt. Das sehr lange Zeitintervall im Falle der IQ-Studie ist eine gute Schätzung dieser Asymptote, aber die Vierjahresstabilitäten in Abb. 12.6 liegen deutlich über der zu erwartenden Asymptote. Die liegt bei den Big Five bei etwa 0,30 und damit deutlich niedriger als im Falle des IQ.

Neben der Länge des Zeitintervalls spielt auch das Alter bei der ersten Befragung oder Testung eine wichtige Rolle. Untersuchungen zur Stabilität der Big Five und des IQ ab dem Alter von 4 Jahren zeigen, dass die Stabilitäten über denselben Zeitraum, z. B. 4 Jahre, mit zunehmendem Alter bei der Erstmessung steigen, die Persönlichkeit sich also zunehmend stabilisiert. Bei den Big Five dauert diese Stabilisierung bis zum Alter von 55 Jahren an (vgl. Abb. 12.6), während die Stabilisierung beim IQ schon mit etwa 8 Jahren abgeschlossen ist [11]. Der IQ ist also in jedem Lebensalter stabiler als die Big Five und stabilisiert sich sehr viel früher. Er ist das stabilste bekannte Persönlichkeitsmerkmal.

Über die Big Five hinaus gibt es inzwischen auch viele Untersuchungen zur Stabilität des Selbstwerts (vgl. Kap. 3) und bestimmter Einstellungen (z. B. politischer) und Werthaltungen (z. B. Wertschätzung von Freiheit, Gleichheit, Sicherheit). Die ermittelten Stabilitäten liegen etwas unter denen für die Big Five, sind aber immer noch auch für lange Zeiträume deutlich überzufällig [8].

> **Zusammenfassung**
> Persönlichkeitsmerkmale verändern sich im Verlauf des Lebens – sowohl was ihren Mittelwert als auch was ihre Rangordnung angeht. Die Mittelwerte weisen bei Intelligenz einen starken Anstieg bis zum Alter von 26 Jahren und dann eine leichte Abnahme auf. Bei den Big Five finden sich je nach Faktor unterschiedliche Verläufe. Die Stabilität der Rangposition zeigt beim IQ einen Anstieg auf sehr hohes Niveau schon im Alter von 8 Jahren und nimmt danach nicht mehr ab, sodass sich der IQ im weiteren Verlauf des Lebens nur noch wenig ändert. Die Big Five stabilisieren sich bis zum Alter von 55 Jahren und werden dann instabiler. Andere Persönlichkeitsmerkmale sind etwas weniger stabil als die Big Five. In jedem Fall sind die Stabilitäten höher als per Zufall zu erwarten ist. Das ist die Grundlage für das, was man langfristig aus der Persönlichkeit vorhersagen kann. Damit beschäftigt sich das nächste Kapitel.

Literatur

1. McArdle, J. J., Ferrer-Caja, E., Hamagami, F. & Woodcock, R. W. (2002). Comparative longitudinal structural analyses of the growth and decline of multiple intellectual abilities over the life span. *Developmental Psychology, 38,* 115–142.
2. Horn, J. L. & Cattell, R. B. (1966). Refinement and test of the theory of fluid and crystallized intelligence. *Journal of Educational Psychology, 57,* 253–270.
3. Baltes, P. B. & Schaie, K. W. (1976). On the plasticity of intelligence in adulthood and old age: Where Horn and Donaldson fail. *American Psychologist, 31,* 720–725.
4. Specht, J., Egloff, B. & Schmukle, S. C. (2011). Stability and change of personality across the life course: The impact of age and major life events on mean-level and rank-order stability of the Big Five. *Journal of Personality and Social Psychology, 101,* 862–882.
5. Wortman, J., Lucas, R. E. & Donellan, M. B. (2012). Stability and change in the Big Five personality domains: Evidence from a longitudinal study of Australians. *Psychology and Aging, 27,* 867–874.
6. Bleidorn, W., Klimstra, T. A., Denissen J. J. A., Rentfrow, P. J., Potter, J. & Gosling, S. D. (2013). Personality maturation around the world: A cross-cultural examination of social-investment theory. *Psychological Science, 24,* 2530–2540.
7. Deary, I. J., Whiteman, Starr, J. M., Whaley, L. J. & Fox, H. C. (2004). The impact of childhood intelligence on later life: Following up the Scottish mental surveys of 1932 and 1947. *Journal of Personality and Social Psychology, 86,* 130–147.
8. Neyer, F. J. & Asendorpf, J. B. (2018). *Psychologie der Persönlichkeit* (6. Aufl.). Berlin: Springer Verlag.

9. Zu Freuds Zeiten gab es noch keinerlei Längsschnittstudien; er rekonstruierte an wenigen seiner Patienten deren Entwicklung aus ihren Erinnerungen in der Therapie. Dies wird heutzutage wegen der inzwischen bekannten Erinnerungsverzerrungen und wegen der völlig unrepräsentativen Stichprobe von Personen nicht mehr als eine wissenschaftlich vertretbare Methode angesehen.

10. Roberts, B. W. & DelVecchio, W. F. (2000). The rank-order consistency of personality traits from childhood to old age: A quantitative review of longitudinal studies. *Psychological Bulletin, 126,* 3–25.

11. Wilson, R. S. (1983). The Louisville twin study: Developmental synchronies in behavior. *Child Development, 54,* 298–316.

13

Lange Schatten? Vorhersagen aus der Kindheit

Angesichts der wachsenden Stabilität der Persönlichkeit bis zum mittleren Erwachsenenalter ist es wenig überraschend, dass Persönlichkeitseigenschaften genutzt werden können, um aufgrund der Persönlichkeit im Erwachsenenalter Vorhersagen auf den weiteren beruflichen und privaten Lebenslauf mit einiger, wenn auch niemals hundertprozentiger Sicherheit machen zu können. Wie sieht es aber mit Vorhersagen aufgrund der Persönlichkeit im Kindesalter aus? Sie ist ja erst mittelhoch stabil. Heißt dies, dass Vorhersagen ins Erwachsenenalter hinein gar nicht oder nur mit sehr geringer Sicherheit möglich sind? Die vorliegenden Längsschnittdaten zeigen, dass die Antwort ganz davon abhängt, um welche Eigenschaften es sich handelt und was vorhergesagt werden soll.

© Springer-Verlag GmbH Deutschland 2018
J. B. Asendorpf, *Persönlichkeit: was uns ausmacht und warum*,
https://doi.org/10.1007/978-3-662-56106-5_13

Im letzten Kapitel haben wir gesehen, dass mit Ausnahme der Intelligenz, die sich schon im Kindesalter stabilisiert, andere Persönlichkeitseigenschaften in der Kindheit bezüglich ihrer Rangordnung nur eine mittelhohe Stabilität aufweisen (eine Korrelation von ca. 0,50 über 5 Jahre) und sich dann weiter stabilisieren, bis im Alter von etwa 55 Jahren eine maximale Stabilität erreicht wird. Die Tatsache, dass Persönlichkeitseigenschaften eine stabile Rangordnung aufweisen – und nicht etwa, dass die Eigenschaftsmittelwerte konstant sind – ist eine entscheidende Voraussetzung dafür, überhaupt Vorhersagen aus der Persönlichkeit machen zu können. Ändert sich nämlich die Rangfolge der Eigenschaft ständig, aus der man etwas vorhersagen möchte, würden ja auch die Vorhersagen ständig variieren und entsprechend unzuverlässig sein. Umgekehrt kann auch die stabilste Eigenschaft völlig unbrauchbar zur Vorhersage sein, weil sie mit dem, was vorhergesagt werden soll, gar nicht zusammenhängt. Stabilität ist also eine notwendige, nicht aber eine hinreichende Bedingung für gute Vorhersagen.

Deshalb ist zu erwarten, dass die Sicherheit, mit der der weitere Lebenslauf aus der Persönlichkeit vorgesagt werden kann, proportional zur Stabilität derjenigen Eigenschaften steigt, die zur Vorhersage genutzt werden. Nach dieser allgemeinen Überlegung sollten alle bildungsabhängigen Merkmale des Lebenslaufs im Erwachsenenalter – z. B. ob jemand Abitur macht, studiert, wie viel und was jemand liest, das Sozialprestige des ausgeübten Berufs – durch den IQ schon ab dem Alter von etwa 8 Jahren vorhersagbar sein. Dagegen sind eher bildungsunabhängige Merkmale im

Erwachsenenalter wie etwa soziale Kompetenz, Pünktlichkeit und Größe des sozialen Netzwerks schlechter aus diesen Eigenschaften im Kindesalter vorhersagbar, weil sie sich zwischen Kindheit und Erwachsenenalter noch deutlich ändern können. Das gilt ganz besonders dann, wenn Vorhersagen schon aus dem Vorschulalter gemacht werden sollen. Ist das überhaupt überzufällig möglich?

Letztlich lassen sich diese Fragen nur durch Längsschnittstudien beantworten, in denen Kinder in ihrer Persönlichkeit beurteilt oder beobachtet werden und dann ihr Lebensweg bis ins Erwachsenenalter hinein verfolgt wird. Das ist ein dorniger Weg, denn eine solche Studie dauert 10, besser 20 Jahre oder noch länger. Aber hier handelt es sich um den Königsweg zur Beantwortung der Frage, welche Bedeutung die frühe Persönlichkeit für das weitere Leben hat.

Um den Aufwand solcher Längsschnittstudien zu vermeiden, wurde in der Vergangenheit versucht, die frühe Persönlichkeit aus Erinnerungen der Person selbst oder ihrer Eltern zu rekonstruieren. Das gilt inzwischen aus gutem Grund als unwissenschaftlich. Denn Untersuchungen zu Erinnerungsverzerrungen (*retrospective bias*) zeigen, dass in der Erinnerung die frühere Persönlichkeit der aktuellen Persönlichkeit angepasst wird. So zeigen etwa Längsschnittstudien, dass es keinen Zusammenhang zwischen sozialer Ängstlichkeit im Kindesalter und der späteren selbsteingeschätzten sozialen Ängstlichkeit im Erwachsenenalter gibt. Aber wenn man sozial ängstliche Erwachsene befragt, geben die meisten an, schon im Kindesalter sozial ängstlich gewesen zu sein [1].

Einige Vorhersagen aus der frühen Persönlichkeit für das Erwachsenenalter wurden schon in den vorangehenden Kapiteln erwähnt. Beispielsweise sind überzufällige Vorhersagen für das Erwachsenenalter aufgrund des frühen Temperaments erst ab dem Alter von 3 Jahren möglich (vgl. Kap. 1). Oder der IQ im Kindesalter ermöglicht überzufällige Vorhersagen auf bildungsabhängige Merkmale des Lebenslaufs bis hin zur Lebenserwartung. Im Folgenden zeige ich anhand von drei Beispielen kindlicher Merkmale, wie gut derartige Vorhersagen ins Erwachsenenalter hinein möglich sind: Aggressivität, soziale Gehemmtheit und Bindung an die Mutter.

Aggressivität

In einer klassischen Studie in den USA wurden über 600 Kinder im Alter von 8 Jahren von Gleichaltrigen aus ihrer Schulklasse hinsichtlich ihrer Aggressivität beurteilt. Im Alter von 30 Jahren, also 22 Jahre später, wurde die Zahl ihrer Verurteilungen wegen krimineller Vergehen festgestellt (amtliche Unterlagen) [2]. Hierbei ergaben sich für Männer und für Frauen deutliche Zusammenhänge zwischen Aggressivität im Kindesalter und Kriminalität (vgl. Abb. 13.1). Die hochaggressiven Jungen wurden später fast viermal häufiger verurteilt (im Mittel 0,8 Verurteilungen) als die wenig aggressiven. Bei den Mädchen war der Zuwachs noch dramatischer, weil niedrig aggressive Mädchen praktisch gar nicht verurteilt wurden, hochaggressive Mädchen aber zumindest halb so oft wie hochaggressive Jungen.

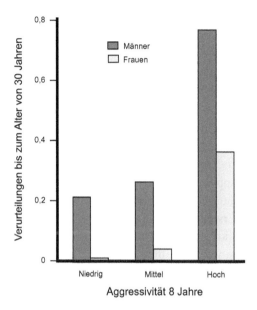

Abb. 13.1 Zusammenhang zwischen Aggressivität im Kindesalter und Kriminalität bis zum Alter von 30 Jahren. (Aus [3], Abb. 6.7)

Ein Zusammenhang zwischen Aggressivität und späterer Kriminalität konnte ich sogar schon für das Vorschulalter in der Münchner Längsschnittstudie des ehemaligen Max-Planck-Instituts für psychologische Forschung nachweisen [4, 5]. Die 15 % aggressivsten Kinder aus Sicht ihrer Erzieherinnen im Kindergarten (17 Jungen, 2 Mädchen) erhielten zwischen dem 18. und 23. Geburtstag im Mittel 0,50 Strafanzeigen (meist wegen Drogenhandels oder -konsums, Diebstahls, Verkehrsverstößen), die Kontrollgruppe von 77 unterdurchschnittlich aggressiven Kindern erhielten aber im Mittel nur 0,04 Strafanzeigen, also praktisch keine. Zwei der 147 Teilnehmer an dieser Längsschnittstudie waren besonders auffällig. Einer hatte eine Gefängnisstrafe wegen Drogenhandels verbüßt, ein anderer hatte wegen fünffacher Delikte auf gerichtliche Anordnung hin eine Therapie absolviert. Beide zählten im Kindergartenalter zu den 15 % aggressivsten Kindern.

Die aggressiven Kinder unterschieden sich im Alter von 23 Jahren aber auch in vielen anderen Merkmalen von der Kontrollgruppe: weniger oft bestandenes Abitur (33 % gegenüber 66 %), geringerer IQ (im Mittel 94 gegenüber 100), bei Erwerbstätigkeit häufigerer Wechsel der Stelle, mehr Konflikte mit der Mutter und dem Partner, bezüglich der Big Five weniger offen gegenüber neuen Erfahrungen, weniger verträglich und weniger gewissenhaft. Letzteres galt sowohl für die Selbstbeurteilung als auch für die Beurteilung durch die Eltern. Die hochaggressiven Kinder zeigten also im Erwachsenenalter ein unterkontrolliertes Persönlichkeitsprofil (vgl. Kap. 2).

Die frühe Aggressivität wirft demnach einen langen Schatten auf den späteren Lebenslauf. Die auch in Neuseeland bestätigten Zusammenhänge zwischen Persönlichkeit im Vorschulalter und späterer Kriminalität [6] dürfen allerdings aus zwei Gründen nicht überinterpretiert werden. Erstens handelt es sich um polizeilich bekannte Kriminalität, die die tatsächlich vorhandene Kriminalität unterschätzt. Da die aggressiven Kinder später das Persönlichkeitsprofil eines unterkontrollierten Erwachsenen aufwiesen, erhöhte dies die Chance, dass ihre Straftaten entdeckt wurden. Einige wenig aggressive Kinder dürften später auch kriminelle Handlungen begangen haben, wurden dabei aber nicht erwischt (z. B. spätere Machiavellisten; vgl. Kap. 3). Zweitens besagt frühe Aggressivität nicht, dass jedes Kind dieser Art später kriminell wird. Tatsächlich erhielt die *Mehrheit* der 17 aggressivsten Kinder in der Max-Planck-Studie keine einzige Strafanzeige, während einige Kinder mehrere erhielten. Es handelt sich hier um statistische Risikofaktoren für Kriminalität. Hundertprozentige Vorhersagen gibt es weder auf dem Gebiet der Persönlichkeitsentwicklung noch in der Psychologie insgesamt.

Die anfangs zitierte Längsschnittstudie aus den USA (vgl. Abb. 13.1) ist auch insofern interessant, als in ihr nicht nur die Aggressivität der Kinder und ihre Aggressivität im Alter von 30 Jahren, sondern auch die Aggressivität ihrer Eltern und – später – ihrer eigenen Kinder untersucht wurde. Hierbei wurde die Aggressivität im Erwachsenenalter von den Personen selbst beurteilt. Die Studie konnte also Daten aus drei Generationen aufeinander beziehen. Die Ergebnisse der gefundenen Korrelationen sind in Abb. 13.2 dargestellt (sie wurden jeweils für den Messfehler korrigiert).

Die Aggressivität wies eine Stabilität von 0,46 zwischen 8 und 30 Jahren auf. Noch höher fielen aber die Korrelationen zwischen Eltern und Kindern aus (jeweils 0,55) und am höchsten die Korrelationen zwischen Eltern und ihren Kindern, wenn die Kinder das Alter der Eltern erreicht hatten (0,58 für das Alter von 30 Jahren, 0,65 für das Alter von 8 Jahren). Die Aggressivität der Kinder im Alter von

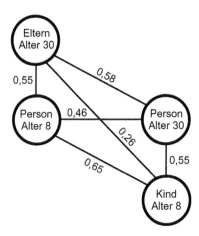

Abb. 13.2 Stabilität der Aggressivität innerhalb und zwischen Generationen. (Aus [3], Abb. 6.8)

8 Jahren erlaubte es also eher, die Aggressivität der eigenen Kinder eine Generation später vorherzusagen als die eigene Aggressivität 22 Jahre später. Oder anders ausgedrückt: Aggressivität war stabiler im Vergleich zwischen Generationen als im Vergleich innerhalb derselben Generation. Dies liegt daran, dass Aggressivität im gleichen Alter mit derselben Methode bestimmt wurde (Urteil der Gleichaltrigen im Kindesalter, Selbstbeurteilung im Erwachsenenalter). Dagegen bezog sich die Stabilität bei denselben Personen auf unterschiedliche Methoden der Erfassung. Und die Bedeutung von Aggressivität kann sich auch mit dem Lebensalter wandeln. Beim Vergleich zwischen Generationen wurde also besser Vergleichbares verglichen, beim Vergleich innerhalb der Generationen weniger gut Vergleichbares.

Soziale Gehemmtheit

Während frühe Aggressivität relativ gute Vorhersagen auf den späteren Lebenslauf und auf die Aggressivität der eigenen Kinder und sogar der Enkelkinder (Korrelation 0,26; vgl. Abb. 13.2) erlaubt, ist das Bild bei dem Persönlichkeitsmerkmal der frühen sozialen Gehemmtheit gemischter. Unter sozialer Gehemmtheit wird verstanden, dass Kinder gegenüber Fremden oder in größeren sozialen Gruppen gehemmt reagieren [7, 8]. Dahinter verbirgt sich meist eine frühe Form der sozialen Ängstlichkeit – sie würden schon gerne Kontakt aufnehmen, trauen sich aber nicht. Das darf nicht mit Introversion oder Ungeselligkeit verwechselt werden. Manche Kinder ziehen oft das Spielen alleine mit interessantem Spielzeug oder in Fantasiewelten dem Spielen mit anderen Kindern vor, sind dabei aber nicht gehemmt und können problemlos Kontakt aufnehmen, wenn sie es wollen; sie sind lediglich weniger interessiert an sozialem Kontakt.

Zwei Längsschnittstudien untersuchten langfristige Konsequenzen früher sozialer Gehemmtheit. In der schon zitierten Münchner Studie des Max-Planck-Instituts erhielt ich hier weit weniger klare Ergebnisse als für frühe Aggressivität [4]. Die 15 % gehemmtesten Kinder aus Sicht ihrer Erzieherinnen im Kindergarten (10 Jungen, 9 Mädchen) beurteilten sich im Alter von 23 Jahren als genauso gehemmt, extravertiert und neurotisch wie die Kontrollgruppe und berichteten über ein ebenso hohes Selbstwertgefühl. In ihrem Selbstbild hatte die frühe soziale Gehemmtheit also keine Spuren hinterlassen.

Dagegen gab es einige Befunde, die auf Probleme mit dem anderen Geschlecht hinwiesen. Die gehemmten Kinder hatten im Alter von 23 Jahren weniger oft einen Partner als die Kontrollgruppe der unterdurchschnittlich gehemmten Kinder (32 % gegenüber 64 %), gingen später die erste Partnerschaft ein (im Mittel mit 19,4 gegenüber 18,7 Jahren) und hatten jüngere gegengeschlechtliche Freunde (im Mittel 20,6 gegenüber 23,0 Jahre alt). Insgesamt gesehen weisen diese Befunde auf eine etwas verzögerte soziosexuelle Entwicklung hin. Verzögerungen gab es auch in der beruflichen Entwicklung. Die erste Vollzeitstelle traten die ehemals gehemmten Kinder im Mittel mit 21,4 Jahren an, die Kontrollgruppe mit 20,6 Jahren. Vielen Eltern war diese Entwicklungsverzögerung anscheinend bewusst, denn die Eltern beurteilten die ehemals gehemmten Kinder auch im Alter von 23 Jahren als gehemmter. Die Verzögerungen bei der ersten Partnerschaft und der beruflichen Sozialisation waren jedoch nicht gravierend; es handelte sich ja nur um wenige Monate. Das alles galt für beide Geschlechter in ganz ähnlicher Weise.

Die Ergebnisse der Studie des Max-Planck-Instituts stehen in Einklang mit einer Längsschnittstudie in den USA, die beim Geburtsjahrgang 1928/29 ebenfalls Entwicklungsverzögerungen fand, allerdings nur bei Männern [9]. Im Alter von 8 bis 10 Jahren gehemmte Jungen heirateten im Mittel 3 Jahre später, bekamen das erste Kind 4 Jahre später und begannen eine erste Berufskarriere 3 Jahre später als wenig gehemmte Jungen. Das galt aber nicht für gehemmte Mädchen; sie zeigten keine Entwicklungsverzögerung. Sie waren sogar sozial erfolgreicher als die wenig gehemmten

Mädchen, denn sie heirateten beruflich erfolgreichere Männer. In diesem Geburtsjahrgang waren die klassischen Geschlechtsrollen noch intakt (die Heiraten fanden Ende der 1940er-Jahre statt). Darum weist das darauf hin, dass die ehemals gehemmten Mädchen die Berufskarriere ihrer Männer stärker unterstützten und/oder attraktiver für beruflich ambitionierte Männer der damaligen Zeit waren. Dieser Geschlechtsunterschied, was die Konsequenzen früher Gehemmtheit angeht, wurde in der Studie des Max-Planck-Instituts für den Geburtsjahrgang 1980/81 nicht mehr gefunden, was in Einklang mit den veränderten Geschlechtsrollen steht.

Im Erwachsenenalter gibt es keine Hinweise auf Risiken einer psychopathologischen Entwicklung bei ehemals gehemmten Kindern. In der US-Studie hatten die gehemmten Jungen und Mädchen im Alter von 40 Jahren genauso viele Kinder und führten genauso stabile Ehen wie die wenig gehemmten. In der neuseeländischen Längsschnittstudie [6] unterschieden sich die 8 % gehemmtesten Kinder im Alter von 21 Jahren nicht in Bezug auf allgemeine oder soziale Ängstlichkeit von den wenig gehemmten. Allerdings waren Depressionen und Selbstmordversuche etwas häufiger. Doch es handelt sich hier um extremer ausgelesene gehemmte Kinder (8 % gegenüber 15 % in der Studie des Max-Planck-Instituts).

Insgesamt ist das Bild von der Entwicklung gehemmter Kinder komplexer als bei den aggressiven Kindern. Nur bei besonders gehemmten Kindern gibt es geringfügige Entwicklungsverzögerungen und Hinweise auf psychische Probleme im Erwachsenenalter. Gehemmte Kinder werden nicht zu sozial ängstlichen Erwachsenen, obwohl retrospektive Befragungen sozial ängstlicher Patienten dies nahelegen. Das liegt anscheinend an Erinnerungsverzerrungen bei diesen Patienten, die ihre aktuelle Ängstlichkeit schon in ihrer Kindheit vermuten [1].

Frühe Bindungsqualität

Das letzte Beispiel für langfristige Konsequenzen der frühen Persönlichkeit betrifft die frühe Bindungsqualität zwischen Mutter und Kind. Die Bindungsqualität ist streng genommen kein Persönlichkeitsmerkmal des Kindes, sondern ein Merkmal der *Beziehung* zwischen Mutter und Kind, die allerdings wegen der meist intensiven Mutter-Kind-Beziehung eine entsprechend wichtige Rolle in der Entwicklung des Kindes mindestens bis zum Jugendalter spielt [10, 11]. Zwischen Vater und Kind kann eine ebenso starke oder stärkere Bindung bestehen. Ich konzentriere mich hier nur deshalb auf die Mutter-Kind-Bindung, weil es hierzu sehr viel mehr empirische Ergebnisse zu langfristigen Konsequenzen gibt.

Bei diesen langfristigen Konsequenzen wurde untersucht, ob sich aufgrund der Qualität der Bindung zur Mutter im zweiten Lebensjahr (der *frühkindliche Bindungsstil*) die Qualität der Bindung an die Eltern oder den Partner im Erwachsenenalter vorhersagen lässt. Dazu wird der Bindungsstil in einer sorgfältig inszenierten Situation beobachtet, dem Fremde-Situation-Test [10, 12]; vgl. Tab. 5.2 in Kap. 5. Hierbei lässt die Mutter das Kind mit einer fremden

Erwachsenen allein, ohne sich zu verabschieden. Die kritische diagnostische Situation ist die Wiedervereinigung nach der (kurzen) Trennung vom Kind.

Wie in Kap. 5 schon ausgeführt, wird der Bindungsstil als *sicher* klassifiziert, wenn das Kind bei der Wiedervereinigung den Kontakt und die Nähe zur Mutter nicht vermeidet; als *vermeidend*, wenn es die Mutter ignoriert oder ihre Nähe aktiv vermeidet; als *ängstlich-ambivalent*, wenn es ängstlich die Nähe sucht und dabei sowohl Annäherungs- als auch Vermeidungstendenzen zeigt („Annäherungs-Vermeidungs-Konflikt"). In normalen Stichproben sind ca. 65 % der Kinder sicher gebunden, wobei der Anteil der vermeidenden und der ängstlich-ambivalenten Bindung unter den unsicher gebundenen Kindern von Kultur zu Kultur variiert. In Risikostichproben (z. B. Frühgeborene oder Kinder alleinerziehender Mütter der Unterschicht) liegt der Anteil der sicher gebundenen Kinder meist unter 50 %.

Dieses Testverfahren hat sich als gut geeignet erwiesen, um den aktuellen Bindungsstil zu erfassen. Wie beziehungsspezifisch der Bindungsstil an die Mutter ist, wird daran deutlich, dass die Sicherheit der Bindung an Mutter und Vater kaum eine Übereinstimmung zeigt. Der Bindungsstil hängt also von der Persönlichkeit des Kindes *und* von der Persönlichkeit der Bezugsperson ab (z. B. deren Feinfühligkeit, was die kindlichen Bedürfnisse angeht) [12].

Im Erwachsenenalter gibt es bisher kein vergleichbares Beobachtungsverfahren, um den Bindungsstil an die eigenen Eltern oder Partner zu ermitteln. Das liegt vor allem daran, dass hierzu ungleich stärkere Stresssituationen nötig wären, die sich nicht auf ethisch vertretbare Weise inszenieren

lassen. Neuerdings gibt es jedoch Ansätze, das Bindungsverhalten in virtuellen Welten in simulierten Stresssituationen zu
beobachten [13]. Wenn diese Welten realistischer simuliert
werden können, als es heutzutage möglich ist, könnte dies eine
Standardmethode für das Erwachsenenalter werden.

Derzeit wird wegen dieser Probleme der Bindungsstil im
Erwachsenenalter durch ein standardisiertes Interview
erfasst, in dem die Geschichte der Beziehung zur Bindungsperson (Eltern oder Partner) rekonstruiert wird (*Adult
Attachment Interview* AAI) [12, 14]. Das Problem der Erinnerungsverzerrungen wird dadurch angegangen, dass konkrete Erlebnisse mit der Bindungsperson erfragt werden. Als
sicher gebunden werden Erwachsene klassifiziert, die solche
Erlebnisse konkret und, ohne sich in Widersprüche zu
verwickeln, beschreiben können. Als unsicher bezeichnet
man solche, die sich in Widersprüche verwickeln oder keine
konkreten Erlebnisse beschreiben können. Hierbei werden
drei Arten der unsicheren Bindung unterschieden.

Dass dieses Interviewverfahren sinnvoll ist, zeigen Studien, die die weitgehende Unabhängigkeit der Bindungs-
klassifikation von verbaler Intelligenz nachwiesen und aus
der AAI-Diagnose der Bindung an die eigenen Eltern, die
vor der Geburt des ersten eigenen Kindes erfolgte, die
Sicherheit des Bindungsstils dieses Kindes im Fremde-
Situation-Test recht gut vorhersagen konnten [12]. Die
AAI-Diagnose war also nicht durch die Erlebnisse mit dem
Kind beeinflusst.

Hingegen kam eine umfassende Analyse der Stabilität des
Bindungsstils zwischen früher Kindheit und dem Erwach-
senenalter (zwölf verschiedene Längsschnittstudien) zu dem
Ergebnis, dass es für die Sicherheit der Bindung *keine*

überzufällige Stabilität gibt [12, 15], weder was die spätere Bindung an die eigenen Eltern noch was die Bindung an den aktuellen Partner angeht. Sigmund Freuds These vom „Wiederholungszwang" wurde damit klar widerlegt (nach Freud wiederhole sich in der Partnerbeziehung die Beziehung zu den Eltern im Guten wie im Schlechten).

Hingegen findet sich im Kindesalter eine geringe (Korrelation 0,33) und im Erwachsenenalter eine etwas höhere Stabilität (Korrelation 0,55) des Bindungsstils [12, 15]. Kurzfristig gibt es also eine mäßige Stabilität, aber langfristig ist sie null. Deshalb ist inzwischen in der Bindungsforschung das frühere Kontinuitätsmodell, das eine zumindest mäßige Stabilität des Bindungsstils vom frühen Kindesalter bis ins Erwachsenenalter hinein annahm, durch das *Revisionsmodell der Bindungsentwicklung* abgelöst worden [16]; vgl. Abb. 13.3.

Danach lassen sich die Veränderungen des Bindungsstils im Verlauf des Lebens als eine Entwicklungssequenz beschreiben, in der in unterschiedlichem Alter unterschiedliche Bindungen bestehen. Dabei prägen jeweils bei den Übergängen zur nächsten Bindung die vorhandenen Bindungserfahrungen zwar die Erwartungen an die kommende Bindung. Diese Erwartungen können aber durch die neuen Erfahrungen wieder modifiziert werden. Im Kindesalter sind meist Mutter oder Vater die primären Bezugspersonen. Eine sichere Bindung an einen Elternteil führt zu sozialer Kompetenz im Umgang mit Gleichaltrigen im mittleren Kindesalter („Peer-Kompetenz"), die wiederum eine sichere Bindung an beste Freunde und Freundinnen im Jugendalter fördert. Eine sichere Bindung im Jugendalter wiederum fördert eine sichere Bindung in der ersten Partnerschaft,

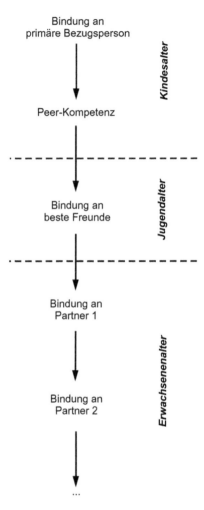

Abb. 13.3   Das Revisionsmodell der Bindungsentwicklung (aus [16], Abb. 4)

die sich positiv auf die Bindung an den nächsten Partner auswirkt usw. Da in jedem Schritt auch schlechte Erfahrungen gemacht werden können, die eine sichere Bindung behindern, nimmt die Bedeutung früherer Bindungserfahrungen umso stärker ab, je länger diese Erfahrungen her sind.

Das besagt nicht, dass traumatische Erfahrungen in frühen Bindungen (wie z. B. Missbrauch oder Unterbringung in einem Heim mit schlechter Betreuungsqualität) ebenfalls keine langfristigen Konsequenzen auf spätere Bindungen haben. Diese zum Glück seltenen Fälle sind aber nicht Thema dieses Buches, in dem es um die normale Variation der Persönlichkeit und ihrer Entwicklungsbedingungen geht. Umgekehrt darf aus der Stabilität in solchen pathologischen Fällen nicht geschlossen werden, dass im Normalfall, also bei über 90 % der Kinder, die frühkindliche Bindung bedeutsam für die Bindungen im Erwachsenenalter sei. Dieser Schluss ist ein verbreiteter Fehlschluss nicht nur in populären Darstellungen der Bindungstheorie, sondern auch in der Fachliteratur.

> **Zusammenfassung**
> Die Persönlichkeit im Kindesalter wirft manchmal einen langen Schatten auf den gesamten Lebenslauf, sogar bis hin zu den Kindern und Enkelkindern, wie das Beispiel der frühen Aggressivität gezeigt hat. Sie kann komplexe Schattenmuster werfen (Beispiel frühe soziale Gehemmtheit), oder die Auswirkungen der frühen Erfahrungen verblassen bis zum

(Fortsetzung)

Erwachsenenalter (Beispiel frühkindliche Bindungssicherheit). Nie aber sind die individuellen Entwicklungsverläufe hundertprozentig vorhersagbar; immer handelt es sich um mehr oder weniger wahrscheinliche Verläufe. Wie spielen hierbei genetische Veranlagung und Umwelterfahrungen zusammen? Damit beschäftigt sich das nächste Kapitel.

Literatur

1. Asendorpf, J. B. (2002). Risikofaktoren in der Kindheit für Soziale Phobien im Erwachsenenalter. In U. Stangier & T. Fydrich (Hrsg.), *Soziale Phobie und Soziale Angststörung* (S. 246–263). Göttingen: Hogrefe.
2. Huesmann, L. R., Eron, L. D., Lefkowitz, M. M. & Walder, L. O. (1984). Stability of aggression over time and generations. *Developmental Psychology, 20,* 1120–1134.
3. Neyer, F. J. & Asendorpf, J. B. (2018). *Psychologie der Persönlichkeit* (6. Aufl.). Berlin: Springer Verlag.
4. Asendorpf, J. B., Denissen, J. J. A. & van Aken, M. A. G. (2008). Inhibited and aggressive preschool children at 23 years of age: Personality and social transitions into adulthood. *Developmental Psychology, 44,* 997–1011.
5. Asendorpf, J. B. (2010). Langfristige Konsequenzen früher Aggressivität auf antisoziales Verhalten im frühen Erwachsenenalter. In L. Böllinger, M. Jasch, S. Krasmann, A. Pilgram, C. Prittwitz, H. Reinke et al. (Hrsg.), *Gefährliche Menschenbilder: Biowissenschaften, Gesellschaft und Kriminalität* (S. 64–81). Baden-Baden: Nomos Verlagsgesellschaft.
6. Caspi, A., Moffitt, T. E., Newman, D. L. & Silva, P. A. (1996). Behavioral observations at age 3 years predict adult psychiatric disorders. *Archives of General Psychiatry, 53,* 1033–1039.

7. Asendorpf, J. B. (1989). *Soziale Gehemmtheit und ihre Entwicklung*. Berlin: Springer Verlag.
8. Asendorpf, J. B. (1990). Development of inhibition during childhood: Evidence for situational specificity and a two-factor model. *Developmental Psychology, 26,* 721–730.
9. Caspi, A., Elder, G. H. & Bem, D. J. (1988). Moving away from the world: Life-course patterns of shy children. *Developmental Psychology, 24,* 824–831.
10. Ahnert, L. (Hrsg.) (2014). *Frühe Bindung: Entstehung und Entwicklung* (3. Aufl.). München: Reinhardt.
11. Grossmann, K. & Grossmann, K. E. (2017). *Bindungen – das Gefüge psychischer Sicherheit* (7. Aufl.). Stuttgart: Klett-Cotta.
12. Asendorpf, J. B., Banse, R. & Neyer, F. J. (2017). *Psychologie der Beziehung* (2. Aufl.). Bern: Hogrefe Verlag, Kap. 3.5.
13. Schönbrodt, F. & Asendorpf, J. B. (2012). Attachment dynamics in a virtual world. *Journal of Personality, 80,* 423–429.
14. Gloger-Tippelt, G. & Hofmann, V. (1997). Das Adult Attachment Interview: Konzeption, Methode und Erfahrungen im deutschen Sprachraum. *Kindheit und Entwicklung, 6,* 161–172.
15. Pinquart, M., Feußner, Ch. & Ahnert, L. (2013). Meta-analytic evidence for stability in attachments from infancy to early adulthood. *Attachment and Human Development, 15,* 189–218.
16. Asendorpf, J. B. (2016). Bindung im Erwachsenenalter. In H.-W. Bierhoff & D. Frey (Hrsg.), *Soziale Motive und soziale Einstellungen* (Enzyklopädie der Psychologie. Serie Sozialpsychologie, Band 2, S. 323–352). Göttingen: Hogrefe Verlag.

14

Zusammenspiel: Gene und Umwelten

Wie wirken genetisches Erbe und individuelle Umwelt bei der Entstehung und Veränderung von Persönlichkeitseigenschaften zusammen? Wie groß ist der Einfluss genetischer Unterschiede im Vergleich zum Einfluss von Umweltunterschieden auf Persönlichkeitsunterschiede? Wie werden diese Einflüsse kausal vermittelt? In diesem Kapitel wird gezeigt, wie sich diese Fragen empirisch untersuchen lassen und was die Hauptbefunde der Forschung sind. Danach spielen bei den allermeisten Persönlichkeitseigenschaften sowohl die genetische Veranlagung als auch die individuelle Umwelt eine wichtige Rolle. Der genetische Einfluss beruht hierbei nicht auf wenigen Genen, sondern auf sehr vielen Genen mit jeweils sehr geringem Einfluss. Genetische und Umwelteinflüsse können korreliert sein, in Wechselwirkung stehen und sich im Verlauf des Lebens ändern. Denn Gene an sich

(Fortsetzung)

© Springer-Verlag GmbH Deutschland 2018
J. B. Asendorpf, *Persönlichkeit: was uns ausmacht und warum*,
https://doi.org/10.1007/978-3-662-56106-5_14

bewirken nichts; sie werden nur wirksam, wenn sie bio-chemisch aktiv sind. Und Umweltbedingungen können auf ihre Aktivität Einfluss nehmen. Deshalb können manche genetischen Einflüsse durch Umweltveränderungen modifiziert werden.

Es gibt kaum eine Frage der Persönlichkeitspsychologie, zu der es in der Öffentlichkeit und populären Darstellungen so viele falsche Annahmen und Missverständnisse gibt wie zur Frage nach der relativen Bedeutung des genetischen Erbes für die Persönlichkeitsentwicklung (Erbe-Umwelt-Diskussion). Dagegen gibt es unter Fachleuten schon seit vielen Jahren eine weitgehende Übereinstimmung zu den meisten Fragen auf diesem Gebiet, weil sie sich wirkungsvoller Methoden bedienen und die Ergebnisse auf umfangreichen Daten beruhen. Deshalb beginne ich mit zehn verbreiteten Annahmen über den genetischen Einfluss auf die Persönlichkeit, die nach heutigem Stand der Forschung falsch sind (vgl. Kasten zu den zehn falschen Annahmen über den genetischen Einfluss). Am Ende des Kapitels sollte klar geworden sein, warum diese Annahmen falsch sind [1].[1]

Zehn falsche Annahmen über den genetischen Einfluss

1. Genetische Einflüsse sind unabhängig von den Umweltbedingungen
2. Umwelteinflüsse sind unabhängig von der genetischen Ausstattung

---

[1] Dieses Kapitel beruht auf entsprechenden Kapiteln in aktuellen Lehrbüchern der Persönlichkeits- und Entwicklungspsychologie, in denen sich auch weiterführende Literatur findet.

3. Genetische Einflüsse lassen sich nur gentechnologisch verändern
4. Genetische Einflüsse auf Persönlichkeitsunterschiede sind vernachlässigbar gering
5. Genetische Einflüsse auf Persönlichkeitsunterschiede beruhen auf wenigen Genen
6. Genetische Einflüsse sind für alle Persönlichkeitseigenschaften gleich groß
7. Genetische Einflüsse auf eine Persönlichkeitseigenschaft sind in allen Kulturen gleich groß
8. Genetische Einflüsse auf eine Persönlichkeitseigenschaft sind in allen Altersgruppen gleich groß
9. Der genetische Einfluss auf die Intelligenz eines Menschen lässt sich in Prozenten ausdrücken, also etwa 50 %
10. Prozentangaben über den genetischen Einfluss auf Intelligenzunterschiede sind nicht möglich

Um zu verstehen, warum diese Annahmen falsch sind, müssen wir zunächst einmal genauer betrachten, was Gene sind, wie sie sich von Mensch zu Mensch unterscheiden und wie sie die Entwicklung von Persönlichkeitsunterschieden beeinflussen können.

Allgemeine Prinzipien des genetischen Einflusses

Die gesamte genetische Information eines Menschen wird als sein *Genom* bezeichnet. Das Genom besteht aus vielen lokalen Abschnitten, den *Genen*, die durch ihren Ort im Genom und ihre Funktion im Stoffwechsel definiert sind. Dasselbe Gen kann bei unterschiedlichen Menschen in unterschiedlichen Varianten auftreten (den *Allelen* des Gens). Dadurch kann dasselbe Gen bei unterschiedlichen

Menschen unterschiedliche Funktionen im Stoffwechsel ausüben. Da es ca. 23.000 Gene gibt, die oft als verschiedene Allele vorkommen, und da bei der Zeugung die Gene von Vater und Mutter zufällig gemischt werden, sind Menschen genetisch *einzigartig*: Mit Ausnahme eineiiger Zwillinge gleicht kein Genom dem anderen.

Gene wirken nicht direkt auf die Entwicklung. Gene sind Moleküle, deren *Aktivität* direkt auf die Proteinsynthese (also die Neubildung von Proteinen) der Zelle wirkt, in der sie sich befinden. Genetische Wirkungen entfalten sich im Verlauf der Individualentwicklung immer in Wechselwirkung mit der Umwelt des Genoms. Anfangs handelt es sich um Wechselwirkungen zwischen Zellen des heranwachsenden Embryos. Später spezialisieren sich durch diese Wechselwirkung Rezeptorzellen, die in der Lage sind, Reize aus der Umwelt des Embryos aufzunehmen. Hierbei kanalisiert die Umwelt den genetischen Einfluss auf die Hirnentwicklung. So ermöglicht es das Genom allen Kindern, jede beliebige Sprache zu erlernen. Im Prozess des Spracherwerbs geht diese Plastizität aber zunehmend verloren.

Umwelteinflüsse können also in die „Ausreifung" des Gehirns eingreifen. Zwar können sie nur in seltenen Fällen das Genom verändern (z. B. bei Mutationen durch Strahlenbelastung), aber sie können die Genaktivität und damit die *Wirkungen* von Genen verändern. Das klassische Beispiel hierfür ist die Stoffwechselstörung *Phenylketonurie*. Eine Variante davon beruht auf einem Allel des ersten Chromosoms. Wird dieses Allel von Vater *und* Mutter geerbt, führt dies zu einem Überschuss an Phenylalanin. Dadurch wird die Entwicklung des Zentralnervensystems beeinträchtigt und eine massive Intelligenzminderung

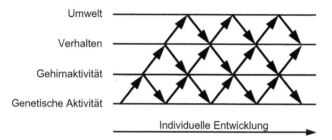

Abb. 14.1 Wechselwirkungen zwischen Genom und Umwelt im Verlauf der individuellen Entwicklung

verursacht. Wird jedoch im Kindesalter eine phenylalaninarme Diät eingehalten, wird dieser intelligenzmindernde genetische Effekt fast vollständig beseitigt.

Von daher ist die Vorstellung falsch, das Genom „sei" oder „enthalte" ein Programm, das die Entwicklung eines Organismus steuere. Vielmehr beeinflusst die genetische Aktivität die Gehirnaktivität, die Grundlage des Erlebens und Verhaltens ist; durch Verhalten kann die Umwelt verändert werden. Aber auch umgekehrt können Umweltbedingungen das Verhalten beeinflussen, dadurch die Gehirnaktivität und genetische Wirkungen sowie auch die genetische Aktivität selbst. Das Genom bleibt dabei konstant, aber der Prozess der Genaktivität steht in ständiger Wechselwirkung mit anderen Prozessebenen (vgl. Abb. 14.1).

Wegen dieser Wechselwirkung zwischen Genom und Umwelt können Menschen genetische Wirkungen im Prinzip auf verschiedenen Ebenen beeinflussen: durch Eingriffe in die genetische Aktivität oder die Gehirnaktivität, durch ihr Verhalten oder durch die Gestaltung ihrer Umwelt. Genetische Wirkungen sind also auch ohne gentechnologische

Veränderung des Genoms veränderbar. Umgekehrt können Umweltwirkungen durch gentechnologische Veränderung des Genoms verändert werden. So könnten etwa
im Prinzip bestimmte Menschen gentechnologisch so verändert werden, dass sie unempfindlicher gegenüber Giften
an Arbeitsplätzen der chemischen Industrie sind.

Genetische Wirkungen auf die Entwicklung folgen
einem *kumulativen Prinzip*. Genetische Einflüsse aus früheren Entwicklungsphasen können sich physiologisch oder
auch anatomisch im Gehirn verfestigt haben und dadurch
weiterwirken, auch wenn die betreffenden Gene inzwischen
nicht mehr aktiv sind. Bei der Phenylketonurie beispielsweise muss die phenylalaninarme Diät von Anfang an erfolgen. Ist erst einmal die genetisch bedingte Hirnschädigung
eingetreten, nützt die Diät nichts mehr. Umgekehrt ist diese
Diät aber auch nicht das ganze Leben lang erforderlich,
sondern nur während der Gehirnentwicklung im Verlauf
der Kindheit. Ist dieser Prozess abgeschlossen, spielt das
kritische Gen keine Rolle mehr. Durch dieses kumulative
Prinzip wird das sich entwickelnde System stabilisiert,
obwohl die Genaktivität im Verlauf des Lebens stark
schwankt.

Deshalb macht die traditionelle Trennung von Entwicklung durch Reifung (genetisch determinierte, um-
weltunabhängige Entwicklung) und Entwicklung durch
Erfahrung (genetisch unbeeinflusste, rein umweltabhängige
Entwicklung) wenig Sinn. *Welche* Erfahrung gemacht werden
kann, ist nicht nur abhängig von Umwelteinflüssen, sondern
auch vom Genom, das die Selektion und Verarbeitung von
Erfahrungen beeinflusst. Umgekehrt kanalisieren aber
auch Erfahrungen Entwicklungsvorgänge, die üblicherweise

Reifungsvorgängen zugeschrieben werden. Das Genom und die Umwelt eines Menschen stehen über die gesamte Lebensspanne hinweg in nur schwer auflösbarer Wechselwirkung. Von daher ist es nicht möglich, den relativen Anteil des genetischen und des Umweltanteils eines Entwicklungsmerkmals *für einen einzelnen Menschen* zu bestimmen.

Genetischer Einfluss auf Persönlichkeitsunterschiede: Populationsgenetik

Aus der Unmöglichkeit, den Beitrag von Genom und Umwelt im *Einzelfall* zu bestimmen, wird manchmal der Schluss gezogen, die Erbe-Umwelt-Diskussion sei überflüssig. Das ist ein Fehlschluss. Es ist zwar richtig, dass die Fähigkeit zu sprechen oder die Eigenschaft, überhaupt eine Blutgruppe zu haben, immer von Genom und Umwelt abhängt. *Welchen* Dialekt aber jemand spricht, ist rein umweltbedingt, und *welche* Blutgruppe jemand hat, ist rein genetisch bedingt. Betrachten wir einmal die Persönlichkeitsmerkmale, in denen sich Mitglieder einer bestimmten Population (z. B. „alle deutschen Erwachsenen") unterscheiden. Hier ist die Frage nach dem relativen Einfluss der genetischen *Unterschiede* in der Population und der Umwelt*unterschiede* in der Population auf die Merkmals*unterschiede* in der Population durchaus sinnvoll. Der relative genetische Einfluss kann zwischen 0 % und 100 % kontinuierlich variieren. Wie stark er ist, ist ausschließlich eine empirische Frage.

Beispielsweise kann der genetische Einfluss auf Intelligenzunterschiede in Zimbabwe anders ausfallen als in Deutschland heute; und er könnte in Deutschland heute anders sein als vor 50 Jahren. Insbesondere können Änderungen in der merkmalsrelevanten genetischen Variabilität oder Umweltvariabilität Veränderungen in den entsprechenden Einflüssen nach sich ziehen. So können Persönlichkeitsunterschiede in einer Population von genetisch identischen Klonen nur umweltbedingt sein. Denn es gibt ja keine genetischen Unterschiede, die irgendwie Einfluss nehmen könnten. Und in einer Population mit optimaler Bildungsförderung für jeden werden die dann noch bestehenden Unterschiede im Bildungsniveau rein genetisch bedingt sein.

Zudem kann der genetische Einfluss mit dem betrachteten Merkmal variieren. In ein und derselben Population könnten z. B. Intelligenzunterschiede stärker genetisch bedingt sein als Unterschiede in Bezug auf Aggressivität. Ein dritter relativierender Faktor ist das Alter der betrachteten Population. Dass genetische Einflussschätzungen altersabhängig sind, liegt an Folgendem: Für Merkmalsunterschiede in einem bestimmten Alter sind nicht die Unterschiede in den Allelen oder den Umwelten zum Zeitpunkt der Zeugung entscheidend, sondern die Unterschiede in der Geschichte der Genaktivität und der Umwelt bis zum betrachteten Zeitpunkt. Alle Aussagen über den genetischen bzw. Umwelteinfluss auf Persönlichkeitsunterschiede sind also populationsabhängig. Wie stark sie über verschiedene Populationen verallgemeinerbar sind, ist eine empirische Frage, mit der sich die *Populationsgenetik* beschäftigt (in der Psychologie und Biologie oft auch *Verhaltensgenetik* genannt).

Die Populationsgenetik versucht, den genetischen Einfluss auf Merkmalsunterschiede in Populationen dadurch abzuschätzen, dass man die Merkmalsähnlichkeit von Personen unterschiedlichen genetischen Verwandtschaftsgrades miteinander vergleicht (z. B. ein- oder zweieiige Zwillinge, Adoptivgeschwister, Halbgeschwister). Hierbei wird das Merkmal zwischen den Mitgliedern eines Paares (z. B. Zwillingen) in einer Stichprobe sehr vieler Paare korreliert, und die Korrelationen werden zwischen den Verwandtschaftstypen verglichen. Ist die Merkmalsähnlichkeit unabhängig vom Verwandtschaftsgrad, spricht das gegen einen genetischen Einfluss auf die Merkmalsvariation. Je stärker die Merkmalsähnlichkeit mit dem Verwandtschaftsgrad zunimmt, desto stärker ist der genetische Einfluss. Und die Einflussstärke wird dabei als Anteil der durch genetische Verwandtschaft bedingten Merkmalsvariation an der gesamten Merkmalsvariation bestimmt und in Prozenten ausgedrückt (vgl. zu diesen Methoden und ihren Problemen [2]).

Ein so geschätzter genetischer Einfluss auf ein Persönlichkeitsmerkmal von 40 % besagt Folgendes: Die beobachtbaren Merkmalsunterschiede in der betrachteten Population sind zu 40 % durch genetische Unterschiede zwischen den Mitgliedern dieser Population bedingt und zu 60 % durch Unterschiede der Umwelten dieser Menschen sowie durch den Messfehler bei der Merkmalsbestimmung. Die Ergebnisse solcher Schätzungen, die inzwischen auf Zehntausenden von Zwillingspaaren, Paaren von Adoptivgeschwistern, Halbgeschwistern und Vollgeschwistern sowie auf Eltern-Kind-Paaren beruhen, legen einen genetischen Einfluss auf die Big-Five-Faktoren (vgl. Kap. 2) von ca. 40 % und einen mit dem Alter steigenden genetischen

Tab. 14.1 Genetischer Einfluss auf den IQ. (Daten nach [3, 4])

Merkmal	Genetischer Einfluss	Konfidenzintervall (95 %)
Big Five		
- Extraversion	0,42	[0,37, 0,48]
- Neurotizismus	0,39	[0,34, 0,43]
- Gewissenhaftigkeit	0,31	[0,22, 0,40]
- Verträglichkeit	0,35	[0,28, 0,42]
- Offenheit	0,41	[0,31, 0,51]
IQ		
- im Alter von 9 Jahren	0,41	[0,34, 0,49]
- im Alter von 12 Jahren	0,55	[0,49, 0,61]
- im Alter von 17 Jahren	0,65	[0,58, 0,73]

Einfluss auf den IQ von bis zu 65 % nahe (vgl. Tab. 14.1). Hierbei ist das Konfidenzintervall für die Schätzungen angegeben, d. h. das Intervall, in der der wahre Wert mit 95 % Sicherheit fällt.

Während sich bei den Big-Five-Faktoren eine leichte Abnahme des genetischen Einflusses mit zunehmendem Lebensalter zeigt, steigt der genetische Einfluss auf den IQ zwischen 9 und 17 Jahren stark an. Andere Studien fanden im Rentenalter einen noch höheren genetischen Einfluss auf den IQ von ca. 80 % [5]. Worauf ist dieser starke Anstieg des genetischen Einflusses zurückzuführen? Um das verstehen, muss man sich klarmachen, dass genetische Unterschiede und Umweltunterschiede nicht unabhängig voneinander sein müssen, sondern aus drei verschiedenen Gründen korrelieren können. Hierbei finden sich bestimmte Genome in bestimmten Umwelten (vgl. Kasten zu Genom – Umwelt – Korrelation).

Genom – Umwelt – Korrelation

Genome und Umweltbedingungen können aus drei Gründen korrelieren [6]:

- Bei der *aktiven Gen-Umwelt-Korrelation* wird die Umwelt der eigenen genetischen Veranlagung entsprechend ausgewählt oder verändert;
- bei der *reaktiven Gen-Umwelt-Korrelation* reagiert die soziale Umwelt auf die eigene genetische Veranlagung und passt die Umwelt entsprechend an;
- bei der *passiven Gen-Umwelt-Korrelation* wird ein Kind in eine Umwelt hineingeboren, die zu seiner genetischen Veranlagung passt, weil die Eltern aufgrund einer aktiven und reaktiven Genom-Umwelt-Korrelation eher eine zu ihren Genen und deshalb auch zu den Genen des Kindes passende Umwelt haben.

Vor allem die passive Genom-Umwelt-Korrelation ist auf den ersten Blick nicht so leicht zu verstehen. Deshalb werden hier alle drei Formen der Korrelation am Beispiel der Musikalität veranschaulicht. Da ein substanzieller genetischer Einfluss auf Unterschiede in Bezug auf die Musikalität besteht [7], werden sich genetisch zu hoher Musikalität veranlagte Kinder eher ein Klavier wünschen, gerne in Konzerte gehen, eher Klavierunterricht nehmen und sich eher mit musikalischen Gleichaltrigen befreunden. Dadurch haben sie eher eine musikalisch geprägte Umwelt (aktive Genom-Umwelt-Korrelation). Genetisch zu hoher Musikalität veranlagte Kinder fallen eher durch ihre Musikalität auf, was andere dazu bringt, ihre Musikalität zu fördern, z. B. indem die Eltern ein Klavier kaufen oder der Musiklehrer in der Schule das Kind besonders fördert; das wiederum fördert eine musikalisch geprägte Umwelt (reaktive

Genom-Umwelt-Korrelation). Und genetisch zu hoher Musikalität veranlagte Kinder haben aus genetischen Gründen eher musikalische Eltern und Geschwister, die aus genetischen Gründen eher für eine musikalische familiäre Umgebung sorgen und dadurch auch eine musikalische persönliche Umwelt für das Kind schaffen (passive Genom-Umwelt-Korrelation).

Empirisch kann man eine passive Genom-Umwelt-Korrelation z. B. daran erkennen, dass die Korrelation zwischen kindlichen Persönlichkeits- und Umweltmerkmalen in Familien, in denen Eltern und Kinder genetisch verwandt sind, höher ausfallen als in Adoptionsfamilien. So wurde z. B. in einem Vergleich solcher Familien gefunden, dass die Korrelation zwischen dem IQ der Kinder und der Anzahl der Bücher im Haushalt bei Adoptionsfamilien deutlich geringer war als bei Familien, in denen die Kinder mit den Eltern genetisch verwandt waren [8]. Sozialwissenschaftler, die oft Korrelationen zwischen kindlicher Persönlichkeit und familiären Umweltbedingungen als Effekt der Umwelt interpretieren, überschätzen oft den Umwelteffekt. Denn ein Teil der Korrelation ist aufgrund passiver, aber auch aktiver oder reaktiver Genom-Umwelt-Korrelation genetisch bedingt [9].

Die Genom-Umwelt-Korrelationen werden auch herangezogen, um den wachsenden genetischen Einfluss auf den IQ zu erklären (vgl. Tab. 14.1). Es ist nämlich zu erwarten, dass sich die Stärke dieser Korrelationen im Verlauf des Lebens ändert. So dürfte der Einfluss der passiven Genom-Umwelt-Korrelation nach Verlassen des Elternhauses deutlich abnehmen. Denn nun sind Kinder weniger ihrer familiären Umgebung ausgesetzt. Dagegen können sie nun selbst ihre Umwelt mitbestimmen, vor allem durch Auswahl passender Freunde und Partner, sodass die aktive Genom-Umwelt-Korrelation stark zunimmt. Die reaktive Genom-Umwelt-Korrelation dürfte dagegen keinen so starken Veränderungen unterliegen. Nimmt aber die aktive Genom-Umwelt-Korrelation stärker zu, als die passive abnimmt, ergibt sich ein wachsender genetischer Einfluss auf den IQ. Bei den Big Five wird dieser Effekt nicht beobachtet. Das könnte daran liegen, dass die Auswahl von Freunden und Partnern stärker von der IQ-Ähnlichkeit beeinflusst wird als von der Big-Five-Ähnlichkeit (vgl. hierzu Kap. 15).

Zusätzlich zu den Genom-Umwelt-Korrelationen gibt es eine zweite Art der Abhängigkeit zwischen genetischen und Umwelteinflüssen: Die genetischen Unterschiede wirken sich je nach Umwelt anders aus bzw. die Umwelt-unterschiede wirken sich je nach genetischer Veranlagung unterschiedlich aus (zwei Seiten derselben Medaille). Der-artige Wechselwirkungen werden *Genom-Umwelt-Interak-tionen* genannt. Ein Beispiel hierfür sind Untersuchungen zum genetischen Einfluss auf den IQ je nach Bildungsni-veau der Eltern. In den USA nimmt der genetische Einfluss auf die Intelligenz von Kindern mit zunehmendem Bil-dungsniveau der Eltern deutlich zu [10]. Das lässt sich so interpretieren, dass sich das genetische Potenzial zu hoher Intelligenz im Kindesalter nur dann auswirkt, wenn es auf günstige, intelligenzfördernde Umwelten trifft. Dieser Effekt ist allerdings in europäischen Ländern und Australien nicht vorhanden [10]. Das könnte daran liegen, dass in diesen Ländern breitere Bevölkerungsschichten Zugang zu höherer Bildung und Gesundheitsversorgung haben.

Dieses Beispiel illustriert sehr schön, wie stark genetische und Umweltunterschiede zusammenspielen, wenn es um ihren Einfluss auf die Persönlichkeit geht. Genom-Umwelt-Korrelationen und Genom-Umwelt-Interaktionen überwinden die traditionelle Trennung von genetischer Anlage und Umwelt auch im Fall populationsgenetischer Schätzungen. Zwar lassen sich darin genetische und Umwelteffekte relativ zueinander abschätzen. Aber dass hierbei das Rennen oft nahe 50 : 50 ausgeht, dürfte auch daran liegen, dass die „neutralen" Korrelations- und Interaktionseffekte, die hinter den relativen Anteilen von Genom und Umwelt verborgen bleiben, einen vergleichsweise großen Einfluss haben.

Ein fundamentales Missverständnis bei der Interpretation verhaltensgenetischer Einflussschätzungen besteht in Folgendem: Aus dem Vorliegen eines substanziellen genetischen Einflusses auf ein Merkmal wird der Schluss gezogen, dass es ein Gen oder zumindest wenige Gene gibt, die für die beobachteten Merkmalsunterschiede „direkt" verantwortlich sind. Zwar ist dies nach dem Modell in Abb. 14.1 nicht zu erwarten, aber trotzdem wird dieser Fehlschluss regelmäßig gemacht. Ein Beispiel mag das verdeutlichen. Genetische Schätzungen sozialer und politischer Einstellungsunterschiede in Australien und den USA mithilfe der Zwillingsmethode fanden übereinstimmend einen besonders starken genetischen Einfluss (um 50 %) für die Einstellung zur Todesstrafe bei Mord [11]. Bedeutet dies, dass es ein „Todesstrafen-Gen" gibt?

Natürlich nicht. Wenn z. B. die Ablehnung der Todesstrafe für Mord positiv mit dem IQ korreliert (was der Fall ist) und der IQ zu 65 % genetisch beeinflusst ist, wird dieser genetische Einfluss über die Einstellung Korrelation notwendigerweise auch die Einstellung zur Todesstrafe betreffen. Genetische Einflussschätzungen beziehen *alle*, auch höchst indirekt vermittelte genetische Wirkungen auf ein Merkmal ein. Tatsächlich konnte für zahlreiche soziale und politische Einstellungen mit stark genetischem Anteil gezeigt werden, dass dieser genetische Einfluss durch deutlich genetisch beeinflusste Merkmale im Temperaments- und Intelligenzbereich vermittelt wird [11].

Genetischer Einfluss auf Persönlichkeitsunterschiede: Molekulargenetik

Im Rahmen des Humangenomprojekts (1993–2003) wurde fast das gesamte Genom des Menschen kartiert. Hierbei ergaben sich ca. 23.000 Gene, die wiederum oft in mehreren Varianten (Allelen) vorkommen. Heutige Menschen unterscheiden sich nicht in ihren Genen (darin sind sie zu 99,9 % identisch), sie unterscheiden sich in den Allelen ihrer Gene. Wegen der riesigen Zahl möglicher Allele trifft das einfache Korrelieren von Allelen mit Persönlichkeitsmerkmalen auf große statistische Probleme, weil bei nur einem Merkmal Tausende von Zufallsbefunden zu erwarten sind. Zur Lösung dieses Problems wurde zunächst der *QTL-Ansatz* gewählt, der auf der Annahme beruht, dass der verhaltensgenetisch bestimmte genetische Gesamteinfluss auf Persönlichkeitsmerkmale überwiegend auf wenigen häufigen Genen mit mehreren Allelen beruht („quantitative trait loci", QTL). So wäre etwa der genetische

Einfluss auf IQ-Unterschiede durch 25 QTLs mit unabhängiger Wirkung erklärt, wenn jeder QTL 2 % der IQ-Variabilität aufklärt (denn der genetische Einfluss auf den IQ beträgt ca. 50 %). Derartige Studien konnten aber im Falle des IQ nur einen einzigen QTL klar replizieren, der 3 % der IQ-Variabilität erklärt (das auch an Alzheimervarianten beteiligte APOE-Gen [12]). Weitere QTLs wurden bis 2017 weder für den IQ noch für andere Persönlichkeitsmerkmale verlässlich gefunden.

Deshalb setzen Genetiker inzwischen auf die Methode, mithilfe von *genomweiten Assoziationsstudien* (GWAS) genetische Varianten in den einzelnen molekularen Bausteinen der Gene, den Basenpaaren, bestimmten Persönlichkeitsunterschieden zuzuordnen. Da es mehrere Millionen solcher *Single Nucleotide Polymorphisms* (SNPs) beim Menschen gibt, ist das statistische Problem hier noch drängender als beim QTL-Ansatz: Wie kann verhindert werden, dass Zusammenhänge zwischen SNPs und Persönlichkeitsunterschieden rein zufällig bedingt sind?

Vielversprechend scheint es zu sein, die Ergebnisse aller untersuchten SNP-Effekte und ihrer Korrelationen zwischen SNPs gleichzeitig zu berücksichtigen. Mit dieser Methode gelang es inzwischen, IQ-Unterschiede bei älteren Briten zu 51 % auf Unterschiede in ihren SNPs zurückzuführen [13], wobei dieser genetische Gesamteffekt auf Tausende von SNPs zurückging. Im Unterschied dazu fallen die Schätzungen für selbstbeurteilte Persönlichkeitsmerkmale deutlich niedriger aus, wobei wiederum Tausende SNPs an einem einzigen Merkmal beteiligt sind (0 % bis 21 % molekulargenetisch erklärte Merkmalsunterschiede [14]). Generell scheinen nach den neuesten

GWAS-Studien Hunderte von Genen am Zustandekommen eines einzelnen Persönlichkeitsmerkmals beteiligt zu sein, wobei deren Wechselwirkungen untereinander und mit Umweltbedingungen noch gar nicht berücksichtigt sind.

Erste Ergebnisse zu Wechselwirkungen zwischen *spezifischen Genen* und *spezifischen* Umweltbedingungen wurden in der neuseeländischen Längsschnittstudie gefunden, die schon in Kap. 13 erwähnt wurde. Bei den knapp 500 männlichen Teilnehmern im Alter von 26 Jahren wurde der Zusammenhang zwischen erfahrener Kindesmisshandlung im Alter zwischen drei und elf Jahren, dem MAOA-Gen auf dem X-Chromosom und vier verschiedenen Indikatoren für antisoziales Verhalten untersucht. Für alle vier Indikatoren ergab sich dieselbe Gen-Umwelt-Interaktion derart, dass erfahrene Kindesmisshandlung das Risiko für antisoziales Verhalten im Erwachsenenalter erhöhte. Dabei fiel jedoch die Erhöhung deutlich stärker bei denjenigen Teilnehmern aus, die das Allel für niedrige MAOA-Aktivität hatten [15] (vgl. Abb. 14.2).

So wurden z. B. die 55 Männer, die beide Risikofaktoren aufwiesen (schwere Misshandlung und Allel für niedrige MAOA-Aktivität) bis zum Alter von 26 Jahren dreimal so häufig verurteilt wie die 99 Männer, die auch schwer misshandelt worden waren, aber das Allel für hohe MAOA Aktivität aufwiesen. Für Vergewaltigung, Raub und Überfälle war der Prozentsatz sogar viermal so hoch. Genetisch bedingte unzureichende MAOA-Aktivität scheint demnach die Entwicklung antisozialer Tendenzen nicht allgemein, aber nach erfahrener Kindesmisshandlung zu fördern. Unterstützt wird diese Interpretation durch Tierversuche an Mäusen, deren MAOA-Gen experimentell

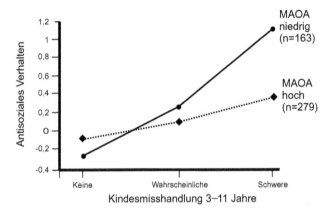

Abb. 14.2 Interaktion der Effekte von MAOA-Gen und Kindes-misshandlung auf antisoziales Verhalten. (Aus [2], Abb. 2.22)

ausgeschaltet wurde. Sie konnten experimentell induzierten Stress weniger gut verarbeiten.

Während die Befunde der Populationsgenetik inzwischen äußerst robust sind, zumindest was heutige westliche Kulturen angeht, steckt die molekulargenetische Persönlichkeitsforschung noch in den Kinderschuhen. Zur Vermeidung von Zufallsbefunden sind Studien an sehr großen Stichproben nötig, die von einzelnen Forschern nicht mehr geleistet werden können. Deshalb schließen sie sich zu Konsortien aus mehreren Laboren und Ländern zusammen, die ihre Daten in einen großen Datenpool einfließen lassen. Das Hauptproblem dieses Ansatzes ist das derzeit noch ganz unzureichende Verständnis der Funktion der einzelnen Gene und ihrer Wechselwirkung untereinander, ganz zu schweigen von ihrer Wechselwirkung mit Umweltbedingungen.

Dennoch gibt es schon jetzt einige, hauptsächlich der Populationsgenetik zu verdankende robuste Befunde, die in diesem Kapitel dargestellt wurden. Nach diesen Befunden sind die zehn eingangs genannten verbreiteten Annahmen falsch; richtig sind vielmehr die folgenden zehn Annahmen (vgl. Kasten zu den zehn richtigen Annahmen über den genetischen Einfluss):

Zehn richtige Annahmen über den genetischen Einfluss

1. Genetische Einflüsse sind abhängig von den Umweltbedingungen
2. Umwelteinflüsse sind abhängig von der genetischen Ausstattung
3. Genetische Einflüsse lassen sich manchmal durch Umweltänderungen verändern
4. Genetische und Umwelteinflüsse auf Persönlichkeitsunterschiede sind meist so groß, dass bei der Persönlichkeitserklärung immer beide berücksichtigt werden müssen
5. Genetische Einflüsse auf Persönlichkeitsunterschiede beruhen auf sehr vielen Genen
6. Genetische Einflüsse sind je nach Eigenschaft unterschiedlich groß
7. Genetische Einflüsse auf eine Persönlichkeitseigenschaft sind je nach Kultur unterschiedlich groß
8. Genetische Einflüsse auf eine Persönlichkeitseigenschaft sind je nach Alter unterschiedlich groß
9. Der genetische Einfluss auf die Intelligenz *eines* Menschen lässt sich nicht in Prozent ausdrücken
10. Prozentangaben über den genetischen Einfluss auf Intelligenzunterschiede sind dagegen möglich, sind aber populationsabhängig

Zusammenfassung

Persönlichkeitsunterschiede beruhen fast immer sowohl auf genetischen Unterschieden als auch auf Umweltunterschieden. Dabei schwankt der relative Anteil dieser beiden Einflussklassen von Merkmal zu Merkmal, Altersgruppe zu Altersgruppe und Population zu Population. Aber der einzelne Mensch ist weder Opfer seiner Gene noch Opfer seiner Umwelt. Denn manche Umwelten können persönlichkeitsabhängig ausgewählt oder hergestellt werden, und manche genetische Wirkungen können durch gezielte Umweltveränderungen geändert werden. Diese Einflussmöglichkeit ist begrenzt, weil viele Umweltbedingungen und viele genetische Bedingungen außerhalb der individuellen Einflussmöglichkeiten liegen. Menschen können deshalb aus genetischer Sicht ihre Persönlichkeitsentwicklung in Grenzen mitbestimmen. Derzeit müssen sie hierfür die Umweltbedingungen verändern, unter denen ihre Entwicklung stattfindet. Das führt zu der Frage, *welche* Umweltbedingungen die Persönlichkeitsentwicklung beeinflussen; sie wird im nächsten Kapitel behandelt.

Literatur

1. Asendorpf, J. B. & Kandler, C. (2018). Verhaltens- und molekulargenetische Grundlagen. In W. Schneider & U. Lindenberger (Hrsg.), *Entwicklungspsychologie* (8. Aufl.). Weinheim: Beltz Verlag.

2. Neyer, F. J. & Asendorpf, J. B. (2018). *Psychologie der Persönlichkeit* (6. Aufl.). Berlin: Springer Verlag, Kap. 2.5 und 6.2.

3. Daten für die Big Five nach Vukasović, T. & Bratko, D. (2015). Heritability of personality: A meta-analysis of behavior genetic studies. *Psychological Bulletin, 141*, 769–785.

4. Daten für den IQ nach Haworth, C. M. A, Wright, M. J., Luciano, M., Martin, N. G., de Geus, E. J. C., van Beijsterveldt, C. E. M. et al. (2010). The heritability of general cognitive ability increases linearly from childhood to young adulthood. *Molecular Psychiatry, 15,* 1112–1120.

5. Plomin, R., Pedersen, N. L., Lichtenstein, P. & McClearn, G. E. (1994). Variability and stability in cognitive abilities are largely genetic later in life. *Behavior Genetics, 24,* 207–215.

6. Plomin, R., DeFries J.C. & Loehlin J.C. (1977). Genotype-environment interaction and correlation in the analysis of human behavior. *Psychological Bulletin, 84,* 309–322.

7. Coon, H. & Carey, G. (1989). Genetic and environmental determinants of musical ability in twins. *Behavior Genetics, 19,* 183–193.

8. Burks, B. S. (1928). The relative influence of nature and nurture upon mental development: A comparative study of foster parent – foster child resemblance and true parent – true child resemblance. *Yearbook of the National Society for the Study of Education, 27,* 219–236.

9. Plomin, R. & Bergeman, C. S. (1985). Genetic and environmental components of ‚environmental' influences. *Developmental Psychology, 21,* 391–402.

10. Tucker-Drob, E. M. & Bates, T. C. (2016). Large cross-national differences in gene × socioeconomic status interaction on intelligence. *Psychological Science, 27,* 138–149.

11. Olson, J. M., Vernon, P. A. Harris, J. A. & Lang, K. L. (2001). The heritability of attitudes: A study of twins. *Journal of Personality and Social Psychology, 80,* 845–860.

12. Deary, I. J., Loehlin J. C. & DeFries J. C. (2010). The neuroscience of human intelligence differences. *Nature Reviews Neuroscience, 11,* 201–211.

13. Davies, G. et al. (2011). Genome-wide association studies establish that human intelligence is highly heritable and polygenetic. *Molecular Psychiatry, 16*, 996–1005.
14. Penke, L. & Jokela, M. (2016). The evolutionary genetics of personality revisited. *Current Opinion in Psychology, 7*, 104–109.
15. Caspi, A., McClay, J., Moffitt, T. E., Mill, J., Martin, J., Craig, I. W. et al. (2002). Role of genotype in the cycle of violence in maltreated children. *Science, 297*, 851–854.

15

Beziehungen: Eltern, Peers, Partner, Netzwerke

Welche Umweltbedingungen prägen unsere Persönlichkeit? Die Hauptrolle wird hierbei meist den Eltern zugesprochen, aber da die Stabilität der Persönlichkeitsunterschiede bis zum mittleren Erwachsenenalter zunimmt, sollten auch noch andere Umwelteinflüsse eine Rolle spielen. Tatsächlich zeigt die Längsschnittforschung, dass die Rolle der Eltern (aber auch der Geschwister) gemeinhin überschätzt wird. In der Kindheit beeinflussen auch Klassenkameraden und Freunde (Peers) die Persönlichkeitsentwicklung, nicht zu vergessen die Liebespartner und vielleicht ebenfalls die virtuellen Beziehungen in sozialen Onlinenetzwerken. Dabei läuft die Kausalität oft nicht einseitig von der Umwelt zur Persönlichkeit in Form von Sozialisationsprozessen, sondern auch umgekehrt von der Persönlichkeit zur Umwelt in Form von Prozessen der Auswahl und Veränderung von Beziehungen.

© Springer-Verlag GmbH Deutschland 2018
J. B. Asendorpf, *Persönlichkeit: was uns ausmacht und warum*,
https://doi.org/10.1007/978-3-662-56106-5_15

Elterlicher Erziehungsstil

Bis in die 1970er-Jahre hinein gingen Psychologen davon aus, dass Persönlichkeitsunterschiede durch Unterschiede im Erziehungsstil der Eltern geprägt werden. In der Öffentlichkeit und unter Pädagogen ist diese Ansicht auch heute noch weit verbreitet. Sie wurde ab 1970 aber in mehrfacher Hinsicht infrage gestellt (vgl. genauer dazu [1]):

- Der Erziehungsstil der Eltern wird auch durch die Persönlichkeit der Kinder beeinflusst
- deshalb variiert der Erziehungsstil zwischen Geschwistern
- Erziehungsstil und kindliche Persönlichkeit sind beide genetisch beeinflusst, sodass Korrelationen zwischen ihnen auch genetisch vermittelt sein können

Bis in die 1970er-Jahre hinein wurden in Stichproben von vielen Familien Korrelationen zwischen dem selbst beurteilten elterlichen (meist dem mütterlichen) Erziehungsstil und der Persönlichkeit eines ihrer Kinder bestimmt. Faktorenanalysen des Erziehungsstils (vgl. zur Methode der Faktorenanalyse Kap. 2) ergaben meist zwei Hauptfaktoren, auf denen Erziehungsstile variieren: Kontrolle des Kindes und Akzeptanz/Responsivität, womit das Akzeptieren kindlicher Bedürfnisse und das Eingehen auf diese Bedürfnisse gemeint ist. Damit lassen sich vier verschiedene Typen von Erziehungsstilen unterscheiden (vgl. Tab. 15.1).

Die Ergebnisse zeigten, dass sowohl ein autoritärer Erziehungsstil als auch laissez faire (franz. „gehenlassen"), also geringes Eingehen auf das Kind verbunden mit fehlender

Tab. 15.1 Vier Typen von Erziehungsstilen

Kontrolle	Akzeptanz/Responsivität	
	hoch	niedrig
stark	autoritativ-reziprok	autoritär
gering	permissiv	laissez faire

Kontrolle bis hin zur Vernachlässigung, mit zahlreichen negativen Persönlichkeitseigenschaften des Kindes korrelierte. Ein permissiver („antiautoritärer") Erziehungsstil galt in den 1960er-Jahren als durchaus adäquat, bis 1971 gezeigt wurde, dass er mit geringer sozialer Verantwortung und Unselbständigkeit der Kinder korrelierte. Dagegen hing die Kombination von Kontrolle und Akzeptanz/Responsivität (also der autoritativ-reziproke Erziehungsstil) durchweg mit positiven Eigenschaften der Kinder zusammen, insbesondere mit positivem Selbstwert und sozialer Kompetenz [2].

Das Problem dieser frühen Erziehungsstilforschung war, dass die gefundenen Korrelationen einseitig kausal interpretiert wurden: Der Erziehungsstil der Eltern beeinflusst die Persönlichkeit ihrer Kinder. Erst 1968 wurde die umgekehrte Interpretation in Betracht gezogen: Die Persönlichkeit der Kinder beeinflusst den Erziehungsstil ihrer Eltern [3]. So ist es plausibel, dass ein Kind, das von früh an viel schreit, bei seinen Eltern einen besorgten oder kontrollierenden Erziehungsstil hervorruft. Da aggressive Kinder meist schon früh durch häufiges Schreien auffallen (die Umkehrung gilt aber nicht!), lag die Annahme nahe, dass die vielfach gefundene Korrelation zwischen kindlicher Aggressivität und autoritärem Erziehungsstil zumindest teilweise durch die Kinder verursacht wurde. Deshalb wurde der Einfluss der Kinder auf den Erziehungsstil ihrer Eltern zuerst in Bezug auf Aggressivität untersucht. Hierbei ergaben sich sieben Argumente gegen einen Einfluss des Erziehungsstils auf die Aggressivität [4]:

- Medikamentöse Dämpfung hyperaktiver Kinder (z. B. durch Ritalin) führt zu einem weniger kontrollierenden Erziehungsstil
- Kinder, die im psychologischen Labor instruiert wurden, sich aggressiv zu gebärden, riefen bei ihren Müttern autoritäres Verhalten hervor
- Im psychologischen Labor riefen aggressive Jungen bei Müttern nichtaggressiver Jungen autoritäres Verhalten hervor, während Mütter aggressiver Jungen nichtaggressive Jungen *nicht* zu aggressivem Verhalten provozierten
- Bestrafung verstärkt aggressives Verhalten bei aggressiven Kindern, vermindert es aber bei nicht aggressiven Kindern
- Bei aggressiven Kindern finden sich gehäuft minimale körperliche Anomalien (z. B. an Zehen und Fingern), die auf pränatale Entwicklungsstörungen hinweisen
- Jungen sind im Durchschnitt physisch und verbal deutlich aggressiver als ihre Schwestern
- Adoptierte Jungen sind in ihrer Aggressivität dem leiblichen Vater ähnlicher als dem erziehenden Vater

Inzwischen besteht Einigkeit darin, dass sich bei vielen Persönlichkeitsmerkmalen Erziehungsstil und kindliche Persönlichkeit wechselseitig beeinflussen, also beide Einflussrichtungen gelten. Manche Merkmale der Kinder sind aber auch ausschließlich durch elterliche Merkmale bedingt.

Empirisch lassen sich die beiden Einflussrichtungen durch längsschnittliche *Cross-lagged-regression*-Studien trennen, bei denen aus dem einen Merkmal das andere Merkmal zu einem späteren Zeitpunkt vorhergesagt wird (vgl. genauer hierzu [5]). Ein Beispiel hierfür ist eine Längsschnittstudie an 565 Kindern, in der gezeigt wurde, dass sich aus dem Grad, in dem Eltern ihre Kinder überbewerten (z. B. Zustimmung zu „Mein Kind ist ein Geschenk Gottes an die Menschheit"), der Narzissmus ihrer Kinder vorhersagen ließ, nicht aber umgekehrt ([6]; vgl. Abb. 15.1). Das galt für Mütter und Väter in gleicher Weise.

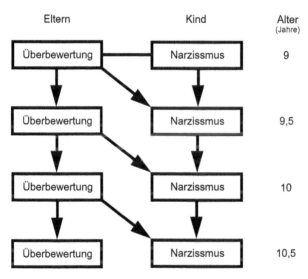

Abb. 15.1 Einfluss elterlicher Überbewertung ihrer Kinder auf den Narzissmus ihrer Kinder. Überzufällige Effekte sind durch Pfeile gekennzeichnet

Geschwister sind sich in ihrer Persönlichkeit nur mittelmäßig ähnlich (nur bei eineiigen Geschwistern ist die Ähnlichkeit höher). So korrelieren die Big Five zwischen Geschwistern um 0,40; beim IQ ist die Ähnlichkeit etwas stärker ausgeprägt (um 0,50). Geschwister unterscheiden sich also in ihrer Persönlichkeit. Wenn nun die Persönlichkeit des Kindes auf manche Erziehungsstile Einfluss nimmt, sollte der Erziehungsstil der Eltern zwischen Geschwistern variieren, also gar nicht so einheitlich sein, wie in der frühen Erziehungsstilforschung angenommen wurde. Das ist tatsächlich der Fall. So korreliert der bei Hausbesuchen von trainierten Beobachtern beobachtete Erziehungsstil gegenüber zwei Geschwistern nur ca. 0,30 zwischen den Geschwistern. Die Eltern verhalten sich also gegenüber den Geschwistern durchaus unterschiedlich. Auch die Geschwister sehen das so, wenn sie den Erziehungsstil ihrer Eltern beurteilen sollen (Korrelation ca. 0,25). Die Eltern überschätzen allerdings die Ähnlichkeit ihres Erziehungsstils gegenüber unterschiedlichen Geschwistern massiv (Korrelation ca. 0,70) [7].

Hinzu kommt das Problem, dass die gefundenen Korrelationen auch genetisch vermittelt sein können, also nur zum Teil Umwelteffekte sind. Beim Vergleich zwischen Familien sind sich ja Eltern und Kinder genetisch ähnlich (sie teilen 50 % ihrer Allele; vgl. Kap. 14). Und diese genetische Ähnlichkeit kann zumindest für einen Teil der Korrelation zwischen Erziehungsstil und kindlicher Persönlichkeit verantwortlich sein. So könnte die Korrelation zwischen autoritärem Erziehungsstil und kindlicher Aggressivität auch dadurch bedingt sein, dass weder der

Erziehungsstil das Kind noch das Kind den Erziehungsstil beeinflusst. Vielmehr begünstigen bestimmte Allele sowohl einen autoritären Erziehungsstil als auch Aggressivität bei den Kindern.

Um ganz sicherzugehen, dass man in der Erziehungsstilforschung wirklich Umwelteffekte untersucht, dürfte man nur Adoptionsfamilien untersuchen, in denen Eltern und Kinder nicht genetisch verwandt sind, oder den unterschiedlichen Erziehungsstil von Eltern gegenüber eineiigen Zwillingen erforschen. In diesen Fällen können Korrelationen zwischen Erziehungsstil und kindlicher Persönlichkeit nicht genetisch bedingt sein. Wegen dieser Probleme wird klassische Erziehungsstilforschung zumindest in der Psychologie inzwischen kaum noch betrieben. Das ist eigentlich schade. Denn aus Sicht eines Kindes kann es ja egal sein, ob sich die Eltern aus genetischen oder aus Umweltgründen ihm gegenüber so verhalten, wie sie sich verhalten. Entscheidend ist ihr Verhalten, nicht dessen Ursache. Insofern sind *Cross-lagged-regression*-Studien wie die in Abb. 15.1 gezeigte durchaus informativ.

Geschwister

Weit verbreitet ist auch die Meinung, dass die *Geschwisterposition* (Erstgeborenes, Zweitgeborenes usw. zu sein) die Persönlichkeit prägt. Da früher Geborene oft Betreuungsfunktionen für später Geborene übernehmen, wird angenommen, dass sie deshalb reifer, ernster und gewissenhafter würden, und zwar nicht nur im Umgang mit den jüngeren Geschwistern, sondern generell. Beobachtet man das Gegenteil, wird das dann auf einen unverarbeiteten frühen Geschwisterneid zurückgeführt (der Psychoanalytiker Alfred Adler sprach von der „Entthronung" des Erstgeborenen durch das Zweitgeborene). Das ist ein typisches Beispiel dafür, wie man im Alltag alles und sein Gegenteil durch Modifikation der Erklärung scheinbar überzeugend erklären kann. Was ist denn nun richtig?

In der empirischen Forschung wurden bis Ende der 1970er-Jahre Erstgeborene, Zweitgeborene usw. meistens anhand von elternbeurteilten Persönlichkeitsmerkmalen zwischen verschiedenen Familien miteinander verglichen. Tatsächlich wurde oft die Annahme bestätigt, dass die früher Geborenen reifer und gewissenhafter beurteilt wurden. In einer umfassenden Kritik dieses Ansatzes wurde jedoch auf zwei Probleme hingewiesen [8]. Erstens wurden meistens Eltern befragt, deren Urteil jedoch durch den Altersunterschied der Geschwister beeinflusst sein dürfte. Natürlich wirken ältere Kinder reifer und gewissenhafter als jüngere. Aber die Aufgabe der Eltern war ja zu beurteilen, ob ein älteres Geschwister reifer ist im Vergleich zu *seiner* Altersgruppe. Tatsächlich fanden sich bei Persönlichkeitsbeurteilungen durch Lehrer, die einen besseren Blick auf Persönlichkeitsunterschiede innerhalb derselben Altersgruppe haben, keine Unterschiede mehr bezüglich der Geschwisterposition. Zweitens variierte in diesen Studien die Kinderzahl mit dem Bildungsniveau der Eltern, sodass die gefundenen Geschwisterpositionseffekte auch Effekte des Bildungsniveaus sein könnten.

Beide Probleme kann man umgehen, wenn man nur Geschwister untereinander vergleicht und dabei Elternbeurteilungen vermeidet. Man untersucht also nur Familien mit mindestens zwei Kindern und bezieht die Unterschiede in der Geburtsposition innerhalb derselben Familie auf Persönlichkeitsunterschiede der Geschwister, entweder im Kindesalter oder im Erwachsenenalter. Mithilfe von Letzterem überprüft man langfristige Konsequenzen der Geschwisterposition. Inzwischen gibt es solche Studien an national repräsentativen, sehr großen Stichproben. Dort fand sich keinerlei Hinweis darauf, dass die Geschwisterposition im Erwachsenenalter einen bedeutsamen Einfluss auf die Big-Five-Faktoren oder den IQ hat [9]. Die Geschwisterposition hat also keinen nachweisbaren Effekt auf die Persönlichkeit im Kindes- oder Erwachsenenalter, auch wenn Eltern dies glauben und sich ältere Geschwister den jüngeren gegenüber anders verhalten als umgekehrt. Das ist aber eine Frage des Altersunterschieds, nicht der Geschwisterposition.

Peers

Judith Harris trug zahlreiche Argumente dafür zusammen, dass die Peers (hierzu werden Gleichaltrige im Kindesalter, also Klassenkameraden und Freunde, nicht aber Geschwister gezählt) manchmal eine bedeutendere Rolle für die Entwicklung spielen als die Eltern [10]. So ziehen Kinder von Immigranten bald die Sprache ihrer Peers der Sprache der Eltern vor, sogar zu Hause. Und es ist die Sprache ihrer Peergruppe, die sie später als Erwachsene sprechen. Diese schnelle Übernahme der Sprache des aufnehmenden Landes findet sich bei ihren Eltern nicht. Gibt es keine gemeinsame Sprache der Peers, wie z. B. in Hawaii gegen Ende des

19. Jahrhunderts, kreieren sie eine neue; das Kreolische auf Hawaii entstand so aus der Peergruppe heraus. In Zeiten, als die Taubstummengestik als entwicklungshemmend angesehen wurde, schlugen Versuche fehl, taube Kinder vom Gebrauch dieser Gestik abzuhalten. Die Kinder erlernten sie schnell gegen den Widerstand der Eltern und Erzieher, sobald sie mit anderen Kindern zusammentrafen, die diese Gestik nutzten. Versuche von Eltern, Kinder „geschlechtsneutral" zu erziehen, änderten genauso wenig an der geschlechtstypischen Entwicklung wie entsprechende Versuche in den Kinderläden der 1970er-Jahre (vgl. zu diesem ideologisch und emotional aufgeladenen Thema [11]).

Harris nahm deshalb in ihrer *Gruppensozialisationstheorie* an, dass alle Sozialisationseinflüsse zunächst den Filter der Peergruppe passieren müssten, um wirksam zu werden. Das ist manchmal so, nicht aber immer. So zeigen empirische Studien zur Übertragung von Einstellungen und Werten, dass religiöse und politische Überzeugungen eher „vertikal" von den Eltern auf die Kinder, profane Überzeugungen, etwa dass Jogging gesund sei oder welche Turnschuhe gerade „in" sind, dagegen eher „horizontal" von den Peers übernommen werden [12].

Allerdings sind diese frühen Studien zu Peereinflüssen aus denselben Gründen problematisch wie die frühe Erziehungsstilforschung: Aus Ähnlichkeiten zwischen Peers wird auf Peereinflüsse geschlossen. Dabei wird nicht beachtet, dass die untersuchten Kinder und Jugendlichen diese Ähnlichkeiten auch *selbst hergestellt* haben können, indem sie bestimmte Peers zu Freunden machen und andere ignorieren.

Deshalb unterscheidet man inzwischen *Sozialisationsprozesse* von *Selektionsprozessen*. Im Falle von Drogenkonsum beispielsweise spricht für Sozialisationsprozesse, wenn der Drogenkonsum dem Konsum der Freunde angepasst wird. Für Selektionsprozesse spricht, wenn ähnlicher Drogenkonsum die Entstehung von Freundschaften fördert. Das lässt sich wieder durch *Cross-lagged-regression*-Studien überprüfen. Die Ergebnisse zeigen, dass Drogenkonsum eine erhebliche Ähnlichkeit zwischen befreundeten Jugendlichen aufweist. Hierfür sind zunächst überwiegend Selektionsprozesse und später in ähnlicher Stärke Selektions- und Sozialisationsprozesse verantwortlich [13].

Recht gut untersucht ist auch die wechselseitige Beeinflussung zwischen sozialen Beziehungen und der Persönlichkeit im jungen Erwachsenenalter. In der ersten *Cross-lagged-regression*-Studie hierzu fand ich bei Erstsemestern der Humboldt-Universität, die ich siebenmal in den ersten drei Semestern befragen ließ, dass es mehrere Selektionseffekte, aber keine Sozialisationseffekte gab: Die Persönlichkeit beeinflusste die Beziehungen, nicht aber umgekehrt. So beeinflusste z. B. die soziale Gehemmtheit, erfragt in der ersten Woche des ersten Semesters, wie viele Peerbeziehungen im Verlauf der nächsten Monate angegeben wurden, während die Zahl der Peerbeziehungen keinen Einfluss auf die spätere soziale Gehemmtheit hatte ([14]; vgl. Abb. 15.2). Entsprechende Ergebnisse wurden auch in eher repräsentativen Studien gefunden: Die Persönlichkeit beeinflusst im jungen Erwachsenenalter die Anzahl und Qualität der sozialen Beziehungen, selten aber umgekehrt [15].

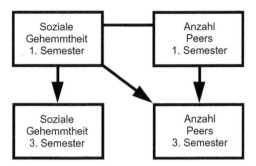

Abb. 15.2 Einfluss von sozialer Gehemmtheit auf die Anzahl der Peerbeziehungen in den ersten Semestern. Überzufällige Effekte sind durch Pfeile gekennzeichnet

Partner

Eine klare Ausnahme von der Regel, dass im jungen Erwachsenenalter die Persönlichkeit stärker die Beziehungen beeinflusst als umgekehrt, ist der Zeitpunkt, zu dem die erste stabile Partnerschaft eingegangen wird [15]. In der ersten Studie hierzu wurden vier Gruppen junger Erwachsener im Abstand von 4 Jahren untersucht:

- Dauersingles (anfangs und in den folgenden vier Jahren Single)
- Beginner (anfangs noch Single, später in Partnerschaft)
- Dauerhaft in Partnerschaft (Partnerschaft zu beiden Zeitpunkten)
- Getrennte (anfängliche Partnerschaft wurde beendet)

Mithilfe des Vergleichs der Beginner mit den Dauersingles überprüft man Effekte des Eingehens der ersten Partner-

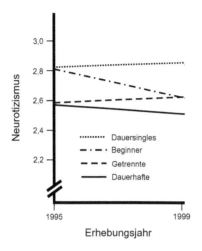

Abb. 15.3 Einfluss der ersten Partnerschaft auf Neurotizismus. (Aus [5], Abb. 2.12)

schaft, mithilfe des Vergleichs der Dauerhaften mit den Getrennten die Effekte einer Trennung. In Abb. 15.3 sind die Ergebnisse zum Neurotizismus dargestellt. Danach vermindert die erste stabile Partnerschaft Neurotizismus, während eine Trennung ihn nicht größer werden lässt (die etwas geringere Abnahme bei den Getrennten gegenüber den Dauerhaften war nicht überzufällig). Das Eingehen der ersten stabilen Partnerschaft ist sozusagen ein Spiel, das man nicht verlieren kann: Es senkt dauerhaft den Neurotizismus.

Dieses Ergebnis wurde noch einmal vier Jahre später repliziert, als unter den Dauersingles eine Untergruppe nun doch eine erste Partnerschaft einging. Auch hier fand sich die erwartete Abnahme des Neurotizismus gegenüber den Studienteilnehmern, die auch nach 8 Jahren noch

Singles waren. Denselben Effekt fand man bei einer Wiederholungsuntersuchung auch in den USA. Er ist ein Grund dafür, warum Neurotizismus im jungen Erwachsenenalter abnimmt (vgl. Kap. 12): Die meisten gehen in diesem Alter eine erste stabile Partnerschaft ein. Der Effekt dürfte darauf basieren, dass in der ersten stabilen Partnerschaft meist eine sichere Bindung an den Partner entsteht (vgl. Kap. 13), die den Neurotizismus senkt [5].

Neurotizismus ist auch der größte bekannte Risikofaktor für Unzufriedenheit mit der Partnerschaft und Trennung. Das gilt für den eigenen Neurotizismus und den des Partners und für beide Geschlechter. Dies wurde in mehreren Längsschnittstudien gefunden, in denen frisch verheiratete Paare mehrfach befragt wurden, z. T. über einen Zeitraum von 45 Jahren [16]. Bei Männern (nicht aber bei Frauen) war mangelnde Impulskontrolle ein fast ebenso wichtiger Risikofaktor.

Gut untersucht ist auch die Frage, ob Partner nach Persönlichkeitsähnlichkeit gewählt werden oder nicht und ob die Ähnlichkeit in der Persönlichkeit langfristig eine Partnerschaft fördert oder nicht. Im Alltag haben wir mal wieder für beides eine Erklärung, die jedoch wertlos ist, weil beide Erklärungen einander widersprechen: „Gleich und gleich gesellt sich gern. Gegensätze ziehen sich an". Diese Frage lässt sich am besten empirisch beantworten, indem man repräsentative Stichproben von Paaren befragt und deren Ähnlichkeit in der Persönlichkeit in Abhängigkeit von der Beziehungsdauer betrachtet. Für den IQ, Bildungsniveau, Religiosität, Konservativismus und andere Einstellungen und Werthaltungen findet man Korrelationen im mittleren

Bereich (um 0,40) [17]. Lediglich hinsichtlich sexueller Dominanz – Submission dürften sich eher Gegensätze anziehen. Hierzu gibt es aber noch keine soliden empirischen Untersuchungen.

Für die Big-Five-Faktoren wurde in einer für Deutschland repräsentativen Untersuchung an fast 7000 Paaren gefunden, dass sich die Partner am ähnlichsten in Bezug auf Offenheit gegenüber neuen Erfahrungen (Korrelation 0,33) und Gewissenhaftigkeit (0,31) waren. Bei Verträglichkeit (0,25) war die Ähnlichkeit nur gering und bei Neurotizismus (0,15) und Extraversion (0,10) sehr gering. Bei verheirateten Paaren waren die Korrelationen etwas höher als bei nichtverheirateten zusammenwohnenden Paaren. Je länger die Partner verheiratet waren, desto größer war ihre Ähnlichkeit für Gewissenhaftigkeit, Verträglichkeit und Offenheit, nicht aber für Extraversion und Neurotizismus [18].

Worauf beruht diese Ähnlichkeit von Paaren? Vier Faktoren spielen hier eine Rolle. Zum einen kann ein Gleichklang in der Persönlichkeit die Kommunikation erleichtern (man versteht den anderen besser, weil er ähnlich „tickt" oder ähnliche Interessen und Vorlieben hat). Das kann bei der Partnersuche in den ersten Kontakten hilfreich sein und dazu beitragen, dass es „funkt". Zum Zweiten kann die Ähnlichkeit längerfristig das Zusammenleben fördern bzw. zu große Unähnlichkeit kann zu Konflikten führen, sodass es schneller zur Trennung kommt. Drittens kann Ähnlichkeit aber auch ohne eigenes Zutun dadurch entstehen, dass man sich meist in bestimmten sozialen Milieus bewegt. Studentinnen haben mehr Gelegenheit, Studenten kennenzulernen als Hauptschulabgänger. Schon deshalb korrelieren der IQ und bildungsabhängige Einstellungen und Werte zwischen Partnern. Und viertens sorgt die Konkurrenz auf dem Partnermarkt bei besonders attraktiven Merkmalen dafür, dass Ähnlichkeit in diesen Merkmalen entsteht. Wenn jeder Mann eine schöne Frau haben möchte, kann dieser Wunsch nur selten Wirklichkeit werden. Da Frauen entgegen verbreiteter Meinung zumindest anfangs die Schönheit des Mannes ebenso anziehend finden wie Männer die Schönheit der Frau [19], haben schöne Männer es leichter, in Kontakt mit schönen Frauen zu kommen. Und dieser Startvorteil führt dann zu einer Ähnlichkeit in der Schönheit von Partnern, auch wenn im Verlauf des Kennenlernens noch viele andere Merkmale ins Spiel kommen, die die Korrelation begrenzen.

Netzwerke

Eltern, Geschwister, Peers, Partner und eigene Kinder sind Bezugspersonen, die den allergrößten Teil des *sozialen Netzwerks* ausmachen. Die Netzwerkperspektive hat den Vorteil, dass beziehungsübergreifende Merkmale der sozialen Umwelt als Bedingungen oder Konsequenzen der Persönlichkeit untersucht werden können, z. B. Größe des Netzwerks oder Zusammensetzung des Netzwerks hinsichtlich Anteil der Verwandten, der gleichgeschlechtlichen Bezugspersonen oder der Peers. Die hierbei gefundenen Beziehungen zwischen Netzwerkmerkmalen und Persönlichkeit sind eher gering; am stärksten korrelieren noch Netzwerkgröße und Extraversion miteinander, was nicht überraschend ist [17].

Zu diesen realen Netzwerken gesellen sich in jüngerer Zeit soziale Netzwerke mit Bekannten im Internet (*soziale Onlinenetzwerke*), z. B. auf Facebook oder in berufs- oder interessenorienterten Netzwerken wie Xing oder Joyclub. Diese Onlinenetzwerke überlappen sich meist zu einem gewissen Teil mit dem Netzwerk aus realen Beziehungen (*Offlinenetzwerk*). Aber es gibt meist sehr viele *virtuelle Bekannte* in Onlinenetzwerken, die man nie real getroffen hat, sondern mit denen man nur online kommuniziert hat. Zwar gab es schon früher reine Brieffreundschaften, aber die Möglichkeiten, sich mit einer großen Zahl virtueller Bekannter auszutauschen, sind im letzten Jahrzehnt geradezu explodiert. Ist die Nutzung solcher Onlinenetzwerke persönlichkeitsabhängig, und gibt es Rückwirkungen dieser Nutzung auf die Persönlichkeit?

Neuerdings gibt es hierzu zahlreiche empirische Untersuchungen, die sich fast immer auf die Facebooknutzung beziehen [20]. Virtuelle Freundschaften können auf Facebook mit einem Klick geschlossen oder auch wieder aufgelöst werden. Und persönliche Mitteilungen lassen sich in Sekundenschnelle verbreiten. Das hat zu Enthusiasmus, aber auch zu großer Skepsis geführt. Einerseits wird es sozial gehemmten Menschen oder solchen mit einem niedrigen Selbstwert leichter gemacht, andere anzusprechen, andererseits könnte es bei oberflächlichen Kontakten bleiben. Bei einer durchschnittlichen Zahl von ca. 150 Facebookfreunden [21] kann von echten Freundschaften in den allermeisten Fällen keine Rede sein.

In einer repräsentativen britischen Studie für das Alter 18 bis 65 Jahre im Jahr 2015 wurde das Onlinenetzwerk nach der persönlichen Bedeutung der Netzwerkmitglieder in drei Schichten gegliedert: alle, alle engen Freunde und alle Mitglieder, an die man sich bei persönlichen Problemen wenden würde (das Unterstützungsnetzwerk). Im Mittel gab es 155 Onlinefreunde, 14 enge Freunde und vier Vertrauenspersonen für persönliche Probleme. Diese Zahlen sind überraschend ähnlich denjenigen, die man für das Offlinenetzwerk erhält, wenn man nach realen Bekannten, engen Freunden und unterstützenden Personen fragt [21]. Das Onlinenetzwerk unterscheidet sich von daher gar nicht so sehr vom Offlinenetzwerk.

Tatsächlich scheinen Onlinenetzwerke vor allem genutzt zu werden, um Offlinebekannte miteinander zu vernetzen. So kontaktierten Jugendliche vor allem diejenigen Peers, zu denen auch offline Kontakt besteht [22]. Studierende mit niedrigem Selbstwert glauben zwar, dass Facebook es leichter macht, Kontakte zu knüpfen. Aber Beurteiler, die nur ihre Posts gesehen hatten, finden sie im Vergleich zu Postern mit hohem Selbstwert weniger nett, möchten sie weniger gerne kennenlernen und möchten weniger gerne mit ihnen befreundet sein [23].

Zwar mögen viele Facebooknutzer glauben, dass ihnen das Unterhalten eines großen Netzwerks virtueller Freunde soziale Anerkennung verschafft und sie dadurch glücklicher macht, aber das Gegenteil scheint der Fall zu sein. Denn je häufiger Facebook genutzt wird, desto schlechter fühlen sich die Nutzer [24]. Hierbei scheint es entscheidend zu sein, *wie* Facebook genutzt wird. Bei aktiver Nutzung postet man selbst Texte oder Bilder, bei passiver Nutzung liest man nur Posts anderer. Es konnte sowohl experimentell als auch in einer Feldstudie gezeigt werden, dass passive Nutzung für die schlechte Stimmung verantwortlich ist. Hierbei wurden Studienteilnehmer instruiert, Facebook nur aktiv oder nur passiv zu nutzen, oder ihre Nutzung wurde sechs Tage lang mehrfach am Tag abgefragt. In beiden Fällen gab es einen Zusammenhang zwischen passiver Nutzung und schlechter Laune, nicht aber zwischen aktiver Nutzung und schlechter Laune. Da die Teilnehmer an der Feldstudie Facebook doppelt so häufig passiv nutzten wie aktiv, erklärt das den allgemeinen Zusammenhang zwischen Facebooknutzung und Stimmungslage. Der typische Facebooknutzer vermiest sich also selbst die Stimmung, indem er meist passiv ist. Ansonsten gab es nur einen einzigen weiteren Faktor, der die Stimmungslage beeinflusste: Offlineinteraktion *verbesserte* sie [24].

Es ist noch zu früh, um aus diesen ersten Ergebnissen zur Nutzung von Onlinenetzwerken Rückschlüsse auf deren Effekt auf die Persönlichkeitsentwicklung zu ziehen. Denn dazu sind Längsschnittstudien über mehrere Jahre erforderlich, die bestenfalls begonnen haben. Dennoch versprechen die bisherigen Ergebnisse nichts Gutes, was die intensive Nutzung durch Menschen angeht, die offline Kontaktschwierigkeiten haben oder sich auf passive Nutzung beschränken. Andererseits sind Onlinenetzwerke hilfreich, um aktiv berufliche Kontakte zu knüpfen, sich mit Gleichgesinnten über bestimmte Themen auszutauschen oder längere Auslandsaufenthalte durch aktiven Austausch mit Offlinebekannten, Freunden und Verwandten zu überbrücken.

Zusammenfassung

Die Persönlichkeit unterliegt zahlreichen Umwelteinflüssen, die von nahestehenden Bezugspersonen im sozialen Netzwerk ausgeübt werden, vor allem Eltern, Peers und Partner. Aber auch umgekehrt gibt es zahlreiche Einflüsse der Persönlichkeit auf den Erziehungsstil der Eltern, die Wahl von Freunden und die Partnerwahl. Wir können also unsere soziale Umwelt maßgeblich mitbestimmen. Darüber hinaus bewegen wir uns aufgrund der Bildung und Interessen in bestimmten sozialen Milieus, was ebenfalls die Ähnlichkeit zwischen Freunden und Partnern fördert. Soziale Onlinenetzwerke bieten neue Möglichkeiten zur Kommunikation. Darüber hinaus hat es in den letzten 100 Jahren viele weitere kulturelle Veränderungen gegeben. Wie Flynn-Effekt und Greenwich-IQ zeigen, kann das zu kulturabhängigen Unterschieden in der mittleren Ausprägung von Persönlichkeitsmerkmalen führen. Diese Kulturabhängigkeit der Persönlichkeit wird im nächsten Kapitel allgemeiner diskutiert.

Literatur

1. Asendorpf, J. B., Banse, R. & Neyer, F. J. (2017). *Psychologie der Beziehung* (2. Aufl.). Bern: Hogrefe Verlag. Kap. 2.2.1.
2. Baumrind, D. (1971). Current patterns of parental authority. *Developmental Psychology Monographs*, *1*, 1–103.
3. Bell, R. Q. (1968). A reinterpretation of the direction of effects in studies of socialization. *Psychological Review*, *75*, 81–95.

4. Lytton, H. (1990). Child and parent effects in boys' conduct disorder: A reinterpretation. *Developmental Psychology, 26,* 683–697.
5. Neyer, F. J. & Asendorpf, J. B. (2018). *Psychologie der Persönlichkeit* (26. Aufl.). Berlin: Springer-Verlag, Kap. 3.7.
6. Brummelman, E., Thomaes, S., Nelemans, S. A., Orobio de Castro, B., Overbeek, G. & Bushman, B. J. (2015). Origins of narcissism in children. *Proceedings of the National Academy of Sciences, 112,* 3659–3662.
7. Neiderhiser, J. M., Reiss, D. & Hetherington, E. M. (2007). The Nonshared Environment in Adolescent Development (NEAD) Project: A longitudinal family study of twins and siblings from adolescence to young adulthood. *Twin Research and Human Genetics, 10,* 74–83.
8. Ernst, C. & Angst, J. (1983). *Birth order.* Berlin: Springer Verlag.
9. Rohrer, J. M., Egloff, B. & Schmukle, S. C. (2015). Examining the effects of birth order on personality. *Proceedings of the National Academy of Sciences, 112,* 14224–14229.
10. Harris, J. R. (2000). *Ist Erziehung sinnlos?* Reinbek: Rowohlt.
11. Bischof-Köhler, D. (2011). *Von Natur aus anders: Die Psychologie der Geschlechtsunterschiede* (4. Aufl.). Stuttgart: Kohlhammer.
12. Cavalli-Sforza, L. L., Feldman, M. W., Chen, K. H. & Dornbusch, S. M. (1982). Theory and observation in cultural transmission. *Science, 218,* 19–27.
13. Burk, W. J., van der Vorst, H., Kerr, M. & Stattin, H. (2012). Alcohol intoxication frequency and friendship dynamics: Selection and socialization in early-, middle- and late-adolescent peer networks. *Journal of Studies on Alcohol and Drugs, 73,* 89–98.

14. Asendorpf, J. B. & Wilpers, S. (1998). Personality effects on social relationships. *Journal of Personality and Social Psychology*, *74*, 1531–1544.

15. Neyer, F. J. & Asendorpf, J. B. (2001). Personality-relationship transaction in young adulthood. *Journal of Personality and Social Psychology*, *81*, 1190–1204.

16. Karney, B. R. & Bradbury, T. N. (1995). The longitudinal course of marital quality and stability: A review of theory, method, and research. *Psychological Bulletin, 118*, 3–34.

17. Übersicht in Asendorpf, J. B., Banse R. & Neyer, F. J. (2017). *Psychologie der Beziehung* (2. Aufl.). Bern: Hogrefe Verlag, Kap. 2.6.

18. Rammstedt, B. & Schupp, J. (2008). Only the congruent survive – personality similarities in couples. *Personality and Individual Differences, 45*, 533–535.

19. Eastwick, P. W., Luchies, L. B., Finkel, E. J. & Hunt, L. L. (2014). The predictive validity of ideal partner preferences: A review and meta-analysis. *Psychological Bulletin, 140*, 623–665.

20. Wilson, R. E., Gosling, S. D. & Graham, L. T. (2012). A review of facebook research in the social sciences. *Perspectives on Psychological Science*, *7*, 203–220.

21. Dunbar, R. I. M. (2016). Do online social media cut through the constraints that limit the size of offline social networks? *Royal Society Open Science*, *3*, 150–292.

22. Reich, S. M., Subrahmanyam, K. & Espinoza, G. (2012). Friending, IMing, and hanging out face-to-face: Overlap in adolescents' online and offline social networks. *Developmental Psychology*, *48*, 356–368.

23. Forest, A. L. & Wood, J. V. (2012). When social networking is not working: Individuals with low self-esteem recognize but do not reap the benefits of self-disclosure on Facebook. *Psychological Science*, *23*, 295–302.

24. Verduyn, P., Lee, D. S., Park, J., Shablack, H., Orvell, A. & Bayer J. (2015). Passive Facebook usage undermines affective well-being: Experimental and longitudinal evidence. *Journal of Experimental Psychology: General, 144*, 480–488.

16

Im Wandel – kulturelle Einflüsse

Meistens wird die Persönlichkeit nur zwischen Menschen derselben Kultur zu einem bestimmten historischen Zeitpunkt
verglichen. Dann bleiben kulturelle Einflüsse verborgen, weil
sie von allen diesen Menschen geteilt werden und deshalb
nicht zu individuellen Besonderheiten beitragen. Sie werden
aber dann sichtbar, wenn wir die Persönlichkeit zwischen
verschiedenen Kulturen oder verschiedenen Zeitpunkten
der historischen Entwicklung derselben Kultur vergleichen.
Da alle Kulturen einem steten Wandel unterliegen, ist es
sinnvoll, auch bei Vergleichen zwischen Kulturen den kulturellen Wandel zu berücksichtigen. Voraussetzung ist dabei,
dass Verfahren der Persönlichkeitserfassung überhaupt zwischen verschiedenen Kulturen vergleichbar sind. Ist diese Vergleichbarkeit gegeben, können kulturelle Mittelwerte von
Persönlichkeitsmerkmalen zwischen Kulturen verglichen

(Fortsetzung)

© Springer-Verlag GmbH Deutschland 2018
J. B. Asendorpf, *Persönlichkeit: was uns ausmacht und warum*,
https://doi.org/10.1007/978-3-662-56106-5_16

und durch kulturelle Unterschiede erklärt werden. Hierzu gibt es inzwischen umfangreiche Daten aus zahlreichen weltweiten empirischen Studien, deren Interpretation jedoch nicht so einfach ist, wie es den Anschein haben mag.

Einflüsse kultureller Unterschiede und des historischen Wandels wurden bereits in Kap. 10 deutlich, als nationale Unterschiede im Hinblick auf die mittlere Leistung in IQ- und Schulleistungstests (Greenwich-IQ) diskutiert und auf den Flynn-Effekt bezogen wurden (historische Zunahme der mittleren Leistung in IQ-Tests in westlichen Kulturen). Im Folgenden wird dies für Persönlichkeitsunterschiede ganz allgemein diskutiert, zunächst für den historischen Wandel innerhalb einer Kultur und dann für den Vergleich verschiedener Kulturen.

Historischer Wandel

Um historische Veränderungen der mittleren Ausprägung eines Persönlichkeitsmerkmals empirisch zu untersuchen, muss man das Merkmal in derselben Altersgruppe derselben Population mit vergleichbaren Methoden zu deutlich unterschiedlichen historischen Zeitpunkten (langfristige Trends) oder im Verlauf deutlicher gesellschaftlicher Veränderungen erfassen (z. B. im Verlauf von Wirtschaftskrisen). Da mit Ausnahme der Intelligenz solide persönlichkeitspsychologische Daten erst seit wenigen Jahrzehnten erhoben werden, gibt es erst wenige seriöse Studien zu langfristigen historischen Trends bei den Persönlichkeitsmerkmalen und dann fast nur aus den USA und meist (aber nicht nur) bei Studierenden. Hierbei wurden ab ca. 1980 u. a. folgende langfristige Trends beobachtet [1, 2]:

- Zunahme des Narzissmus, des Selbstwerts, von Extraversion, agentischer und extrinsischer Motive, individualistischer Werte
- Abnahme von Empathie

Zu Narzissmus und Selbstwert vgl. Kap. 3, zu Empathie vgl. Kap. 8. Agentische Motive beziehen sich auf Selbstverwirklichung, Leistung und Macht. Das lässt sich von gemeinschaftsorientierten Motiven abgrenzen, die sich auf Hilfeleistung und Unterstützung anderer und die Pflege sozialer Beziehungen beziehen. Extrinsisch motiviertes Handeln wird durch Belohnung angeregt (z. B. Lernen für gute Noten); dies unterscheidet sich von intrinsisch motiviertem Handeln, bei dem das Handeln selbst belohnend ist (z. B. Lernen aus Interesse am Stoff). Individualistische Werte sind die Wertschätzung des eigenen Erfolgs im beruflichen und sozialen Bereich (z. B. reich, schön und berühmt zu sein) in Abgrenzung von kollektivistischen Werten, der Wertschätzung des Wohlergehens der eigenen Familie und sozialen Gruppe (z. B. ein guter Vater, eine gute Partnerin, ein loyales Mitglied der Firma zu sein).

Diese Trends werden nicht nur in Selbstbeurteilungen der Persönlichkeit deutlich, sondern auch in der massiven Zunahme von Schönheitsoperationen, der Zunahme von Reality-TV-Shows, der Inflationierung von Bestnoten bei Schülern, der Zunahme von ichbezogenen Wörtern in Texten und Liedern sowie der Zunahme der Wahl möglichst

individueller Vornamen bei den eigenen Kindern [3, 4].
Aufgrund dieser Trends wurden US-amerikanische junge
Erwachsene der Jahrgänge 1980 bis 1990 vor Einsetzen
der Wirtschaftskrise 2008 als „Generation Me" und die
Zunahme von Narzissmus auch in anderen Altersgruppen
zu dieser Zeit als „narcissism epidemic" beschrieben [3].
Hinweise auf einen vergleichbaren Trend in China lieferten
dortige Vergleiche zwischen Stadt und Land und sozialen
Schichten [5]. Auf welche kulturellen Veränderungen diese
Trends zurückgeführt werden können, wird im nächsten
Abschnitt über Kulturvergleiche diskutiert.

Die Weltwirtschaftskrisen 1929 und 2008 wurden auch
für psychologische Untersuchungen zu Auswirkungen auf
Persönlichkeitsmerkmale genutzt. Am bekanntesten ist die
1974 erschienene Studie von Glen Elder über die „Children
of the Great Depression" [6]. Sie bezieht sich auf Daten der
Oakland Growth Study, die 1932 mit 212 Fünftklässlern
von fünf Grundschulen aus einem an Berkeley angrenzen-
den Teil von Oakland begonnen wurde. Dieser Stadtteil
nahe San Francisco gehört zu den eher privilegierten Teilen
Kaliforniens, und die Schulen kooperierten mit der University of Berkeley. Der IQ der Kinder (Mittel 116) und das
Bildungsniveau der Eltern lagen klar über dem Durchschnitt. Dennoch waren auch diese Familien von der Wirtschaftskrise deutlich betroffen. So war ihr Einkommen
1933 39 % niedriger als vor 1929, ein Drittel der Väter
war während der Krise zeitweise arbeitslos, und ein Drittel
der Familien wurde zeitweise durch öffentliche oder private
Hilfsorganisationen unterstützt [7].

Das Hauptproblem dieser Studie von Elder war, dass
keine Vergleichsdaten zur Entwicklung von Kindern vor

oder nach der Krise vorhanden waren, sodass andere Autoren, die vor Elder dieselben Längsschnittdaten untersucht hatten, sich eher zurückhaltend über Einflüsse der Krise äußerten [7]. Auch eine spätere viel zitierte Studie an 205 Jungen der siebten Klasse in einem ländlichen Bezirk von Iowa, der von der US-Landwirtschaftskrise in den 1980er-Jahren stark betroffen war, fehlte es an einer Vergleichsgruppe [8].

Die wohl erste Studie zu Effekten einer Wirtschaftskrise, die auf einem Vergleich von großen Stichproben direkt vor und inmitten der Krise beruht, wurde vor Kurzem in Griechenland durchgeführt [9]. Wir hatten dort 2005 eine Untersuchung zu Risikofaktoren von über 1000 Jugendlichen in einem Stadtteil von Athen mit 50 % Immigrantenanteil durchgeführt. Wir nutzten die Wirtschaftskrise ab 2008, von der Griechenland besonders betroffen war, um inmitten der Krise im Jahr 2013 noch einmal über 1000 Jugendliche desselben Alters in dem gleichen Stadtteil mit denselben Methoden zu untersuchen. In den 8 Jahren zwischen den beiden Untersuchungen war der Immigrantenanteil auf 65 % gestiegen, und auch die ethnische Zusammensetzung der Immigranten hatte sich verändert. Derartige Unterschiede lassen sich aber mit statistischen Methoden kontrollieren. Nach dieser Kontrolle konnten die beiden Stichproben direkt miteinander verglichen werden, und der Unterschied zwischen ihnen konnte weitgehend als Effekt der Krise interpretiert werden.

Der größte Unterschied ergab sich für Verhaltensprobleme in der Klasse, die von den Lehrern berichtet wurden.

Während der Krise gab es mehr Störungen im Unterricht und erheblich häufiger unentschuldigtes Fernbleiben vom Unterricht. Die Noten wurden aber nicht schlechter, und die von Lehrern berichtete Lernmotivation nahm im Mittel nicht ab. Dahinter verbargen sich zwei gegenläufige Trends. Denn es gab in der Krise eine Gruppe von Schülern mit besonders hoher Lernmotivation und besonders guten Noten, die die niedrigere Motivation und die schlechteren Noten der Gruppe mit mehr Verhaltensproblemen kompensierte. Je höher das Bildungsniveau der Eltern war, desto eher gehörten die Jugendlichen der hoch motivierten Gruppe an. Die Krise hatte also auch positive Effekte auf Jugendliche aus gebildeteren Elternhäusern, die glaubten, durch bessere Bildung die Nachteile ihrer Generation durch die Krise kompensieren zu können. Dies war allerdings nicht zum Nutzen des Landes, denn Griechenland leidet seit der Krise unter einer selektiven Auswanderung hoch motivierter junger Erwachsener. Jugendliche Immigranten der beiden ersten Generationen unterschieden sich in diesen Effekten der Krise nicht wesentlich von ihren griechischen Klassenkameraden.

Auch wenn die empirische Forschung zu Effekten des kulturellen Wandels auf die Persönlichkeit noch in den Kinderschuhen steckt, vermitteln die Beispiele für den Flynn-Effekt, die Zunahme des Narzissmus und gegenläufige motivationale Effekte einer Wirtschaftskrise bei Jugendlichen einen Eindruck davon, was diese Forschung schon heute leisten kann.

Kulturelle Unterschiede

Werden unterschiedliche Kulturen in der mittleren Ausprägung von Persönlichkeitsmerkmalen verglichen, also in
ihrem „Nationalcharakter", tritt ein methodisches Problem
in den Vordergrund, das bisher noch nicht thematisiert
wurde: Kann man die Persönlichkeit in ganz unterschiedlichen Kulturen überhaupt mit demselben Maßstab messen
(z. B. demselben IQ-Test oder demselben Fragebogen)? Fast
immer muss dabei das ursprüngliche Erfassungsinstrument
in eine andere Sprache übersetzt werden, aber das ist kein
gravierendes Problem. Bessere Studien verwenden nämlich
hierfür die Methode der Rückübersetzung, bei der zweispra-
chig Aufgewachsene zunächst eine erste Übersetzungsver-
sion herstellen, die dann von einer zweiten Gruppe Zwei-
sprachiger in die Ursprungssprache rückübersetzt wird.
Ergeben sich hierbei wesentliche Abweichungen von der
Originalversion, wird das Verfahren mit weiteren Personen
so lange wiederholt, bis die Rückübersetzung mit dem
Original bis auf Kleinigkeiten übereinstimmt.

Das wirkliche Problem ist, dass die *psychologische Bedeutung* von Testverfahren, Fragen in Fragebögen oder psychologischen Merkmalen von Kultur zu Kultur variieren kann.
Das möchte ich am Beispiel des Fremde-Situation-Test für
den frühkindlichen Bindungsstil illustrieren (vgl. Kap. 5,
Tab. 5.2). Normalerweise wird der Test mit Mutter oder
Vater als den primären Bezugspersonen durchgeführt. Im
traditionellen israelischen Kibbuz schliefen die Kinder in
einem gemeinsamen Schlafsaal und wurden tagsüber von
einer Erzieherin betreut, die typischerweise für dieselben

drei Kinder zuständig war, also eine enge Beziehung zu ihnen entwickeln konnte. Eine Längsschnittstudie mit solchen Kibbuzkindern testete deren Bindungsqualität zu Mutter, Vater und Erzieherin und verglich die Vorhersagequalität der drei ermittelten Bindungsstile für die spätere soziale Kompetenz mit Gleichaltrigen im Vorschulalter. Aufgrund des Bindungsstils zur Erzieherin, nicht aber aufgrund des Bindungsstils zur Mutter oder zum Vater, ließ sich die spätere Kompetenz gut vorhersagen [10].

Während das Problem der kulturellen Vergleichbarkeit im Fall der Kibbuzkinder einfach zu lösen ist (es muss in jeder Kultur ja nur die Bindung an die wichtigste Bezugsperson getestet werden), zeigte eine Studie in Japan ein grundsätzlicheres Problem auf. Dort wachsen Kinder typischerweise in großer Nähe zur Mutter auf. Im Kindergartenalter schläft die Mehrheit noch mit der Mutter in einem Bett, und gemeinsames Baden ist sehr verbreitet. Japanische Mütter verlassen ihre Kinder in den beiden ersten Lebensjahren sehr selten und lassen sie fast nie alleine spielen. Von daher ist zu erwarten, dass die Trennung von der Mutter und das Alleinsein mit der Fremden in Phase 3 des Tests (vgl. Tab. 5.2) für diese Kinder ein sehr viel stärkerer Stressfaktor ist als für Kinder westlicher Kulturen. Tatsächlich konnte der Test in Japan bei 60 Kindern in keinem einzigen Fall ohne vorzeitigen Abbruch der Phase 3 durchgeführt werden, während das in den USA in 53 % der Fälle möglich war. Deshalb wurde auch kein einziges japanisches Kind als vermeidend klassifiziert, und die Rate der ängstlich-ambivalenten Kinder war mit 32 % doppelt so hoch wie in den USA [11]. Hier wird deutlich, dass der Test für japanische Kinder verändert werden muss, um ein vergleichbares mittleres Stressniveau in Phase 3 zu erreichen. Nach derartigen kulturellen Anpassungen ist der Fremde-Situation-Test dann aber in allen Kulturen nutzbar [12].

Lange Zeit gab es in der kulturvergleichenden empirischen Psychologie eine Debatte über die (Un-)Vergleichbarkeit von Testverfahren zwischen Kulturen, in der sich drei Lager gegenüberstanden. Die radikalen Relativisten meinten, dass nur kulturspezifische Tests möglich seien; die Universalisten glaubten, es gebe durchaus kulturell direkt vergleichbare Tests (wie z. B. Tests zur Ermittlung der Informationsverarbeitungsgeschwindigkeit). Und die Kontextualisten schlugen einen Kompromiss vor: Testergebnisse können dann zwischen Kulturen verglichen werden, wenn sie den jeweiligen kulturellen Besonderheiten angepasst werden. Inzwischen hat sich der Kontextualismus durchgesetzt, wobei drei Phasen der Forschung unterschieden werden können [13], was hier am Beispiel der Big-Five-Faktoren (vgl. Kap. 2) illustriert wird.

Zunächst wurden die Big Five durch Analysen englischer, später auch holländischer und deutscher Wörterbücher mit nachfolgenden Faktorenanalysen gefunden (vgl. Kap. 2) und Fragebögen zu ihrer Erfassung entwickelt. Dann wurden diese Fragebögen mittels Rückübersetzung in andere Sprachen übersetzt (z. B. ins Chinesische). Zusätzlich wurden empirische Analysen zum *Item-Bias* durchgeführt, d. h. zur Identifizierung von Fragen, die in anderen Kulturen nicht dieselben Korrelationen zu anderen Fragen oder Faktoren aufwiesen wie in der Ursprungskultur (in diesem Fall in den USA). Diese Fragen wurden so angepasst, dass ihre

Korrelationen mit denen in der Ursprungskultur vergleichbar waren. Hier wurde also das westliche Modell anderen Kulturen „übergestülpt".

In Phase 2 wurden in nichtwestlichen Kulturen eigenständige Analysen der Wörterbücher mit nachfolgenden Faktorenanalysen durchgeführt. Hierbei wurden in China Mitte der 1990er-Jahre vier Faktoren gefunden, die in etwa drei der Big Five entsprachen. Der westliche Faktor Offenheit gegenüber neuen Erfahrungen wurde jedoch nicht gefunden, dafür ein eigenständiger Faktor interpersonelle Bezogenheit (Streben nach Harmonie und gegenseitiger Unterstützung in Beziehungen). In Phase 2 der Forschung ergaben sich also unterschiedliche Persönlichkeitsfaktoren in unterschiedlichen Kulturen. Allerdings zeigte sich Folgendes: Aufgrund eines entsprechenden kulturspezifischen chinesischen Fragebogens in Hongkong ließen sich lebensnahe Kriterien im Bereich der Beziehungen und des Berufs nicht besser vorhersagen als durch die chinesische Übersetzung des Big-Five-Fragebogens [13].

In der heutigen Phase 3 wird versucht, empirisch zu prüfen, ob sich durch Hinzunahme von kulturspezifischen Faktoren der eigenen Kultur zu den Faktoren aus anderen Kulturen Vorhersagen überhaupt verbessern lassen. Die Ergebnisse sind bislang eher ernüchternd. So konnte bisher nicht gezeigt werden, dass Hinzunahme des chinesischen Faktors interpersonelle Bezogenheit zu den Big Five oder Hinzunahme des Faktors Offenheit zu den chinesischen vier Faktoren Vorhersagen lebensnaher Kriterien verbesserten [13]. Allerdings sollte hier noch etwas abgewartet werden, um voreilige Schlussfolgerungen zu vermeiden. Denn es hängt auch von den vorhergesagten Kriterien ab, wie gut die Vorhersagen ausfallen. Vielleicht hat man bisher zu wenig kulturspezifische Kriterien genutzt. Sollte es dabei bleiben, dass die Hinzunahme kulturspezifischer Faktoren keinen Gewinn bringt, würde das die Forschung erheblich vereinfachen. Und (erst) dann könnten die Big Five tatsächlich universelle Gültigkeit beanspruchen.

Unter kulturvergleichenden Wissenschaftlern ist der Ansatz, Kulturen durch Persönlichkeitsfaktoren zu unterscheiden, allerdings nicht weit verbreitet. Viel häufiger wird versucht, kulturelle Unterschiede durch Analyse der Bevorzugung bestimmter Werte wie Freiheit, Gleichheit, Sicherheit usw. zu beschreiben (vgl. die Analyse politischer Schriften in Kap. 5). Als besonders einflussreich erwies sich dabei eine Befragung von 116.000 IBM-Mitarbeitern in 40 verschiedenen Ländern zu arbeitsbezogenen Werthaltungen. Faktorenanalysen (vgl. Kap. 2) der Mittelwerte der 40 Länder ergaben dabei vier Dimensionen kultureller Unterschiede [14]:

- Individualismus (Unabhängigkeit von sozialen Bezugsgruppen wie z. B. Familie oder Firma)
- Machtdistanz (Akzeptanz großer Machtunterschiede)
- Unsicherheitsmeidung (Ängstlichkeit in unstrukturierten Situationen)
- Maskulinität (Betonung der traditionellen männlichen Rolle)

In der kulturvergleichenden Psychologie erwies sich die Dimension des *Individualismus* (mit dem Gegenpol *Kollektivismus*) als besonders erklärungskräftig. Wie Tab. 16.1

Tab. 16.1 Arbeitsbezogene Werthaltungen bei IBM-Mitarbeitern um 1980. (Aus [15], Tab. 8.6)

Kultur	Individualismus	Machtdistanz	Unsicherheitsmeidung	Maskulinität
USA	0,91	0,40	0,46	0,62
Niederlande	0,80	0,38	0,53	0,14
BRD	0,67	0,35	0,65	0,66
Österreich	0,55	0,11	0,70	0,79
Japan	0,46	0,54	0,92	0,95
Türkei	0,37	0,66	0,85	0,45
Mexiko	0,30	0,81	0,82	0,69
Hongkong	0,25	0,68	0,29	0,57
Thailand	0,20	0,64	0,64	0,34
Venezuela	0,12	0,81	0,76	0,73

zeigt, waren um 1980 die USA, die Niederlande und die damalige BRD besonders individualistisch und Venezuela, Thailand und Hongkong am wenigsten individualistisch, also besonders kollektivistisch. Spätere Studien für Werthaltungen ganz allgemein bestätigten dieses Bild; Westeuropa, Nordamerika und Australien sind besonders individualistisch geprägt, Südamerika und Südostasien besonders kollektivistisch. In China sind die wirtschaftlich am weitesten entwickelten Gebiete (wie z. B. Shanghai) inzwischen sehr viel individualistischer als 1980.

Was Persönlichkeitsmerkmale angeht, zeigen sich die vielleicht größten Unterschiede zwischen individualistischen und kollektivistischen Kulturen beim Selbstbild [16] (vgl. Tab. 16.2). In individualistischen Kulturen wird das Selbstbild als unabhängig (*independent*) und in kollektivistischen als vernetzt (*interdependent*) bezeichnet. Während das unabhängige Selbstbild die Individualität des Einzelnen unabhängig von der sozialen Rolle und den sozialen Beziehungen betont, hebt das vernetzte Selbstbild die Einbettung in soziale Gruppen hervor. Auf die Frage „Wer bist du?" würde in den USA z. B. geantwortet „intelligent, sportlich", in Japan „Abteilungsleiter bei Sony, Mitglied des Ski-Clubs Sapporo".

Werte wie die Rücksichtnahme auf Mitglieder der eigenen Gruppe rangieren in kollektivistischen Kulturen wesentlich höher als in individualistischen. In noch traditionell geprägten Gebieten von China wird als höchste Tugend *jen* angesehen, die Fähigkeit, mit anderen in ehrlicher, höflicher und bescheidener Weise umzugehen. In Japan gilt es als entscheidend, das *wa* nicht zu stören, worunter harmonische, von gegenseitigem Respekt geprägte

Tab. 16.2 Unabhängiges und vernetztes Selbstbild. (Aus [15], Tab. 8.7)

Aspekt	Unabhängiges Selbstbild	Vernetztes Selbstbild
Kultur	Individualistisch	Kollektivistisch
Merkmale	Privat (Fähigkeiten, Gedanken, Gefühle)	Öffentlich (Status, Rolle, Beziehung)
Ziele	Sei einzigartig	Füge dich ein
	Sei echt	Nimm deinen Platz ein
	Realisiere innere Eigenschaften	Verhalte dich normkonform
	Verfolge eigene Interessen	Fördere die Interessen deiner Gruppe
	Sage, was du denkst	Versetze dich in die Lage anderer
Rolle anderer	Selbstbewertung durch sozialen Vergleich	Selbstdefinition durch Beziehung mit anderen

Umgangsformen verstanden werden. In südamerikanischen Kulturen wird *simpatía* hoch geschätzt, die Fähigkeit, die Gefühle anderer zu erkennen und zu respektieren [15].

Allerdings muss hier vor einer romantisierenden Vorstellung von den allzeit empathischen und hilfsbereiten Mitgliedern kollektivistischer Kulturen gewarnt werden. Ihr vernetztes Selbstbild bezieht sich keineswegs auf Menschen im Allgemeinen, sondern nur auf die eigene Gruppe. Das Verhalten gegenüber anderen Menschen (der Fremdgruppe) ist eher gleichgültig bis ablehnend. Humanismus als Wertschätzung anderer Menschen im Allgemeinen erfordert eine Distanzierung sowohl von der egozentrischen individualistischen als auch von der auf die eigene Gruppe fixierten kollektivistischen Sichtweise [16].

Warum unterscheiden sich Kulturen überhaupt im Grad des Individualismus? Ein Ansatz bezieht Individualismus auf die Modernisierung, die durch das Bruttosozialprodukt erfasst wird. Es korreliert im weltweiten Ländervergleich um 0,80 mit Individualismus, gefolgt von Mobilität (um 0,65) und Familiengröße (um −0,60). Der Human Development Index (HDI), der das Bildungsniveau einschließt, korreliert dagegen geringer (um 0,50). Interpretiert wird der starke Zusammenhang zwischen Individualismus und Modernisierung u. a. durch die Ablösung der Großfamilie als Produktionseinheit im Verlauf der Industrialisierung und die Auflösung der Kleinfamilie in der heutigen Postmoderne [17].

Viele der im Abschnitt über historische Veränderungen berichteten Trends lassen sich gut als psychologische Konsequenzen eines zunehmenden Individualismus interpretieren. Überbetonung des Selbstwerts bis hin zu Narzissmus, geringe Empathie, Streben nach Selbstverwirklichung, Leistung und Macht und die Suche nach individueller Anerkennung sind typisch individualistische Persönlichkeitsmerkmale. Allerdings wird die Erklärung dadurch kompliziert, dass handlungsleitende eigene Motive und nach außen hin demonstrierte Werte keineswegs immer in Einklang stehen müssen. Man denke nur an die katholischen Priester, deren Alimente die katholische Kirche anstandslos übernimmt, oder an die ökologisch gesinnten Mütter, die ihr Kind jeden Morgen im SUV zur Schule fahren.

Kulturelle Unterschiede aufgrund von Selbstbeschreibungen können auch durch Unterschiede in der Selbstdarstellung (vgl. Kap. 3) bedingt sein. So korreliert der Selbstwert stark positiv mit Individualismus, was aber teilweise auch mit einer „Norm zur Bescheidenheit" in kollektivistischen Kulturen zusammenhängt. Dort gilt es als unhöflich, sich selbst über andere zu stellen; deshalb wird der eigene Wert eher heruntergespielt [18].

Nicht zuletzt können kulturelle Unterschiede in selbstbeurteilten Persönlichkeitsmerkmalen durch den sog. *Referenzgruppeneffekt* überlagert und dadurch kulturelle Unterschiede stark verzerrt werden [19]. Vergleichen sich z. B. nigerianische Studierende, die nach ihren Werten befragt werden, wirklich mit deutschen oder chinesischen Studierenden? Doch wohl eher mit anderen Nigerianern und vor allem mit anderen nigerianischen Studierenden. Dabei werden seltene, aber sozial erwünschte Merkmale eher übertrieben. So sollte in Kulturen, in denen Gewissenhaftigkeit ein rares Gut ist, die eigene Gewissenhaftigkeit stärker übertrieben und deshalb der Mittelwert dieser Kulturen in selbstbeurteilter Gewissenhaftigkeit in unrealistische Höhen getrieben werden. Vermutlich ist das der Grund für viele paradoxe Befunde in der Literatur. Beispielsweise korrelierte in einer weltweiten Studie die selbstbeurteilte Gewissenhaftigkeit mit der Jahresdurchschnittstemperatur positiv zu 0,61 [20]. Das Umgekehrte wäre zu erwarten.

Kulturelle Unterschiede in Bezug auf Gewissenhaftigkeit sollten besser auf der Grundlage objektiver Daten untersucht werden. So wurde in einer Studie Gewissenhaftigkeit erfasst durch die Arbeitsgeschwindigkeit von Postangestellten, die Genauigkeit von Uhren in Banken, die Laufgeschwindigkeit von Fußgängern und das Bruttosozialprodukt. Diese Indikatoren korrelierten positiv untereinander und positiv mit dem Stereotyp über die Gewissenhaftigkeit in den untersuchten Ländern, eingeschätzt durch Bewohner anderer Länder. Sie korrelierten aber nicht mit den Mittelwerten der Länder in selbstbeurteilter Gewissenhaftigkeit [21]. Deshalb ist auch der Schluss falsch, aus der fehlenden Korrelation zwischen Nationalstereotyp und Selbstbeurteilung zu schließen, dass Nationalstereotype keine reale Grundlage hätten [22]. Vielmehr weist diese Nullkorrelation auf Probleme bei der Interpretation nationaler Mittelwerte in selbstbeurteilten Persönlichkeitsmerkmalen hin.

Zusammenfassung

Insgesamt gibt es inzwischen umfangreiche Daten zu Persönlichkeitsunterschieden zwischen Kulturen, deren Interpretation jedoch oft sehr schwierig ist. Sprachbarrieren oder die Unvergleichbarkeit von Fragebögen oder Tests sind dabei noch das geringste Problem. Problematischer sind Verzerrungen von Persönlichkeitsbeurteilungen durch kulturelle Unterschiede in der Selbstdarstellung und durch den Referenzgruppeneffekt. Zusätzlich muss beim Vergleich von Kulturen immer auch auf den Zeitpunkt der Datenerhebung geachtet werden. Ein Vergleich zwischen Berlin und Shanghai 1980 dürfte gänzlich andere Ergebnisse liefern als der entsprechende Vergleich 2018. An diesem Punkt treffen sich die Themen der beiden Abschnitte dieses Kapitels wieder: Kulturen sind in ständigem Wandel und dies nicht mit gleicher Geschwindigkeit, sodass sich auch die kulturellen Unterschiede und ihre Effekte auf die Persönlichkeit in ständigem Wandel befinden. Dieses Wissen sollte vor Ethnozentrismus in seinen zwei heutigen Formen schützen: der Herabwürdigung fremder Kulturen und der Romantisierung fremder Kulturen.

Literatur

1. Foster, J. D., Campbell, W. K. & Twenge, J. M. (2003). Individual differences in narcissism: Inflated self-views across the lifespan and around the world. *Journal of Research in Personality, 37*, 469–486.

2. Twenge, J. M. & Foster, J. D. (2010). Birth cohort increases in narcissistic personality traits among American college students, 1982–2009. *Social Psychological and Personality Science, 1*, 99–106.

3. Twenge, J. M. (2006). *Generation Me*. New York: Free Press.

4. Twenge, J. M. & Campbell, W. K. (2009). *The narcissism epidemic – living in the age of entitlement*. New York: Free Press.

5. Cai, H., Kwan, V. S. Y. & Sedikides, C. (2012). A sociocultural approach to narcissism: The case of modern China. *European Journal of Personality, 26*, 529–535.

6. Elder, G. H. Jr. (1974). *Children of the great depression: Social change in life experience*. Chicago: University of Chicago Press.

7. Block, J. (1971). *Lives through time*. Berkeley: Bancroft Books.

8. Conger, R. D. & Elder, G. H. Jr. (1994). *Families in troubled times: Adapting to change in rural America*. Hawthorne: de Gruyter Aldine.

9. Motti-Stefanidi, F. & Asendorpf, J. B. (2017). Adaptation during a great economic recession: A cohort study of Greek and immigrant youth. *Child Development, 88*, 1139–1155.

10. Sagi, A. (1985). Security of infant-mother, -father, and -metapelet attachments among kibbutz-reared Israeli children. In I. Bretherton & E. Waters (Eds.), Growing points of attachment theory and research (pp. 257–275). *Monographs of the Society for Research in Child Development, 50* (1–2, Serial No. 209).

11. Takahashi, K. (1990). Are the key assumptions of the „Strange Situation" procedure universal? A view from Japanese research. *Human Development, 33*, 23–30.

12. van Ijzendoorn, M. V., Bakermans-Kranenburg, M. J. & Sagi-Schwartz, A. (2006). Attachment across diverse sociocultural contexts: The limits of universality. In K. H. Rubin & O. B. Chung (Eds.), *Parenting beliefs, behaviors, and parent-child relations: A cross-cultural perspective* (pp. 107–142). New York: Psychology Press.

13. Cheung, F. M., van de Vijver, F. J. R. & Leong, F. T. L. (2011). Toward a new approach to the study of personality in culture. *American Psychologist, 66*, 593–603.

14. Hofstede, G. (1980). *Culture's consequences: International differences in work-related values*. Beverly Hills, CA: Sage.

15. Neyer, F. J. & Asendorpf, J. B. (2018). *Psychologie der Persönlichkeit* (6. Aufl.). Berlin: Springer Verlag, Kap. 8.

16. Markus, H. R. & Kitayama, S. (1991). Culture and self: Implications for cognition, emotion, and motivation. *Psychological Review, 98,* 224–253.

17. Basabe, N. & Ros, M. (2005). Cultural dimensions and social behavior correlates: Individualism-collectivism and power distance. *International Review of Social Psychology, 18*, 189–225.

18. Suh, E., Diener, E., Oishi, S. & Triandis, H. C. (1998). The shifting basis of life satisfaction judgments across cultures: Emotions versus norms. *Journal of Personality and Social Psychology, 74*, 482–493.

19. Heine, S. J., Lehmann, D. R., Peng, K. & Greenholz, J. (2002). What's wrong with cross-cultural comparison of subjective Likert scales? The reference-group effect. *Journal of Personality and Social Psychology, 82,* 903–918.

20. Allik, J. & McCrae, R. R. (2004). Toward a geography of personality traits: Patterns of profiles across 36 cultures. *Journal of Cross-Cultural Psychology, 35,* 13–28.

21. Heine, S. J., Buchtel, E. E. & Norenzayan, A. (2008). What do cross-national comparisons of personality traits tell us? The case of conscientiousness. *Psychological Science, 19*, 309–313.
22. Terracciano, A., Abdel-Khalek, A. M., Ádàm, N., Adamová, L., Ahn, C.-K., Alansari, B. M. et al. (2005). National character does not reflect mean personality trait levels in 49 cultures. *Science, 310* (5745), 96–100.

17

Lebensläufe: Zufall und Notwendigkeit

In den vorangehenden Kapiteln wurden Befunde zu Bedingungen und Konsequenzen von Persönlichkeitsunterschieden in bestimmten Populationen beschrieben. Dabei ging es um Populationen oder Gruppen, nicht um den Einzelfall. Was bedeuten diese Ergebnisse denn nun für den Einzelnen von uns? In den vorangehenden Kapiteln wurde deutlich, dass die Persönlichkeitsentwicklung viele Ursachen hat. Das führt dazu, dass wir für den Einzelnen lediglich Wahrscheinlichkeitsaussagen machen können – alles andere ist unseriös. Umgekehrt heißt das, dass psychologische Erkenntnisse bei Anwendung auf den Einzelfall immer mit einer ordentlichen Portion Unsicherheit behaftet sind. Sie beruht einerseits auf der einzigartigen Verkettung vieler systematischer Einflüsse auf die Entwicklung, scheint andererseits aber auch auf purem Zufall zu beruhen. Wie zufällig ist unser Lebenslauf wirklich?

© Springer-Verlag GmbH Deutschland 2018
J. B. Asendorpf, *Persönlichkeit: was uns ausmacht und warum*,
https://doi.org/10.1007/978-3-662-56106-5_17

Die Entwicklung jedes einzelnen Persönlichkeitsmerkmals wird durch eine Vielzahl von Faktoren bestimmt. Wie in der Psychologie generell gibt es auch in der Persönlichkeitspsychologie keine einfachen kausalen Erklärungen wie „Wenn du dein Kind so erziehst, wird das diese Konsequenz haben". Psychologische Ratgeber sind zwar voll von derartigen „Tipps", die aber an der Realität vollkommen vorbeigehen. Persönlichkeitsentwicklung ist multikausal, und mit „multi" sind nicht wenige Faktoren gemeint, sondern Tausende. Alleine die genetischen Einflussfaktoren auf ein einziges Persönlichkeitsmerkmal gehen in die Tausende, und bei den Umwelteinflüssen ist es nicht anders.

Andererseits variieren diese Einflüsse durchaus in ihrer Stärke. Deshalb ist eine wissenschaftliche Analyse der wenigen stärksten Faktoren sinnvoll und sind langfristige Persönlichkeitsvorhersagen heute möglich – zumindest mit Wahrscheinlichkeiten, die weit über dem Zufallsniveau liegen (vgl. Kap. 13). Deshalb ist die Persönlichkeitsentwicklung im Einzelfall immer eine Mischung aus Zufall (nicht Vorhersagbarem) und Notwendigkeit (Vorhersagbarem). Aber selbst das Nichtvorhersagbare entpuppt sich bei näherer Analyse als teilweise durchaus vorhersagbar. Es ist nur die einzigartige Verkettung einzelner recht gut vorhersagbarer Effekte, die zu Unvorhersagbarkeit führt.

Das möchte ich am Beispiel der Entwicklung sozialer Gehemmtheit bis zum Grundschulalter illustrieren. Dabei handelt es sich um ein Thema, mit dem ich mich hauptsächlich in meiner Zeit am Max-Planck-Institut für psychologische Forschung 1982 bis 1994 beschäftigte und bei dem ich eng mit meinem kanadischen Kollegen Kenneth H. Rubin zusammengearbeitet habe. Wir haben damals

ein Modell für die Entwicklung sozialen Rückzugs aus
früher sozialer Gehemmtheit entwickelt [1], das nach wie
vor weitgehend Gültigkeit besitzt [2] und in deutlich ver-
einfachter Form in Abb. 17.1 dargestellt ist.

Soziale Gehemmtheit ist ab dem Alter von 18 Monaten
zu etwa 50 % genetisch beeinflusst (vgl. Kap. 14 zur Bedeutung dieser Schätzungen) und in dieser Hinsicht typisch für
Temperamentsmerkmale im Kindesalter [3]. Über die hierfür verantwortlichen Gene und pränatalen Umweltrisiken
ist bisher nichts Sicheres bekannt. Es finden sich aber schon
direkt nach der Geburt neuropsychologische Probleme, eine
niedrige Reizschwelle und eine geringe Anpassungsfähigkeit
an neue Situationen, die ein Risikofaktor für spätere
Gehemmtheit sind. In Wechselwirkung mit mangelnder
Einfühlsamkeit der Eltern entwickeln diese Kinder Hemmungen unvertrauten Situationen gegenüber und eine eher
ängstlich-ambivalente Bindung (vgl. Kap. 15). Die Eltern
wiederum entwickeln oft als Reaktion hierauf einen ableh-
nenden oder auch einen überbehütenden Erziehungsstil, der
die Gehemmtheit ihres Kindes verstärkt.

Die soziale Gehemmtheit eines solchen Kindes beim
Eintritt in die neue soziale Welt der Kindergartengruppe
wird von den Gleichaltrigen oft mit Nichtbeachtung beantwortet und von den Erziehern als Ängstlichkeit und Unreife
interpretiert. Diese negativen sozialen Erfahrungen verstärken
die Gehemmtheit des Kindes, die anfangs nur auf Angst vor
dem Unbekannten beruht. Durch sie kann sich ein Teufels-
kreis zwischen Hemmungen gegenüber Gleichaltrigen und
Nichtbeachtung entwickeln und zu Rückzugstendenzen des
Kindes aus der Gleichaltrigengruppe führen.

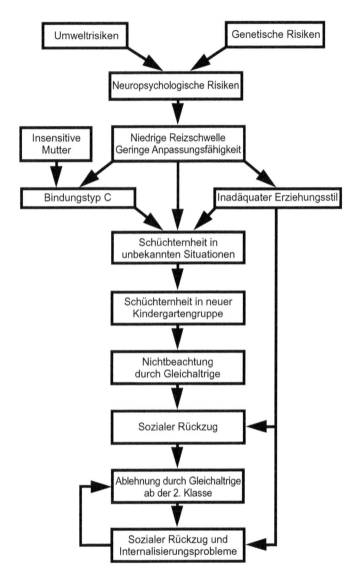

Abb. 17.1 Ein vereinfachtes Modell der Entwicklung des sozialen Rückzugs aus früher sozialer Gehemmtheit

Bis dahin wird das Kind aber nicht in der Gruppe abgelehnt. Das wird erst dann zu einem realen Risiko, wenn etwa ab Beginn der zweiten Klasse die Klassenkameraden beginnen, sich und andere in ihrer Persönlichkeit zu vergleichen. Jetzt fällt ihnen das untypische, zurückgezogene Verhalten des Kindes auf, was bei fehlenden positiven Eigenschaften des Kindes zur Ablehnung führt. Da nun auch das betroffene Kind beginnt, sich mit Klassenkameraden zu vergleichen, wird ihm seine Außenseiterstellung bewusst, was sein soziales Selbstwertgefühl mindert. Ablehnung durch die Klassenkameraden und durch sich selbst verstärken sich wechselseitig. Dies gilt besonders, wenn es keine positiven sozialen Erfahrungen außerhalb der Gruppe gemacht hat. Langfristig ergeben sich in diesem Fall Probleme wie Einsamkeit, depressive Verstimmungen und Schwierigkeiten, Freundschaftsbeziehungen aufzubauen oder zu erhalten.

Es ist wichtig, sich dabei immer wieder ins Bewusstsein zu rufen, dass jeder einzelne Einflussfaktor in diesem komplexen (aber immer noch übervereinfachten) Modell immer nur einen überzufälligen Einfluss kennzeichnet, nie einen hundertprozentigen. Deshalb ist die Vorhersagekraft des Modells umso schwächer, je mehr Einflussfaktoren miteinander kombiniert werden. Die Risiken häufen sich an, andererseits werden aber auch die Chancen größer, dass man sich anders entwickelt. Das Ergebnis ist unter dem Strich immer noch eine überzufällige Vorhersage, mehr aber auch nicht. Das gilt für die gesamte Persönlichkeitsentwicklung, wenn auch die Vorhersagen im Intelligenzbereich und auch bei Aggressivität besser sind als die bei sozialer Gehemmtheit.

Während das Problem der Multikausalität (also der Verkettung zahlloser Einflussfaktoren) gemeinhin unterschätzt
wird (denn sonst würden sich die schlichten psychologischen Ratgeber in den Bahnhofsbuchhandlungen nicht so
gut verkaufen), wird eine zweite Quelle des Zufalls gemeinhin überschätzt: die kritischen Lebensereignisse. Hierzu
zählen irreguläre, emotional stark negativ oder stark positiv
erlebte Ereignisse, die Einfluss auf die weitere Persönlichkeitsentwicklung ausüben können: der Tod der besten
Freundin durch einen Autounfall, der zu Depressionen
führt und in Alkoholismus endet; die Arbeitslosigkeit durch
Pleite des Betriebes, die durch die erzwungene schöpferische
Pause zu dem Beginn einer großen Schriftstellerkarriere
wird; der Lotteriegewinn, der zu Großspurigkeit, Miss-
trauen gegenüber den Freunden und dadurch zu sozialer
Isolation führt; die Begegnung mit dem Mäzen, der im
Geburtstagsständchen für die Freundin die musikalische
Begabung erkennt und durch seine Förderung zur Blüte
bringt. Die geringe Vorhersagbarkeit dieser Ereignisse scheint
eine große Portion Zufall in die Persönlichkeitsentwicklung
zu bringen und dadurch die Persönlichkeitsvorhersage
zusätzlich zu erschweren.

Solche kritischen Lebensereignisse treten zwar irregulär
auf, lassen sich aber dennoch klassifizieren und nach ihrem
Einfluss in Zahlen ausdrücken. Sie sind umso einflussreicher, je stärker sie die vorhandene Person-Umwelt-Passung
stören und dadurch zu einer Änderung der Persönlichkeit
oder der Umwelt zwingen. In Tab. 17.1 sind die von
Studierenden berichteten acht bedeutsamsten und die fünf
am wenigsten bedeutsamen Ereignisse aufgelistet (die

Tab. 17.1 Bedeutsamkeit von Lebensereignissen für Studenten. (Nach [4])

Rangplatz	Ereignis	Stärke
1	Tod eines nahen Angehörigen	100
2	Tod eines engen Freundes	73
3	Scheidung der Eltern	65
4	Gefängnisaufenthalt	63
5	Schwere Krankheit oder Verletzung	63
6	Eheschließung	58
7	Verlust des Arbeitsplatzes	50
8	Durchfallen in einem wichtigen Prüfungsfach	47
...		
27	Veränderung der Häufigkeit familiärer Zusammenkünfte	26
28	Zu viele verpasste Seminare	25
29	Wechsel der Ausbildungsstätte	24
30	Mehr als ein ausgelassenes Seminar	23
31	Kleinere Übertretungen der Verkehrsregeln	20

Bedeutsamkeitswerte wurden so normiert, dass das bedeutsamste Ereignis den Wert 100 erhielt).

Auf den ersten Blick scheinen sich derartige Lebensereignisse gegen systematische Erklärungen gänzlich zu sperren: Die auslösenden Ereignisse scheinen nicht vorhersagbar und die Reaktionen auf die Ereignisse viel zu einzigartig, um systematisch behandelbar zu sein. Auf den zweiten Blick lassen sich jedoch zwei mögliche Einflüsse der Persönlichkeit auf kritische Lebensereignisse und ihre Wirkungen ausmachen: Ob jemand überhaupt ein bestimmtes Ereignis erlebt, könnte zumindest zu einem Teil persönlichkeitsabhängig sein. Und wichtiger als das Ereignis selbst könnte dessen individuelle Verarbeitung sein, die wiederum von der

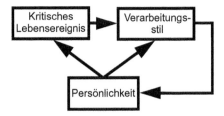

Abb. 17.2 Wechselwirkung zwischen kritischen Lebensereignissen und Persönlichkeit. (Aus [5], Abb. 6.29)

Persönlichkeit abhängt. Ein entsprechendes Einflussmodell ist in Abb. 17.2 skizziert.

Dass viele kritische Lebensereignisse tatsächlich persönlichkeitsabhängig sind, wurde z. B. dadurch belegt, dass die Big Five bei Beginn des Studiums und die nachfolgenden kritischen Lebensereignisse durch eine Befragung vier Jahre später erfasst wurden [6]. Hierbei wurden nur weitgehend objektivierbare Ereignisse einbezogen (z. B. Heirat, Abtreibung), um Persönlichkeitseinflüsse auf die Wahrnehmung, ob ein Ereignis überhaupt stattgefunden hatte, zu minimieren. Insgesamt wurden 20 positive und 23 negative Ereignisse analysiert. Aufgrund von Extraversion ließ sich die Zahl positiver Ereignisse, nicht aber die negativer Ereignisse gut vorhersagen, während sich aufgrund von Neurotizismus die Zahl negativer Ereignisse und (schwächer) die Abwesenheit positiver Ereignisse vorhersagen ließ. Interessanterweise korrelierten positive und negative Ereignisse zu 0,37. Es gab also eine Tendenz, entweder über ein abwechslungsreiches Leben mit vielen Höhen und Tiefen oder über ein eintöniges Leben mit wenig positiven und wenig negativen Ereignissen zu berichten.

Darüber hinaus ist offensichtlich, dass die Persönlichkeit Einfluss auf die Verarbeitung kritischer Lebensereignisse hat. Das kritische Lebensereignis führt zu einer aktuellen Störung der Person-Umwelt-Passung. Diese Störung löst vielfältige Bemühungen aus, die alte oder eine neue Person-Umwelt-Passung herzustellen; das kann durch Veränderung der Umwelt oder der Persönlichkeit geschehen. Insofern ist die Wirkung kritischer Lebensereignisse auf die Persönlichkeitsentwicklung wiederum selbst persönlichkeitsabhängig. Oder anders gesagt: Die Persönlichkeit *kanalisiert* die Wirkung kritischer Lebensereignisse.

Weder sind Personen Spielbälle ihrer Umwelt und damit ihr Verhalten lediglich abhängig von Umweltbedingungen noch besitzen sie eine unveränderliche Persönlichkeitsstruktur, die ihr Verhalten unabhängig von allen Umweltbedingungen bestimmt. Vielmehr entwickeln sie im Verlauf ihres Lebens eine zunehmend stabilere Persönlichkeitsstruktur, die Einfluss auf die Umwelt nimmt und deren Wirkungen teilweise unter ihre Kontrolle bringt. Aber gänzlich immun gegenüber Umweltwirkungen wird diese Persönlichkeitsstruktur nie. Persönlichkeitsentwicklung ist ein ständiger Kompromiss zwischen *Eigendynamik* der Persönlichkeit und *Fremdbestimmung* durch die Umwelt.

Dieser Kompromiss ist deshalb so schwer zu fassen, weil die eigendynamischen und die fremdbestimmenden Wirkungen nicht konstant sind, sondern sich ständig ändern können. Nicht nur die Umwelt kann sich ändern, sondern auch die Eigendynamik: Gleiche Umweltbedingungen können zu unterschiedlichen Zeitpunkten der Persönlichkeitsentwicklung unterschiedliche Wirkungen haben, weil sich die Persönlichkeit inzwischen geändert hat. Hinzu kommt, dass es meist keine einfachen linearen Beziehungen zwischen Ursache und Wirkung gibt: Kleine Umweltänderungen können massive Auswirkungen auf die Persönlichkeit haben (wie der berühmte Tropfen, der das Fass zum Überlaufen bringt), und drastische Umweltänderungen können an der Persönlichkeit fast spurlos vorübergehen.

Bei all dem scheint es zusätzlich tatsächlich komplett zufällige Ereignisse zu geben, die unsere Biografie nachhaltig beeinflusst haben. Hätte ich damals nicht rein zufällig X getroffen, hätte ich nie seinen Freund Y kennengelernt und damit keine Chance gehabt, jemals Z zu heiraten ... Aber vielleicht doch? Vielleicht hätte ich Z nicht durch Y kennengelernt, sondern auf einem ganz anderen Wege, wenn ich X nicht getroffen hätte? Wie zufällig sind Zufälle in der Persönlichkeitsentwicklung?

In einem langen Prozess wie der Persönlichkeitsentwicklung können sich Phasen zufälliger und notwendiger Zustandsbestimmtheit miteinander abwechseln. Lassen wir einen Würfel über einen Tisch rollen, so ist das Ergebnis rein zufällig. Seine Zufälligkeit beruht auf einem Wechselspiel von Zufall und Notwendigkeit. Fast immer ist das Rollen des Würfels gut bestimmbar aus dem Zusammenspiel seines Bewegungsimpulses (Eigendynamik) und der Erdanziehung (Fremdbestimmung). Es gibt aber immer wieder Zeitpunkte, zu denen der Würfel auf einer Kante steht. Zu diesen Zeitpunkten ist er extrem labil: Sein Schicksal steht auf der Kippe. Zwischendurch ist seine Bewegung aber wieder gänzlich vorhersagbar. Ähnliches gilt für den Prozess der Persönlichkeitsentwicklung, nur gibt es dort kaum Phasen der völligen Unberechenbarkeit (vgl. Abb. 17.3).

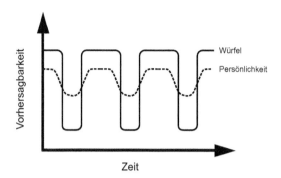

Abb. 17.3 Zufall und Notwendigkeit beim Würfeln und bei der Persönlichkeitsentwicklung. (Aus [5], Abb. 6.30)

Selbst die zufälligsten Phasen der Persönlichkeitsentwicklung sind immer noch weit vom vollständigen Zufall entfernt. Bei vielen Ereignissen glauben wir, dass sie entscheidende Weichen für unsere weitere Entwicklung gestellt haben. Aber ganz so zufällig sind sie gar nicht. Das liegt daran, dass wir die Zufälligkeit von Ereignissen dann drastisch überschätzen, wenn die Ereignisse nicht ganz wahrscheinlich sind und einen Sinn für uns ergeben. Bei zehnmaligem Würfeln ist z. B. das Ergebnis „6666666666" genauso wahrscheinlich wie das Ergebnis „3152261435" oder eine beliebige andere Kette aus 10 Zahlen zwischen 1 und 6. „6666666666" erscheint uns aber viel unwahrscheinlicher, weil diese Kette einen Sinn ergibt. Der typische Roulettespieler geht davon aus, dass es nach fünfmal rot unwahrscheinlicher ist, dass noch einmal rot kommt, als dass schwarz kommt, weil sechsmal rot unwahrscheinlicher sei als fünfmal rot plus einmal schwarz. Das stimmt aber nicht, denn beide Sequenzen sind gleich wahrscheinlich, weil sie aus voneinander unabhängigen Ereignissen gleicher Wahrscheinlichkeit bestehen. Davon profitieren die Spielbanken, denn ohne diese falsche Überzeugung würden nicht so viele Spieler ihr Glück versuchen.

Entsprechend verblüfft sind wir, wenn wir unwahrscheinlichen Verkettungen von Umständen begegnen, die insofern einen Sinn ergeben, als sie uns eine mögliche Erklärung unserer Biografie an die Hand geben. Wir übersehen dabei, dass der Alltag aus ebenso unwahrscheinlichen Verkettungen von Umständen besteht – sie fallen uns nur nicht auf. Die Wahrscheinlichkeit, an einem bestimmten Tag dem zukünftigen Ehepartner zum ersten Mal zu begegnen, ist nicht unbedingt geringer, als an diesem Tag an der Kasse eines Supermarkts hinter einer bestimmten Person zu stehen. Die Tatsache, dass das erste Treffen mit dem künftigen Ehepartner ziemlich unwahrscheinlich ist, beeindruckt uns aber mehr, weil uns dieses Ereignis wichtiger ist. Letztlich ist diese Unwahrscheinlichkeit aber trivial, weil der Alltag immer aus unwahrscheinlichen Verkettungen von Umständen besteht.

Zudem beeindruckt uns die Wahrscheinlichkeit unwahrscheinlicher Ereignisse auch deshalb so stark, weil wir im konkreten Einzelfall nicht an die riesige Zahl nichtrealisierter Alternativen denken. Selbst dann, wenn wir unseren Ehepartner dadurch kennenlernten, dass wir ihm zufällig im Gewühl auf dem Bahnsteig auf die Füße traten: Nicht jeden, dem wir zufällig auf die Füße treten, würden wir auch heiraten. Immerhin korrelieren Alter, Körpergröße, Intelligenz, Einstellungen, Interessen und Wohnort beim Kennenlernen zwischen Ehepartnern so hoch, dass die

Wahl des Ehepartners längst nicht so zufällig ist, wie sie vielleicht scheint. Welche Person genau es sein wird, lässt sich zwar nicht vorhersagen, aber welche Persönlichkeit diese Person haben wird, lässt sich schon besser eingrenzen. Und dass sie sich so eingrenzen lässt, ist Ausdruck der Notwendigkeit in der Persönlichkeitsentwicklung.

In gewissem Sinne können im Verlauf des Lebens Zufälle zu Notwendigkeiten werden, weil die Konsequenzen der Zufälle „einfrieren" und ab da unsere weitere Entwicklung systematisch beeinflussen können. Wenn ich denjenigen heirate, der mir damals zufällig auf die Füße trat, hat der ursprüngliche Zufall Konsequenzen, die eine Portion Vorhersagbarkeit in den Lebenslauf bringen. Der Physiker und Nobelpreisträger Gell-Mann pflegte das so auszudrücken: Alles auf dieser Welt ist das Resultat von einfachen Regeln und eingefrorenen Zufällen („simple rules and frozen accidents") [7].

Dass in der Persönlichkeitsentwicklung trotz aller Zufälligkeit mehr Notwendigkeit herrscht, als wir oft glauben, macht Max Frisch in seinem Theaterstück „Biographie: Ein Spiel" deutlich [8]. Herr Kürmann bekommt die Möglichkeit, zu wichtigen Verzweigungspunkten seiner Biografie zurückzukehren und sich anders zu verhalten, als er es einst tatsächlich tat. Es gelingt ihm aber nur begrenzt. Was sich bei seinen verschiedenen Versuchen ergibt, sind mögliche Abwandlungen einer Biografie, die in allen diesen Varianten unverkennbare Züge der gleichen Persönlichkeit trägt. Max Frisch schrieb dazu im Programmheft zur Uraufführung im Schauspielhaus Zürich am 1. Februar 1968:

Unsere Existenz-Erfahrung: Es geschieht etwas, und etwas anderes, was ebenso möglich wäre, geschieht nicht, und eigentlich liegt's nie oder selten an einer einzelnen Handlung oder einem einzelnen Versäumnis, wo wir Entscheidungen treffen, bleibt uns der Verdacht, daß es die Gebärde eines Gesteuerten ist, der nicht weiß, was ihn steuert; es gibt Zwänge, aber es gibt auch Zufälle; was auf die Gebärde des Entscheidens folgt, kann so und auch anders verlaufen... Es summiert sich etwas (Geschichte)... Ich habe es als Komödie gemeint. [9]

Literatur

1. Rubin, K. H. & Asendorpf, J. B. (Eds.) (1993). *Social withdrawal, inhibition and shyness in childhood*. Hillsdale, NJ: Erlbaum.
2. Asendorpf, J. B. (2010). Long-term development of shyness: Looking forward and looking backward. In K. H. Rubin & R. J. Coplan (Eds.), *The development of shyness and social withdrawal* (pp. 157–175). New York: Guilford Press.
3. Asendorpf, J. B. (2011). Temperament. In H. Keller (Hrsg.), *Handbuch der Kleinkindforschung* (4. Aufl., S. 466–485). Bern: Huber.
4. Insel, P. L. & Roth, W. T. (1985). *Core concepts of health*. Palo Alto, CA: Mayfield.
5. Neyer, F. J. & Asendorpf, J. B. (2018). *Psychologie der Persönlichkeit* (6. Aufl.). Berlin: Springer Verlag.
6. Magnus, K., Diener, E., Fujita, F. & Pavot, W. (1993). Extraversion and neuroticism as predictors of objective life events: A longitudinal study. *Journal of Personality and Social Psychology, 65,* 1046–1053.

7. Gell-Mann, M. (1994). *Das Quark und der Jaguar*. München: Piper Verlag.
8. Frisch, M. (1967). *Biographie: Ein Spiel*. Frankfurt/Main: Suhrkamp.
9. Frisch, M. (1976). *Gesammelte Werke in zeitlicher Reihenfolge* (Band V.2). Frankfurt/Main: Suhrkamp, S. 581–582.

18

Kann ich – und sollte ich?
Über Selbstoptimierung

In diesem Buch ging es bisher um die Erfassung von Persönlichkeitsunterschieden und Ursachen ihrer Entwicklung: Was
macht uns aus und warum. Die meisten interessieren sich für
diese Themen nicht aus purer Neugier, sondern aus Anwendungsinteresse: Wenn ich weiß, wie's geht, kann ich meine
Persönlichkeit verändern und dadurch glücklicher und zufriedener werden. Wenn ich nur optimistischer, freundlicher und
gewissenhafter werde und mich der Welt gegenüber mehr
öffne, werde ich mehr Erfolg in meinen Beziehungen und
meinem Beruf haben und dadurch glücklicher werden. Von
diesen Fantasien lebt die Ratgeberliteratur schon lange, und in
letzter Zeit glauben anscheinend immer mehr Menschen, ihre
Persönlichkeit optimieren zu können und zu müssen. Mit
einem kritischen, empirisch informierten Blick auf die Möglichkeiten, Grenzen und Schattenseiten der Selbstoptimierung
schließt dieser Teil über Persönlichkeitsentwicklung.

© Springer-Verlag GmbH Deutschland 2018
J. B. Asendorpf, *Persönlichkeit: was uns ausmacht und warum*,
https://doi.org/10.1007/978-3-662-56106-5_18

In der Motivationspsychologie werden *Mangelbedürfnisse* von *Wachstumsbedürfnissen* unterschieden [1]. Mangelbedürfnisse (etwa das Bedürfnis zu essen) werden verhaltenswirksam, wenn ein Mangel auftritt (etwa ein zu geringer Zuckerspiegel im Blut), und kehren nach der Bedürfnisbefriedigung in den Wartestand zurück. Sie können gut durch Regelkreise beschrieben werden, ähnlich der Regelung der Heizung durch einen Thermostaten. Wenn es zu kühl wird, wird so lange geheizt, bis der Istwert den Sollwert der Temperatur erreicht hat; dann geht die Heizung aus. Insofern können viele Persönlichkeitsunterschiede im motivationalen Bereich durch Unterschiede in Sollwerten beschrieben werden, nicht nur Hunger und Durst, sondern auch Neugier und Bedürfnisse nach Sicherheit und Nähe [2]. Diese Bedürfnisse charakterisieren schon Kleinkinder und zeigen im Verlauf der Entwicklung typische Sollwertveränderungen, z. B. zunehmende Abenteuerlust im Jugendalter. Später auftretende Bedürfnisse bestimmen das Verhalten dauerhafter, weil sie unersättlich werden können (Wachstumsbedürfnisse): das Bedürfnis nach sozialer Anerkennung und in besonderer Weise das Bedürfnis nach Selbstverwirklichung [1]. Letzteres gilt zumindest für individualistische Kulturen wie die unsere (vgl. Kap. 17).

Selbstverwirklichung wurde dabei zunächst verstanden als Entwicklung der eigenen Potenziale; schade, wenn sie brachlägen. Wer nicht übt, wird keine bemerkenswerten Leistungen vollbringen – gemessen an den eigenen Möglichkeiten. Der Philosoph Peter Sloterdijk sprach deshalb vom „Planet der Übenden" [3]. Das Problem bei Wachstumsbedürfnissen ist aber, dass sie letztlich unstillbar sind,

sodass leicht eine Sucht nach Anerkennung und Selbstverwirklichung entstehen kann, die vergleichbar ist mit Ent-
gleisungen von Mangelbedürfnissen (wie z. B. bei Ess-
störungen oder bei der dauernden Jagd nach Sensationen).
Verschärft wurde dieses Problem in letzter Zeit dadurch,
dass aus dem Ausloten der eigenen Möglichkeiten immer
mehr ein *Zwang* zur Entwicklung der eigenen Potenziale
geworden ist: Ich darf nicht hinter meinen Möglichkeiten
bleiben, ich muss sie bis zum Letzten ausreizen. Ich muss
erfolgreich sein unter Nutzung aller meiner Möglichkeiten
und darf nie darin nachlassen. Ich muss mich selbst optimieren. Auch weil die anderen dasselbe tun. Ich muss so
schnell rennen, wie ich kann, um zu bleiben, wo ich bin.

Diese Art der Selbstverwirklichung durch *Selbstoptimierung* ist ein Trend, der aus den USA kommend inzwischen
auch Deutschland massenhaft erreicht hat. Er eröffnete
neue Märkte u. a. für die Pharmaindustrie (Stimmungs-
aufheller und Aufputschmittel), plastische Chirurgie (Schönheitsoperationen), Lebensmittelindustrie (Diäten und
Biobranche), IT (Fitness-Apps) und Coaching. Die Ratgeberliteratur allein zum Thema Coaching umfasst in
Deutschland derzeit über 7.000 lieferbare Titel, und auch
die akademische Psychologie treibt seltsame Blüten wie die
„positive Psychologie" [4].

Keine Frage: Wer sich verändert, kann aus fader Routine
oder unglücklichen Beziehungen ausbrechen und versuchen, sein Leben ins Bessere zu wenden. Ob die derzeitige
Selbstoptimierungswelle aber hierzu beiträgt, können wir
frühestens in 20 Jahren wissen, wenn Längsschnittstudien
die langfristigen Konsequenzen von Selbstoptimierungsversuchen untersucht haben. Dies könnte so geschehen,

dass man „Optimierer und Nichtoptimierer" miteinander vergleicht und ermittelt, welche Veränderungen sich in Bezug auf Lebenszufriedenheit und Gesundheit ergeben haben.

Was das Ergebnis sein wird, kann heute niemand wissen. Persönlich bin ich aber aus drei Gründen skeptisch, was Selbstoptimierungsversuche der Persönlichkeit angeht. Zum einen ist gar nicht klar, ob wir uns in grundlegenden Persönlichkeitseigenschaften überhaupt gezielt langfristig wesentlich ändern können. Zweitens sind Psychotherapeuten und Wirtschaftspsychologen genügend Fälle bekannt, in denen Selbstoptimierungsversuche durch Anwendung einfacher Rezepte wie z. B. „Denke positiv" psychische Probleme verstärkt haben [5, 6]. Und drittens gibt es eine Alternative zur Selbstoptimierung der Persönlichkeit: die Akzeptanz der eigenen Persönlichkeit. Das möchte ich im Folgenden etwas näher ausführen.

Können wir unsere Persönlichkeit gezielt verändern?

Zu dieser Frage gibt es, je nachdem wie sie genau gestellt wird, entweder gut belegte oder so gut wie gar nicht belegte Antworten. Mittlerweile gut untersucht ist die Frage, ob sich bei psychotherapeutischen Patienten durch die Therapie auch Persönlichkeitsmerkmale verändern. Hierbei wird typischerweise eine Therapiegruppe mit einer parallelisierten Kontrollgruppe verglichen. Diese Kontrollgruppe wartet noch auf die Therapie oder macht eine Pseudotherapie mit, z. B. Lektüre über psychische Störungen und Austausch darüber in einer Gruppe. Dieser strengere Vergleich mit einer Pseudotherapiebedingung soll den Placeboeffekt von Therapien kontrollieren (allein dadurch, dass man irgendetwas tut, um seine Probleme zu bewältigen, könnten sie abnehmen). Die Therapie erfolgt hierbei psychotherapeutisch, pharmakologisch oder beides kombiniert. In manchen derartigen Studien wurden Persönlichkeitsmerkmale von den Teilnehmern vor und nach der Therapie und möglichst auch noch in Nachfolgebefragungen deutlich später erfasst, um längerfristige Konsequenzen zu untersuchen. Eine Übersicht über alle empirischen Studien dieser Art (207 mit über 20.000 Patienten, darunter 35 Studien mit einer Kontrollgruppe) kam zu folgenden Ergebnissen (vgl. Tab. 18.1).

Hierbei wurden die jeweils untersuchten Persönlichkeitsmerkmale – soweit das ging – den Big-Five-Faktoren (vgl. Kap. 2) zugeordnet. Bei den Ergebnissen insgesamt wurden die Veränderungen über die Big-Five-Faktoren

Tab. 18.1 Persönlichkeitsveränderung durch Psychotherapie. (Daten aus [7], Tab. 2 und 3)

Merkmal/Störungstyp	Effektgröße d
Insgesamt	0,37
• Therapiegruppen	0,38
• Kontrollgruppen	0,24
Big Five Veränderung	
O Offenheit gegenüber neuen Erfahrungen	0,36
C Gewissenhaftigkeit	0,06
E Extraversion	0,38
A Verträglichkeit	0,23
N Neurotizismus	−0,69

gemittelt, wobei eine Abnahme des Neurotizismus als Zunahme in den Mittelwert einging. Die Größe der Veränderung ist hierbei wie in solchen Studien üblich als Effektgröße d angegeben, bei der die mittlere Veränderung eines Merkmals ausgedrückt wird als Anteil an der Variabilität der Merkmalsunterschiede. Effektgrößen von 0,20 werden in der Psychologie als klein, von 0,50 als mittelgroß und von 0,80 als groß betrachtet. Die Ergebnisse für die einzelnen Big-Five-Faktoren beziehen sich auf die Differenz zwischen Therapie- und Kontrollgruppe in der Veränderung.

Insgesamt sind die Veränderungen weit überzufällig, aber bescheiden. Nicht nur die Therapiegruppen, sondern auch die Kontrollgruppen hatten sich jeweils in sozial erwünschte Richtung verändert. Das ist nichts Ungewöhnliches, weil viele Probleme auch ganz einfach von selbst verschwinden und der Placeboeffekt auch bei Psychotherapien greift. Nicht die Veränderungen insgesamt, sondern die Differenz der Veränderungen zwischen Therapie- und Kontrollgruppen geben den eigentlichen Effekt der Therapien an.

Berücksichtigt man das, bleibt als einziger wirklich bedeutsamer Effekt, dass der Neurotizismus durch die Therapien abgenommen hatte. Die anderen Big Five nahmen in den Therapiegruppen etwas stärker zu als in den Kontrollgruppen; die stärkere Zunahme von Gewissenhaftigkeit war nicht überzufällig. Da Neurotizismus bei Angst- und Depressionspatienten, zu denen die Mehrheit der Patienten in dieser Übersicht gehörten, besonders stark ausgeprägt ist und Angststörungen und viele Depressionsstörungen besonders gut auf Therapien anspringen, ist das nicht überraschend. Hohe Neurotizismuswerte vor der Therapie gingen zurück. Nacherhebungen bis zu einem Jahr nach der

Therapie ergaben keine deutliche Abnahme der Veränderungen. Längerfristig angelegte Studien sind so selten, dass sich über längere Effekte wenig aussagen lässt.

Da es bei diesen Therapien um gezielte Maßnahmen geht, könnte man daraus schließen, dass durch Selbstoptimierung Abnahmen des Neurotizismus und Zunahmen der anderen Big Five außer Gewissenhaftigkeit möglich sind. Das wäre aber aus mindestens drei Gründen ein Fehlschluss. Erstens wurden die Therapien von langjährig ausgebildeten Therapeuten durchgeführt, es ging nicht um Selbstoptimierungsversuche der Patienten. Zweitens war das Ziel der Therapien die Verminderung von Leiden der Patienten und damit hauptsächlich von Neurotizismus. Veränderungen in Bezug auf die anderen Big Five (z. B. Gewissenhaftigkeit) dürfte in den wenigsten Fällen ein Therapieziel gewesen sein. Drittens handelte es sich um Patienten, deren Leidensdruck so groß war, dass sie sich einer Therapie unterzogen; ihr Neurotizismus vor der Therapie war deshalb deutlich überdurchschnittlich [8]. Bei Selbstoptimierung geht es oft darum, überdurchschnittlich sozial erwünscht zu werden, also z. B. besonders wenig neurotisch, nicht darum, unterdurchschnittlich erwünschte Werte auf ein durchschnittliches Niveau zu bringen. Deshalb sagen die Ergebnisse von Tab. 18.1 herzlich wenig über den möglichen Erfolg von Selbstoptimierungsmaßnahmen der Persönlichkeit aus.

Gefragt sind vielmehr empirische Studien außerhalb von Psychotherapie und Psychiatrie, zu denen sich Teilnehmer melden, die durch Selbstoptimierungsmaßnahmen bestimmte Persönlichkeitsmerkmale verändern möchten, wobei eine Kontrollgruppe vorhanden ist, in der sie das von ganz alleine tun. Es scheint bislang solche Studien nur bei Studierenden in den USA zu geben und nur für die Big Five. Zunächst wurde die Erwartung bestätigt, dass Studierende, die einen der Big-Five-Faktoren bei sich ändern wollten, sozial unerwünschtere Werte in diesem Faktor hatten (wer also extravertierter werden wollte, war im Vergleich zu anderen Studierenden unterdurchschnittlich extravertiert), und dass die Änderungswünsche insgesamt mit der Lebenszufriedenheit negativ korrelierten. Wer sich ändern wollte, war also meist in einem Bereich seines Lebens (z. B. Uni, Familie, Freunde oder Finanzen) unzufrieden und glaubte, zufriedener zu werden, wenn er seine Persönlichkeit in sozial erwünschter Richtung ändern würde [9].

In einer zweiten Studie wurde dieses Muster bestätigt. Zusätzlich wurden zwei Gruppen gebildet, die sich in einem der Big-Five-Faktoren ändern wollten und die im Verlauf eines Semesters alle 4 Wochen ihre Persönlichkeit einschätzten. Die „Bewusstmachungsgruppe" sollte genau beschreiben, was sie ändern wollte, und wurde alle 4 Wochen nach dem Fortschritt der Änderung befragt; das entspricht gut einer Pseudotherapiebedingung, denn es wurde keine weitere Hilfestellung gegeben. Die Kontrollgruppe wurde lediglich alle 4 Wochen über ihre typischen Persönlichkeitsmerkmale befragt [10].

Ein Vergleich der erfolgten Änderungen zwischen dem Big-Five-Faktor, der verändert werden sollte, und den Faktoren, für die kein Veränderungswunsch bestand, zeigte mehr Änderungen in erwünschter Richtung bei allen Big-Five-Faktoren außer Offenheit. Ein Vergleich der Bewusstmachungsgruppe mit der Kontrollgruppe ergab einen überraschenden Befund: Das Bewusstmachen des Änderungsziels hatte entweder keine Wirkung oder behinderte sogar die erwünschte Veränderung, weil sich die *Kontrollgruppe* stärker änderte (für Gewissenhaftigkeit, Verträglichkeit und Neurotizismus). Das Bewusstmachen von Zielen und damit verbundenen Problemen war also nie nützlich, sondern eher schädlich für die angestrebte Änderung. Ähnliche Ergebnisse sind aus anderen Studien bekannt. Wenn nicht klar ist, was man genau tun soll, um ein Ziel zu erreichen, kann das Bewusstmachen des Ziels schädlich sein [11, 12].

Deshalb führten die Autoren eine weitere Studie durch, in der sie eine „Konkretisierungsgruppe" instruierten, ihre Ziele möglichst konkret und in Form von „Wenn-dann"-Absichten zu verfassen. Statt „Ich möchte weniger Stress erleben" wäre eine konkrete Intention „Wenn ich gestresst bin, werde ich meine Mutter anrufen und mit ihr darüber reden". Diese Gruppe zeigte stärkere erwünschte Veränderungen gegenüber der Kontrollgruppe für Extraversion, Gewissenhaftigkeit und Neurotizismus, nicht aber für Verträglichkeit und Offenheit [13]. Stärkere Veränderungen in der Konkretisierungsgruppe wurden nicht nur für Veränderungen in Selbsteinschätzungen der Persönlichkeit gefunden. Man fand sie auch in verhaltensnäheren Tagebuchdaten, in denen die Teilnehmer für die Big Five relevantes Verhalten berichten sollten (z. B. wie intensiv sie für ihr Studium gearbeitet hatten, als Zeichen von Gewissenhaftigkeit).

Diese ersten Studien zu gezielten Persönlichkeitsveränderungen geben einen Eindruck davon, was zumindest Studierende unter Anleitung erreichen können, wenn sie es wollen. Wunder darf man nicht erwarten, und je konkreter die Änderungsabsicht ist, desto besser scheint sie in tatsächliche Veränderungen umsetzbar zu sein. Der Haken bei diesen ersten nichttherapeutischen Studien ist aber auch, dass die Veränderungen vor allem darin bestanden, sozial unerwünschte Merkmalsausprägungen sozial erwünschter zu machen, nicht aber durchschnittlich oder gar überdurchschnittlich erwünschte Ausprägungen noch erwünschter. Selbstoptimierung mit der Absicht, besser zu sein als die meisten, zielt aber gerade auf solche Veränderungen der Persönlichkeit.

Paradoxe Effekte gezielter Interventionen

Die geschilderten paradoxen Effekte in der „Bewusstmachungsgruppe", in der die angestrebten Änderungen insgesamt geringer ausfielen als in der Kontrollgruppe, machen deutlich, dass Selbstoptimierungsversuche durchaus nach hinten losgehen können (*backfire effects*). Paradoxe Wirkungen von Interventionen sind aus der Therapieforschung wohlbekannt. So verbessert sich bei Psychotherapie der Zustand bei etwa 65 % der Patienten dauerhaft, aber er verschlechtert sich auch dauerhaft bei etwa 10 % der Patienten [14]. Und die Psychotherapieforschung, die sich lange Zeit auf die viel größere erfolgreiche Gruppe konzentriert hat, versucht inzwischen, den Risiken für diese paradoxen Therapiewirkungen auf die Spur zu kommen [15].

Im noch unübersichtlicheren Coachingbereich, auf dem sich in Deutschland ca. 35.000 Coaches mit sehr unterschiedlicher Qualifikation tummeln, wurde in Deutschland erst 2014 ein systematischer Versuch unternommen, negative Auswirkungen von Coaching durch Befragung von Coaches im Wirtschaftsbereich zu identifizieren [16]. Dazu muss man auch noch anmerken, dass diese Praktiker eher Aussagen über Verschlechterungen während des Coachings als über längerfristige Wirkungen des Coachings machen können. Ihr Kontakt mit den Klienten ist nämlich meist mit Abschluss des Coachings beendet. Durch eine solche Befragung der Coaches dürfte das Ausmaß negativer Effekte unterschätzt werden. Denn es ist zwar klar, dass Coaches gegen tief greifende Probleme ihrer Klienten oft wenig unternehmen können, sodass bei zu später Erkennung dieser Problemlage Verschlechterungen durch Problemsensibilisierung bei fehlender Problembewältigung stattfinden können. Aber dauerhafte Verschlechterungen im Verlauf des Coachings zuzugeben erfordert eine Souveränität, die nicht alle Coaches aufzubringen in der Lage sind. Die Ergebnisse dieser Befragung, die ausschnittsweise in Tab. 18.2 dargestellt sind, müssen deshalb mit entsprechender Vorsicht betrachtet werden.

Ähnlich wie die positiven Effekte von Psychotherapie können auch diese Befunde zu negativen Effekten von Coaching nicht so einfach auf Selbstoptimierungsversuche angewendet werden. Erstens wurde eine mehr oder weniger professionelle Unterstützung geboten. Zweitens ist über die Dauerhaftigkeit der Probleme wenig bekannt. Und drittens kamen die Klienten oft nicht ganz freiwillig, sondern wurden vom Arbeitgeber dazu aufgefordert. Dies geschah nicht

Tab. 18.2 Negative Effekte von Coaching. (Verkürzt aus [16], Tab. 1)

Negative Effekte während des Coachings	%
Tiefer gehende Probleme wurden angestoßen, konnten aber nicht bearbeitet werden	26 %
Die ursprünglichen Ziele des Klienten wurden abgewandelt, ohne dass er/sie das wollte	17 %
Die Arbeit wurde als weniger bedeutsam erlebt	17 %
Die Beziehungsqualität zum Vorgesetzten hat sich verschlechtert	14 %
Die Arbeitszufriedenheit hat sich verschlechtert	13 %
Schwankungen in der Arbeitsleistung wurden größer	13 %
Der Klient entwickelte ein Abhängigkeitsverhältnis zum Coach	12 %
Die Lebenszufriedenheit des Klienten nahm ab	10 %
Der Klient erlebte sich als weniger kompetent in seiner Arbeit	10 %
Die Arbeitsmotivation des Klienten nahm ab	9 %
Die Work-Life-Balance des Klienten verschlechterte sich	9 %

unbedingt, um Probleme zu bearbeiten, sondern auch um proaktiv Probleme z. B. bei Umstellungen im Betrieb oder Einarbeitung in ein neues Aufgabenfeld gar nicht erst entstehen zu lassen. Nicht zuletzt bleibt bei dieser Untersuchung offen, wie stark Persönlichkeitsmerkmale durch das Coaching in unerwünschte Richtung verändert wurden.

Dennoch sollten diese Ergebnisse eine Warnung gegenüber den vollkommen unrealistischen Erfolgsversprechen sein, die Ratgeber und selbst ernannte Gurus oft in die Welt setzen [5]. Der dadurch angerichtete Schaden dürfte wegen der fehlenden Unterstützung der Selbstoptimierer während der unvermeidbaren Problemsensibilisierung weitaus größer sein als die negativen Effekte von Coaching und Psychotherapie. Vielleicht ist es gar nicht so wichtig, auf welchem

Niveau der Unerwünschtheit jemand mit Selbstoptimierungsversuchen beginnt: Auf jeden Fall wird die Diskrepanz zwischen Wunsch und Wirklichkeit jeden Tag deutlich. Und die negativen Effekte dieses Diskrepanzerlebens müssen erst einmal durch positive Erlebnisse der Diskrepanzverringerung kompensiert werden, bevor die Lebenszufriedenheit überhaupt zunehmen kann. Und da die angestrebte Perfektionierung der eigenen Schönheit und Gesundheit, der Alternsvermeidung und der sozialen Anerkennung Wachstumsbedürfnissen entspringen, die letztendlich nie gestillt werden können, besteht dauerhaft die Gefahr des Absturzes auf dem immer schmaler werdenden Pfad der Selbstoptimierung.

Selbstakzeptanz

Dabei gibt es eine einfache Alternative zur Selbstoptimierung: die *Selbstakzeptanz*. Selbstakzeptanz nicht im Sinne der narzisstischen Selbstverliebtheit, sondern Selbstakzeptanz im Sinne des Akzeptierens der eigenen Persönlichkeit so, wie sie ist, mit allen Macken und Schwächen. Die Studien zu Persönlichkeitsveränderung durch Therapie basieren auf der unausgesprochenen Annahme, dass Veränderungen in den Big Five in die sozial erwünschte Richtung – also Zunahme von Offenheit, Gewissenhaftigkeit, Extraversion, Verträglichkeit und Abnahme von Neurotizismus – glücklicher machen. Aber warum soll das eigentlich erstrebenswert sein? Ist das wirklich ein eigener Wunsch, oder spiegelt dieser Wunsch lediglich den Druck der sozialen Umwelt wider? Den Druck der Eltern, Peers,

Partner, Arbeitgeber und der eigenen Kinder? Bevor man mit Selbstoptimierungsversuchen beginnt, sollte man zunächst die Frage beantworten, warum und für wen man das eigentlich tun will. Um es anderen recht zu machen? Dann wäre aber Selbstoptimierung fremdbestimmt: Fremdoptimierung.

Nicht selten werden Selbstoptimierungsversuche unternommen, um einen niedrigen oder fragilen Selbstwert zu steigern, der dauernden Schwankungen unterliegt. Manches an mir ist nicht ok, also muss ich etwas an mir ändern. An diesem Punkt gibt es zwei Möglichkeiten. Die eine ist der Versuch der Veränderung, die andere ist die Entlarvung des Problems als Scheinproblem. Es ist nicht mein Problem, sondern es scheint nur eins zu sein, weil ich Ansprüchen anderer genügen möchte. Anstatt mich zu ändern, kann ich mich ja auch so akzeptieren, wie ich bin. Dann bin ich ok, und es gibt gar kein Problem mehr zu bearbeiten. Keinen Grund mehr für Selbstoptimierungshektik.

Diese zweite Möglichkeit fällt leichter, wenn man es sich leisten kann, dem sozialen Druck zu widerstehen. In westlichen Kulturen mit ihrer staatlichen Fürsorge kann man es sich z. B. im Rentenalter meist besser leisten, dem sozialen Druck zu widerstehen, als wenn Erfolgsdruck im Beruf und Verantwortung für Kinder und Eltern auf einem lasten. Dass der Neurotizismus zwischen 18 und 80 Jahren ständig sinkt (vgl. Kap. 12), dürfte auch etwas mit der zunehmenden Möglichkeit zur Selbstakzeptanz zu tun haben. Unabhängig davon gibt es aber in jedem Alter einen Spielraum, sich mehr oder weniger frei von sozialem Druck zu machen und sich so zu akzeptieren, wie man ist.

Hierfür spricht ein weiteres Argument. Sozial erwünschte Persönlichkeitsmerkmale haben auch ihre Schattenseiten und sozial nicht so erwünschte erweisen sich bei näherer Betrachtung auch als Stärken, die bei den Optimierungsversuchen verloren gehen können. Das wird im nächsten Kapitel noch weiter vertieft. Hier reicht es erst einmal, sich klarzumachen, dass sozial weniger erwünschte Ausprägungen auf den Big-Five-Faktoren auch Stärken sein können. Wer weniger offen gegenüber neuen Erfahrungen ist, stellt das Bewahren über das Experimentieren, ist skeptisch gegenüber eifernden Reformern und fällt nicht so leicht auf ihre vollmundigen Versprechen hinein. Wer weniger gewissenhaft ist, geht seinen Bedürfnissen und Ideen spontaner nach und lebt unbesorgter im Hier und Jetzt. Wer weniger extravertiert ist, kommt besser mit sich selbst klar, hat ein reicheres Fantasieleben und drängt sich anderen nicht so auf. Wer weniger verträglich ist, nimmt weniger Rücksicht auf andere und kann dadurch seine Interessen besser durchsetzen und eher eigene Wege beschreiten. Wer ängstlicher ist, ist eher vorsichtig und vermeidet dadurch eher Gefahren.

Letztlich haben sowohl über- als auch unterdurchschnittliche Ausprägungen auf den Big Five etwas für sich, sofern sie nicht extrem ausfallen. Was andere für eine Schwäche halten, kann durchaus eine Stärke sein. Wer permanent versucht, seine Schwächen auszubügeln, verlernt, seine Stärken wahrzunehmen und auszuspielen. Wer dem sozialen Druck zu einer allseits erwünschten Persönlichkeit mit echter Souveränität und heiterer Gelassenheit widersteht, ist ausgeglichener als die verkrampften Selbstoptimierer auf der Jagd nach dem Unerreichbaren. Er ist bei sich selbst angekommen.

Auf dieser Basis kann man sich dann auch bisweilen auf eine Reise ins Reich der eigenen Potenziale begeben – ohne gezielte Absicht und Verbissenheit, spielerisch – und dabei feststellen, wie weit man sich verändern kann und ob die Veränderung einem selbst und den anderen guttut.

Zusammenfassung

Bevor wir uns verändern wollen, sollten wir uns erst einmal fragen, ob wir es auch können und warum wir uns überhaupt verändern wollen. Bei der Frage, ob wir uns verändern können, sollte uns bewusst sein, dass die Evidenz für nachhaltige gezielte Persönlichkeitsveränderungen gering ist. Das ist jedenfalls so, wenn der Leidensdruck fehlt, der in Therapien führt. Zudem müssen wir mit paradoxen Nebenwirkungen von gezielten Interventionen rechnen. Bei der Frage, warum wir uns verändern wollen, sollten wir uns zunächst fragen, ob wir selbst Lust auf diese Veränderung haben oder nur einem sozialen Druck nachgeben und ob wir durch die Veränderung nicht genuine Stärken verlieren. In jedem Fall sollten wir abwägen, ob Selbstakzeptanz eine Alternative zur Veränderung darstellt.

Literatur

1. Maslow, A. H. (1955). Deficiency motivation and growth motivation. In M. R. Jones (Ed.), *Nebraska Symposium on Motivation* (Vol. 3, pp. 1–30). Lincoln, NE: University of Nebraska Press.
2. Bischof, N. (1993). Untersuchungen zur Systemanalyse der sozialen Motivation. I: Die Regulation der sozialen Distanz –

von der Feldtheorie zur Systemtheorie. *Zeitschrift für Psychologie, 201*, 5–43.

3. Sloterdijk, P. (2009). *Du mußt dein Leben ändern – über Anthropotechnik.* Frankfurt/Main: Suhrkamp Verlag.

4. Ursprünglich als Gegenbewegung zur Überbetonung von Risikofaktoren und Störungen durch Betonung von Schutzfaktoren und Gesundheit entstanden hat sich die „positive Psychologie" durch Überschätzung von Optimismus und Selbstoptimierung inzwischen oft weit von der Realität entfernt wie z.B. Seligman, M. E. P. (2005). *Der Glücks-Faktor: Warum Optimisten länger leben.* Bergisch Gladbach: Bastei Lübbe.

5. Scheich, G. (2013). *Positives Denken macht krank: Vom Schwindel mit gefährlichen Erfolgsversprechen* (3. Aufl.). Oelde: Dr. Günter Scheich.

6. Kanning, U. P. (2007). *Wie Sie garantiert nicht erfolgreich werden! Dem Phänomen der Erfolgsgurus auf der Spur.* Lengerich: Pabst Science Publishers.

7. Roberts, B. W., Luo, J., Briley, D. A., Chow, P. I., Su, R. & Hill, P. L. (2017). A systematic review of personality trait change through intervention. *Psychological Bulletin, 143*, 117–141.

8. Das ist z. B. gut für junge deutsche Erwachsene belegt: Lüdtke, O., Roberts, B. W., Trautwein, U. & Nagy, G. (2011). A random walk down University Avenue: Life paths, life events, and personality trait change at the transition to university life. *Journal of Personality and Social Psychology, 101*, 620–637.

9. Hudson, N. W. & Roberts, B. W. (2014). Goals to change personality traits: Concurrent links between personality traits, daily behavior, and goals to change oneself. *Journal of Research in Personality, 53*, 68–83.

10. Hudson, N. W. & Fraley, R. C. (2015). Volitional personality trait change: Can people choose to change their personality traits? *Journal of Personality and Social Psychology, 109*, 490–507, Studie 1.

11. Gollwitzer, P. M. & Brandstätter, V. (1997). Implementation intentions and effective goal pursuit. *Journal of Personality and Social Psychology, 73*, 186–199.

12. Faude-Koivisto, T. & Gollwitzer, P. (2011). Wenn-Dann Pläne: Eine effektive Planungsstrategie aus der Motivationspsychologie. In B. Birkmeier (Hrsg.), *Coachingwissen* (2. Aufl., S. 209–227). Wiesbaden: VS Verlag für Sozialwissenschaften.

13. Siehe [10], Studie 2.

14. Hoffmann, S. O., Rudolf, G. & Strauß, B. (2008). Unerwünschte und schädliche Wirkungen von Psychotherapie. *Psychotherapeut, 53*, 4–16.

15. Linden, M. & Strauß, B. (Hrsg.) (2012). *Risiken und Nebenwirkungen von Psychotherapie*. Berlin: Medizinisch Wissenschaftliche Verlagsgesellschaft.

16. Schermuly, C. C., Schermuly-Haupt, M.-L., Schölmerich, F. & Rauterberg, H. (2014). Zu Risiken und Nebenwirkungen lesen Sie... – negative Effekte von Coaching. *Zeitschrift für Arbeits-und Organisationspsychologie, 58*, 17–33.

19

Sinn der Vielfalt: Unterschiede sind menschlich

Warum gibt es überhaupt so große Persönlichkeitsunterschiede bei Menschen, aber auch bei Tieren? Wenn die Evolution ein Prozess der genetischen Anpassung an die Umweltbedingungen ist und Millionen Jahre Zeit für eine optimierte Anpassung hatte, warum gibt es dann eine so große Variabilität innerhalb einer biologischen Art, auch psychologisch gesehen? Spiegelt das lediglich die Fehleranfälligkeit von Lebewesen wider oder eine sich dauernd verändernde Umwelt? Oder bietet diese Variabilität einen evolutionären Vorteil? Diese Fragen beziehen sich auf die genetische Evolution. Im Falle der Evolution des Menschen gibt es aber noch einen zweiten evolutionären Prozess: die kulturelle Evolution. Genetische und kulturelle Evolution verlaufen in wechselseitiger Abhängigkeit voneinander. Unter Berücksichtigung beider evolutionären Prozesse wird deutlich, dass

(Fortsetzung)

© Springer-Verlag GmbH Deutschland 2018
J. B. Asendorpf, *Persönlichkeit: was uns ausmacht und warum*,
https://doi.org/10.1007/978-3-662-56106-5_19

es eine gemeinsame Ursache für die große genetische und kulturelle Vielfalt des Menschen gibt, die dieser Vielfalt einen tieferen Sinn verleiht.

In den letzten 15 Jahren gibt es eine rege empirische Forschung zu Persönlichkeitsunterschieden innerhalb von Tierarten. Unter Persönlichkeit versteht man hier genauso wie bei Menschen relativ stabile individuelle Besonderheiten im Verhalten. Eine erste Übersicht über mehr als 60 Tierarten ergab zahlreiche Persönlichkeitsunterschiede innerhalb der jeweiligen Art, von Schimpansen bis zu Tintenfischen, die sich meist auf Temperamentsunterschiede und Unterschiede im Sozialverhalten beziehen [1]. Das regte zahlreiche weitere Studien an. Viele orientierten sich an den Big Five und nutzten Verhaltensbeurteilungen durch Experten. Sie konnten z. B. die Big Five bei frei lebenden und bei im Zoo lebenden Schimpansen bis auf den Faktor Offenheit recht gut bestätigen. Neu war lediglich, dass Dominanz als eigenständiger Faktor hinzukam [2]. Andere Studien orientierten sich an arttypischem Verhalten in arttypischen Situationen (wie z. B. eine Studie an Menschenaffen im Leipziger Zoo). Dort wurden Beobachterübereinstimmungen und zeitliche Stabilitäten für die beobachteten Unterschiede zwischen den Tieren gefunden, die sich nicht wesentlich von den entsprechenden Befunden bei Menschen unterschieden [3].

Offenbar gibt es nicht nur beim Menschen, sondern auch bei Tieren Persönlichkeitsunterschiede. Was Tierliebhaber schon immer beobachtet haben, wurde also durch die Forschung gut bestätigt. Nun könnten diese Unterschiede einfach als Ausdruck der Unvollkommenheit der evolutionären

Anpassungsprozesse angesehen werden, als Rauschen im Prozess der natürlichen Selektion: Nobody is perfect.

Genetische Evolution

Diese Sicht greift aber viel zu kurz. Um das zu verstehen, müssen wir einen Blick auf die Mechanismen der genetischen Evolution werfen. Bei sich schnell fortpflanzenden Lebewesen wie z. B. Bakterien entstehen genetische Varianten durch Mutation. Dadurch können sich neue Stämme bilden, die gegen die vorhandenen Medikamente resistent sind. Komplexere Lebewesen brauchen länger, um sich fortzupflanzen, sodass sie im Rennen zwischen Wirt und Parasit keine Chance gegenüber den Parasiten hätten. Es sei denn, sie würden ihre Variabilität durch einen zusätzlichen Mechanismus ausbauen. Dieser Mechanismus ist die *sexuelle Rekombination* der elterlichen Gene bei der Befruchtung, die zufällige Mischung einander entsprechender Genvarianten von Vater und Mutter. Deshalb sind Kinder in ihren Genvarianten Vater und Mutter nur zu 50 % ähnlich. Die genetischen Karten werden also für die nächste Generation neu gemischt.

Dadurch können wegen der riesigen Zahl kombinierter Gene in nur einer Generation sehr viel mehr neue Varianten entstehen als durch Mutation alleine. Würden wir uns nur klonen, hätten wir diesen Vorteil nicht. Wie wichtig die genetische Variation innerhalb einer Art ist, wird daran deutlich, dass sich der ganze komplexe Mechanismus der Zweigeschlechtlichkeit und Sexualität ab einer bestimmten Komplexität von Lebewesen mit großer Zuverlässigkeit entwickelt. Dass im Mittelalter nicht alle Menschen von der Pest dahingerafft wurden und dass nicht wenige immun gegenüber Aids sind, verdanken wir vor allem der sexuellen Rekombination.

So kamen Tooby und Cosmides in einer der ersten systematischen Diskussionen der evolutionären Grundlagen von Persönlichkeitsunterschieden zu der überraschenden Feststellung, dass genetisch bedingte Persönlichkeitsunterschiede auch als Nebeneffekt des evolutionären Wettrennens zwischen Wirt und Parasit verstanden werden können. In Zusammenarbeit mit dem Persönlichkeitspsychologen Buss entwickelten sie ein Programm für eine Evolutionspsychologie, die sich den evolutionären Grundlagen des menschlichen Erlebens und Verhaltens widmet [4]. Ein Teilprogramm beschäftigt sich mit den evolutionären Grundlagen von Persönlichkeitsunterschieden [5, 6].

Durch Mutation und sexuelle Rekombination werden also immer wieder neue genetische Varianten entwickelt, die sich aufgrund ihrer unterschiedlich guten Anpassung an die aktuellen Umweltbedingungen unterschiedlich häufig fortpflanzen (natürliche Selektion). Bei kleineren Unterschieden im Reproduktionserfolg halten sich die neuen Varianten über viele Generationen im Genpool der Art. Und schon deshalb gibt es zu jedem Zeitpunkt der Evolution große genetische Unterschiede, die sich auch in Persönlichkeitsunterschieden äußern. Die heutige Evolutionspsychologie geht aber über dieses Minimalprogramm zur Erklärung von Persönlichkeitsunterschieden weit hinaus. Zwei zusätzliche Mechanismen sind bisher am genauesten untersucht worden: *frequenzabhängige Selektion* und *konditionale Entwicklungsstrategien*.

Unter frequenzabhängiger Selektion wird verstanden, dass der Reproduktionsvorteil eines Gens von seiner Häufigkeit in der Population abhängt. Ein Beispiel hierfür ist das genetische Geschlecht. Eigentlich ist es ja verwunderlich, dass es ziemlich genauso viele Männer wie Frauen gibt. Denn da Männer wesentlich mehr Kinder zeugen können, als Frauen Kinder gebären können, würde es zur Erzielung derselben Kinderzahl reichen, wenn wenige Männer viele Frauen befruchten. Allerdings hätten dann Männer einen Reproduktionsvorteil. Denn ein Mann hätte im Durchschnitt sehr viel mehr Kinder als eine Frau. Dadurch hätte aber auch jedes Gen, das die Zeugung von Männern begünstigt, einen enormen Vorteil, sodass die Quote der Männer steigen würde – so lange, bis ein 1:1-Verhältnis erreicht ist [7].

Die frequenzabhängige Auslese muss nicht dazu führen, dass die miteinander konkurrierenden genetischen Varianten in gleichen Proportionen vorhanden sind. Es müssen lediglich alternative Varianten langfristig in einem stabilen Mischungsverhältnis koexistieren, weil eine Zunahme der einen Variante den Reproduktionsvorteil der *anderen* begünstigt. Mit diesem Mechanismus lässt sich z. B. besser verstehen, warum Machiavellisten (also Personen, die sich aggressiv auf Kosten anderer durchsetzen; vgl. Kap. 3) in größerer, aber auch nicht überwältigender Zahl existieren. In Populationen, in denen alle ehrlich und offen ihre Ziele verfolgen, hätte ein Machiavellist zunächst einen großen Vorteil. Denn er könnte ja seine Interessen durch die Verschleierung seiner Absichten besser durchsetzen. Dadurch würde die Zahl der Machiavellisten zunehmen. Umso eher würden sie dann aber auf andere Machiavellisten treffen, was nicht nur ihren ursprünglichen Vorteil wieder mindert. Dies kann für sie auch zum Nachteil werden, weil zwei Machiavellisten es miteinander schwerer haben als zwei Nichtmachiavellisten. Nach dieser Überlegung wird es immer Machiavellisten geben, aber ihre Zahl wird auch immer begrenzt sein.

Es gibt einen ganzen Zweig der Evolutionsbiologie, der sich damit beschäftigt, wie langfristig stabile Anteile alternativer genetischer Varianten aufrechterhalten werden (*evolutionär stabile Strategien* [8]). Persönlichkeitsunterschiede lassen sich aus dieser Sicht als evolutionär stabile Strategien verstehen. Sie sind damit mehr als nur zufallsgeneriertes Spielmaterial für die Evolution, denn ihre Existenz wird langfristig durch Mechanismen wie z. B. frequenzabhängige Selektion stabilisiert.

Konditionale Entwicklungsstrategien sind genetische Mechanismen, die die individuelle Entwicklung je nach Umwelt in der Kindheit in unterschiedliche Richtungen steuern. Die Entscheidung, welche Richtung eingeschlagen wird, hängt dabei vom Reproduktionsvorteil der jeweiligen alternativen Entwicklungsstrategien in den typischen Umwelten unserer evolutionären Vorfahren ab. So ist es z. B. in reichen Umwelten, in denen Kinder leichter überleben, eher von Vorteil, viele Kinder zu haben und sich entsprechend wenig um sie zu kümmern (hoher Paarungsaufwand, geringe elterliche Fürsorge) als in kargen Umwelten, in denen Kinder die massive Unterstützung ihrer Eltern brauchen, um sich fortpflanzen zu können. Dort ist es von Vorteil, wenige Kinder in die Welt zu setzen und sich stark um sie zu kümmern (geringer Paarungsaufwand, starke elterliche Investition).

Falls nun die Umwelt in unserer evolutionären Vergangenheit im Verlauf vieler Generationen zwischen diesen beiden Extremen immer wieder geschwankt hat, ist eine bedingte Fortpflanzungsstrategie optimal. Hier werden Paarungsaufwand und elterliche Fürsorge der individuellen Umwelt in der eigenen Kindheit angepasst. Diese Strategie könnte einen so großen Reproduktionsvorteil gehabt haben, dass sie die Evolution genetisch verankerter bedingter Entwicklungsstrategien begünstigt hat. Wie auch bei den Überlegungen zu frequenzabhängiger Selektion handelt es sich hier um theoretische Überlegungen zu prinzipiellen Vor- und Nachteilen bestimmter Fortpflanzungsstrategien. Aus ihnen können aber durchaus auch konkrete Vorhersagen für umweltabhängige Unterschiede in der Entwicklung abgeleitet werden, die sich empirisch testen lassen. Im Falle konditionaler Entwicklungsstrategien ist vielleicht die Hypothese von Draper und Harpending am besten untersucht worden (vgl. Kasten zu väterlicher Fürsorge und weiblicher Entwicklung).

Väterliche Fürsorge und weibliche Entwicklung

Die Ethnologen Draper und Harpending vermuteten, dass geringe väterliche Fürsorge in der Kindheit bei den Töchtern die biologische Reifung beschleunige, sodass sie die erste Regelblutung und den ersten Sex früher erlebten und mehr Sexualpartner hätten als Töchter von stark investierenden Vätern [9]. Denn das Ausmaß der väterlichen (jedoch nicht der mütterlichen) Investition variiert enorm innerhalb und zwischen Kulturen. Dadurch könnte sich eine Entwicklungsstrategie abhängig von der väterlichen Fürsorge entwickelt

(Fortsetzung)

haben, die bei geringer väterlicher Fürsorge die biologische Reifung beschleunigt und auf Paarungsaufwand setzt, da von den künftigen Vätern der eigenen Kinder ja wenig zu erwarten ist. Das hätte unter den kargen Umweltbedingungen der evolutionären Vergangenheit den Fortpflanzungserfolg der Kinder besser gesichert als eine sorgfältige, länger dauernde Partnerwahl, die dann doch nur eine geringe väterliche Investition eingebracht hätte. Bei Jungen dagegen erwarteten Draper und Harpending keine entsprechenden Entwicklungsunterschiede, weil bei ihnen der Paarungsaufwand ohnehin reproduktiv von Vorteil sei.

Diese Hypothese wurde weitgehend empirisch bestätigt, insbesondere was den Zeitpunkt der ersten Regelblutung und des ersten Geschlechtsverkehrs angeht. Für Jungen ergaben sich dagegen wie erwartet keine Effekte geringer väterlicher Investition auf die Reifungsgeschwindigkeit [10, 11]. Die erwartete Sequenz wenig väterliche Fürsorge – frühe Regelblutung – früher erster Sex wurde auch in Deutschland bestätigt [12]. Sie findet sich auch bei vielen Säugetierarten, wobei als vermittelnder Mechanismus Duftstoffe nichtverwandter männlicher Artgenossen diskutiert werden. In Übereinstimmung damit wurde bei Menschen gefunden, dass die Regelblutung besser durch die Dauer des Zusammenlebens mit nichtverwandten Partnern der Mutter (Stiefvätern und Freunden) vorhergesagt wurde als durch die Dauer der Abwesenheit des Vaters [10].

Allerdings muss auch eine rein genetische Vermittlung bedacht werden: Dieselben Genvarianten begünstigen einerseits geringe väterliche Fürsorge und andererseits hohen Paarungsaufwand bei ihren Töchtern. Dagegen spricht Folgendes: Mädchen, die eine Trennung vom Vater im Alter von ca. 5 Jahren erlebt hatten und dann bis zur Pubertät nur mit der Mutter zusammenlebten, kamen beim Vergleich zu einer Schwester, die diese Trennung im Alter von ca. 12 Jahren erlebte, früher in die Pubertät als ihre ältere Schwester [10]. Dieser Unterschied lässt sich weder genetisch erklären noch durch Umweltmerkmale, die Geschwister teilen (z. B. soziale Schicht oder Bildungsniveau der Mutter).

Allerdings ist bei diesen evolutionspsychologischen Überlegungen Vorsicht angebracht. Denn sie beruhen auf recht spekulativen Annahmen über unsere evolutionäre Umwelt. Hier ist ein weites Feld für fantasiebegabte Zeitgenossen, die Umweltgeschichten so erfinden, dass sie gut bekannte Persönlichkeits- und Geschlechtsunterschiede erklären. Persönlichkeitsvarianten werden dann evolutionäre Erfolgsgeschichten zugeschrieben, die sie gar nicht haben. So reizvoll die Suche nach solchen Geschichten ist – sie dürfte des Öfteren zu Scheinerklärungen führen.

Auf die Hypothese von Draper und Harpending trifft diese Kritik weniger zu. Denn der Zusammenhang zwischen väterlicher Fürsorge und weiblicher Entwicklung war vor ihnen nicht bekannt. Deshalb sind empirische Bestätigungen neuartiger Hypothesen, die sich aus evolutionären Überlegungen ergeben, überzeugender als evolutionäre Begründungen bereits bekannter Phänomene.

Kulturelle Evolution

Parallelen zwischen genetischer Evolution und kultureller Entwicklung sind seit Langem immer wieder gezogen worden. Aber eine intensivere Auseinandersetzung unter Biologen und Kulturwissenschaftlern über Gemeinsamkeiten und Unterschiede zwischen genetischer Evolution und kultureller Entwicklung setzte erst später ein. Dies begann damit, dass der Evolutionsbiologe Dawkins den Begriff des „Mems" für die dem Gen entsprechende Einheit der kulturellen Entwicklung prägte [13]. Die dadurch einsetzende Diskussion führte unter Evolutionsbiologen zum Konzept der *Koevolution* von Genen und Memen [14] und unter Kulturwissenschaftlern zu Ansätzen zu einer Memetik. Hier geht es um die *kulturelle Evolution* auf Grundlage der Variation, Selektion und Vererbung von Memen [15]. Allerdings zeigt ein genauerer Blick, dass es neben einigen Gemeinsamkeiten starke Unterschiede zwischen genetischer und kultureller Evolution gibt (vgl. Tab. 19.1).

In einer Population gibt es unterschiedliche Varianten desselben Gens (seine Allele) und desselben Mems (z. B.

Tab. 19.1 Genetische und kulturelle Evolution. (Aus [14], Tab. 1)

Prozessaspekt	Evolution	
	genetische	kulturelle
Einheit	Gen	Mem
Variation	Mutation	Innovation
	Rekombination	Synthese
Selektion	natürliche	kulturelle
Transmission	Vererbung	soziales Lernen
Transmissionsmodus	vertikal	vertikal, horizontal, diagonal

alternative Ernährungsregeln, unterschiedliche Kleidermoden, oft mehrere Religionsvarianten). Die Variation erfolgt bei Genen durch Mutation und sexuelle Rekombination, bei Memen durch Erfindung neuer Meme (Innovation) und neue Kombination vorhandener Meme (Synthese). Die Selektion beruht auf dem relativen Reproduktionsvorteil verschiedener Genvarianten (natürliche Selektion) bzw. auf dem relativen Reproduktionsvorteil verschiedener Memvarianten, die sich unterschiedlich stark in einer Kultur ausbreiten können (kulturelle Selektion).

Ein wesentlicher Unterschied zwischen kultureller und genetischer Evolution besteht darin, dass Meme nicht genetisch von Eltern an Kinder vererbt, sondern von beliebigen Mitmenschen durch soziales Lernen erworben werden können. Deshalb kann die kulturelle Transmission vertikal zwischen Eltern und Kindern, horizontal zwischen Mitgliedern derselben Generation oder auch diagonal zwischen Mitgliedern einer Generation und nicht genetisch miteinander Verwandten einer anderen Generation erfolgen. Dadurch hat die kulturelle Transmission viel mehr Freiheitsgrade. Und neben der höheren Geschwindigkeit des Lernens führen die größeren Freiheitsgrade der kulturellen Evolution dazu, dass sie sehr viel schneller verläuft als die genetische [16].

Wechselwirkungen

Genetische und kulturelle Evolution sind nicht unabhängig voneinander. Die genetische Evolution wirkt begrenzend auf die kulturelle Evolution, weil Meme Konsequenzen auf die Fortpflanzungsfähigkeit haben können. Ein gut belegtes Beispiel hierfür ist der Kannibalismus. Er ist wenig verbreitet, obwohl frisch Verstorbene eine potenziell reiche Nahrungsquelle sind. Hin und wieder kommt es zu kulturell akzeptiertem Kannibalismus, der jedoch nicht von Dauer ist. Gut dokumentiert ist der Verlauf bei den Fore in Neuguinea [17]. In den 1950er-Jahren war es dort Sitte, dass das Gehirn frisch Verstorbener, die nicht an einer bekannten Krankheit gelitten hatten, als Delikatesse verspeist wurde. Zu dieser Zeit war die Krankheit „Kuru" epidemisch verbreitet, eine degenerative Hirnerkrankung, die wie BSE durch Prionen ausgelöst wird. 1957 wurde Kannibalismus behördlich verboten und die Verbreitung von „Kuru" streng überwacht. Daraufhin nahm die Anzahl der Todesfälle von über 1000 in den Jahren 1957 bis 1961 auf nur zwei in den Jahren 2002 bis 2006 ab. Obwohl in diesem Fall die westliche Medizin eingegriffen hatte, hätte es vermutlich nicht lange gedauert, bis die Fore selbst einen Zusammenhang zwischen Gehirnverspeisung und „Kuru" festgestellt hätten und Gehirne als Delikatesse tabu geworden wären.

Während die Begrenzung der kulturellen Evolution durch die genetische offensichtlich ist, ist weniger bekannt, dass auch die kulturelle Evolution die genetische beeinflusst. Meme sind Umweltbedingungen und damit auch Bedingungen der natürlichen Selektion. Erfindung und Verfeinerungen von Werkzeugen, Jagdtechniken, Waffen, Pflanzenkultivierung, Tierzüchtung, Medizin und Schwangerschaftsverhütung haben einen erheblichen Selektionsdruck auf die genetische Evolution des Menschen ausgeübt.

Unsere Kultur hat deshalb schon immer unsere genetische Natur mitbestimmt, auch ohne Gentechnologie.

Das vielleicht am besten belegte Beispiel ist die *Laktosetoleranz*, die Fähigkeit, noch als Erwachsener Frischmilch verdauen zu können [18, 19]. Nach Erfindung der Milchwirtschaft vor ca. 7500 Jahren stieg der Reproduktionsvorteil der bis dahin nur selten vorkommenden Genvarianten, die zu Laktosetoleranz führen, enorm an. Während bei den südafrikanischen !Kung im tropischen Regenwald heutzutage nur 3 % der Bevölkerung laktosetolerant sind, sind es ist Deutschland 86 % und in Skandinavien 90 %. Tatsächlich gibt es im Kulturvergleich hohe Korrelationen zwischen Laktosetoleranz, Milchkonsum pro Einwohner und Dauer der Milchwirtschaft. Der zugrunde liegende kausale Prozess ist eine ständige Wechselwirkung zwischen kultureller und genetischer Veränderung. Je mehr Milchvieh gehalten wird, desto besser sind die Fortpflanzungschancen für laktosetolerante Menschen. Und deren wachsende Zahl führt zu vermehrter Etablierung und Ausweitung der Milchwirtschaft.

Dieses Beispiel widerlegt auch die verbreitete Meinung, dass genetische Veränderungen sehr lange brauchen. Innerhalb der letzten 7500 Jahre hat sich in Nordeuropa der genetisch bedingte Anteil der Laktosetoleranten von 10 % auf 90 % extrem erhöht, also in nur ca. 300 Generationen. Allerdings finden sich so schnelle genetische Veränderungen beim Menschen vermutlich erst seit Erfindung des Ackerbaus vor ca. 10.000 Jahren. Schätzungen der Geschwindigkeit der genetischen Evolution des Menschen ergaben, dass sie sich seitdem mindestens verzehnfacht hat [20]. Genauso wie sich unsere Ökologie, Sprache und Kultur schon immer verändert haben, hat sich auch die Verteilung der Genvarianten verändert. *Beide* Veränderungen sind die tiefer liegenden Ursachen für die historischen Veränderungen und die kulturellen Unterschiede in der Persönlichkeit, die in Kap. 16 diskutiert wurden.

Sinn der Vielfalt

Aus dieser koevolutionären Sicht, die die Natur *und* die Kultur der Persönlichkeit im Blick hat, beruhen die großen beobachtbaren Persönlichkeitsunterschiede in allen Kulturen zu allen Zeiten auf der hohen genetischen und kulturellen Variabilität der Einheiten, die vererbt und durch soziales Lernen weitergegeben werden. Diese hohe Variabilität stellt so etwas wie ein *Sicherheitsreservoir* für das Überleben dar. Denn Gene und kulturelle Inhalte sind nur an die Umweltbedingungen ihrer evolutionären Vergangenheit gut angepasst. Ändert sich die Umwelt, ändern sich die Anpassungsbedingungen. Je variabler die Genvarianten bzw. kulturellen Inhalte sind, desto höher ist die Chance, dass jedenfalls einige diese Umweltveränderungen überleben werden.

Als Student arbeitete ich einmal bei den Behringwerken bei Marburg in der Mäusezucht. Dort wurden Tausende genetisch identische Mäuse für Tierversuche der Pharmaindustrie gezüchtet. Solche Klone sind in der Forschung begehrt, weil die genetische Identität verhindert, dass die experimentellen Effekte durch genetische Vielfalt in den verglichenen Experimental- und Kontrollgruppen verwaschen werden. Alle Mitarbeiter mussten vor Betreten der in einem Wald abgelegenen Anlage duschen, Haare waschen und die Kleidung wechseln, damit sie möglichst wenig Krankheitserreger einschleppen konnten. Und jeden Morgen wurden die Gitter aus Maschendraht vor den Fenstern sorgfältig kontrolliert, damit keine Feldmaus eindringen konnte. Denn ein Krankheitsausbruch in einer solchen Population von Klonen endete in der Vergangenheit nicht selten mit der kompletten Vernichtung der gesamten Mäusepopulation.

Die Pest im Mittelalter hat nur einen Teil der Mitteleuropäer ausgerottet. Das ist der hohen genetischen Variabilität zu verdanken, teilweise wohl auch der hohen kulturellen Variabilität bei Schutzmaßnahmen in der Krankenpflege und der Bestattung. Diese doppelte Variabilität wäre vermutlich auch ein Schutz der Fore gegenüber „Kuru" gewesen. Ohne den Eingriff der westlichen Medizin hätte es sicherlich sehr viel mehr Todesfälle gegeben, aber die Fore wären wohl auch nicht ganz ausgelöscht worden.

Unter natürlichen Bedingungen ist die große genetische Vielfalt ein Schutzfaktor gegenüber dem Aussterben von ganzen Populationen. Und beim Menschen kommt die kulturelle Vielfalt als zweiter Schutzfaktor hinzu. So gesehen sind Persönlichkeitsunterschiede förderlich für das Überleben. Das scheint mir der tiefere Grund für die großen vorhandenen Persönlichkeitsunterschiede zu sein.

Nicht nur in westlichen Kulturen besteht aber eine starke Tendenz, nicht die vorhandene Vielfalt der Persönlichkeit, sondern ein einseitiges Persönlichkeitsideal als erstrebenswert anzusehen. Und manche meinen, sich in diese

Richtung selbst optimieren zu müssen (vgl. Kap. 18). Ob „gottesfürchtig", „nordisch", „allseits entwickelte sozialistische Persönlichkeit" oder „dynamischer Unternehmer" – die gerade vorherrschende Ideologie beinhaltet mit großer Regelmäßigkeit auch ein bestimmtes Persönlichkeitsideal.

Aus der Einsicht in die Vielfalt der Persönlichkeit und ihrer Notwendigkeit für das genetische und kulturelle Überleben erwächst die Forderung, gerade nicht einen bestimmten Persönlichkeitstyp anzustreben, sondern die Vielfalt der Persönlichkeit zu achten und zu bewahren. Nicht nur biologische Arten gilt es zu bewahren, sondern auch die Vielfalt der Persönlichkeitsvarianten innerhalb der Art Homo sapiens. Je stärker unser Wissen über die genetischen und die Umweltbedingungen von Persönlichkeitseigenschaften und die persönlichkeitsabhängige Nutzung von Gentechnologie und medialer Meinungsmanipulation zunimmt und damit auch die Eingriffsmöglichkeiten in die Persönlichkeitsentwicklung, desto wichtiger wird es, diese Forderung zu einem ethischen Prinzip zu erheben: Es gilt, die genetische und kulturelle Vielfalt der Menschheit zu bewahren.

Zusammenfassung
Unterschiede sind menschlich.

Literatur

1. Gosling, S. D. (2001). From mice to men: What can we learn about personality from animal research? *Psychological Bulletin, 127*, 45–86. Hier wurden der nordamerikanischen persön-

lichkeitspsychologischen Tradition folgend Intelligenzunterschiede nicht berücksichtigt.

2. Weiss, A., King, J. E. & Hopkins, W. D. (2007). A cross-setting study of chimpanzee (Pan troglodytes) personality structure and development: Zoological parks and Yerkes National Primate Research Center. *American Journal of Primatology, 69*, 1264–1277.

3. Uher, J. & Asendorpf, J. B. (2007). Personality assessment in the Great Apes: Comparing ecologically valid behavior measures, behavior ratings, and adjective ratings. *Journal of Research in Personality, 42*, 821–838.

4. Buss, D. M. (1995). Evolutionary psychology: A new paradigm for psychological science. *Psychological Inquiry, 6*, 1–30.

5. Buss, D. M. (2008). Human nature and individual differences: Evolution of human personality. In O. P. John, R. W. Robins & L. A. Pervin (Eds.), *Handbook of personality* (3rd ed., pp. 29–60). New York: Guilford Press.

6. Neyer, F. J. & Asendorpf, J. B. (2018). *Psychologie der Persönlichkeit* (6. Aufl.). Berlin: Springer, Kap. 2.6.

7. Fisher, R. A. (1958). *The genetic theory of natural selection* (2nd ed.). New York: Dover.

8. Maynard Smith, J. (1982). *Evolution and the theory of games*. Cambridge, UK: Cambridge University Press.

9. Draper, P. & Harpending, H. (1982). Father absence and reproductive strategy: An evolutionary perspective. *Journal of Anthropological Research, 38*, 255–273.

10. Ellis, B. J. (2004). Timing of pubertal maturation in girls: An integrated life history approach. *Psychological Bulletin, 130*, 920–958.

11. Webster, G. D., Graber, J. A., Gesselman, A. N., Crosier, B. S. & Oroszco Schember, T. (2014). A life history theory of father absence and menarche: A meta-analysis. *Evolutionary Psychology, 12*, 273–294.

12. Neberich, W., Penke, L., Lehnhart, J. & Asendorpf, J. B. (2010). Family of origin, age at menarche, and reproductive strategies: A test of four evolutionary-developmental models. *European Journal of Developmental Psychology, 7*, 153–177.

13. Dawkins, R. (1978). *Das egoistische Gen.* Heidelberg: Springer Verlag.

14. Übersicht in Asendorpf, J. B. (2015). Koevolution. In B. P. Lange & S. Schwarz (Hrsg.), *Die menschliche Psyche zwischen Natur und Kultur* (S. 20–29). Lengerich: Pabst Science Publishers.

15. Dennett, D. C. (1997). *Darwins gefährliches Erbe: Die Evolution und der Sinn des Lebens.* Hamburg: Hoffmann & Campe.

16. Vgl. zu weiteren Parallelen zwischen genetischer und kultureller Evolution [14].

17. Alpers, M. P. (2008). The epidemiology of kuru: Monitoring the epidemic from its peak to its end. *Philosophical Transactions of the Royal Society B: Biological Sciences, 363* (1510), 3707–3713.

18. Durham, W. H. (1991). *Coevolution: Genes, cultures, and human diversity.* Stanford, CA: Stanford University Press.

19. Beja-Pereira, A., Luikart, G., England, P. R., Bradley, D. G., Jann, O. C., Bertorelle, G. et al. (2003). Gene-culture coevolution between cattle milk protein genes and human lactase genes. *Nature Genetics, 35*, 311–313.

20. Cochran, G. & Harpending, H. (2009). *The 10,000 year explosion: How civilization accelerated human evolution.* New York: Basic Books.

Anhang

Weiterführende Literatur

Fast alle angesprochenen Themen sind vertieft dargestellt im Lehrbuch der Persönlichkeitspsychologie Neyer, F. J. & Asendorpf, J. B. (2018). *Psychologie der Persönlichkeit* (6. Aufl.). Berlin: Springer Verlag (auch als ebook erhältlich).

Eine vertiefte Darstellung sozialer Beziehungen und ihrer Bezüge zur Persönlichkeit findet sich in Asendorpf, J. B., Banse, R. & Neyer, F. J. (2017). *Psychologie der Beziehung* (2. Aufl.). Bern: Hogrefe Verlag.

Die meisten Themen sind auch zugänglich über die entsprechenden Stichworte in Wirtz, M. A. (2017). *Dorsch – Lexikon der Psychologie* (18. Aufl.). Bern: Hogrefe Verlag (incl. Onlinezugang, der auch separat erhältlich ist). Das Buch wird laufend aktualisiert.

© Springer-Verlag GmbH Deutschland 2018
J. B. Asendorpf, *Persönlichkeit: was uns ausmacht und warum*,
https://doi.org/10.1007/978-3-662-56106-5

Auf dem Portal https://portal.hogrefe.com/dorsch/de/startseite/ kann man nach Stichworten zu einem gewünschten Thema suchen; die ersten beiden Stichworteinträge werden umsonst angezeigt.

Die besten Fachzeitschriften mit überwiegend persönlichkeitspsychologischen Themen sind:

- Personality and Social Psychology Review
- Journal of Personality and Social Psychology
- European Journal of Personality
- Journal of Personality
- Intelligence
- Diagnostica (besonders für deutschsprachige Testverfahren)

Internet – eine kritische Expedition

Bekanntlich variiert die Qualität der im Internet frei verfügbaren Informationen enorm – von völligem Humbug bis zu seriösen Open-Access-Onlinezeitschriften. Der derzeit beste Zugang zu seriöser Literatur ist nicht Google, sondern *Google Scholar*, eine spezialisierte Suchmaschine, die alle neueren wissenschaftlichen Publikationen mit Referenz und Zusammenfassung erfasst und bei Open Access einen direkten Link zum Volltext liefert. Darüber hinaus liefert Google Scholar auch Links auf mehr oder weniger legal ins Internet gestellte Volltextversionen (meist als pdf), darunter Vorversionen von Publikationen, die mit den Endversionen fast ganz übereinstimmen und so die Copyright-Bestimmungen umgehen. Die allermeisten psychologischen

Publikationen der letzten Jahre in Fachzeitschriften sind so als Volltext zugänglich. Um nach einem Artikel zu suchen, reicht es normalerweise, Nachname des Erstautors und Publikationsjahr in Google Scholar einzugeben. Bei häufig vorkommenden Namen sollten weitere Autorennamen, Teile des Titels oder der Name der Zeitschrift zur Eingrenzung der Ergebnisse eingegeben werden. Sollte so ein Text nicht auffindbar sein, hilft manchmal der Besuch der Webseite des Erstautors, wo Volltextversionen z. B. nach Eingabe der E-Mail-Adresse zugänglich gemacht werden.

Für viele Stichworte liefert auch *Wikipedia* brauchbare Informationen, wobei allerdings Qualität und Aktualität stark variieren.

Vorsicht ist bei *Open-Access-Onlinezeitschriften* geboten. Für die Psychologie gibt es erst wenige seriöse Zeitschriften dieser Art. Dafür gibt es umso mehr unseriöse mit Titeln, die zum Verwechseln seriösen Zeitschriften gleichen und nicht selten Herausgeber nennen, die davon gar nichts wissen. Es handelt sich hier um *fake journals*, die oft in Entwicklungsländern beheimatet sind und davon leben, dass die Autoren für die Publikation bezahlen, wobei der angebliche Begutachtungsprozess in Wirklichkeit gar nicht stattgefunden hat.

Seriöse *Webseiten* zu Themen der Persönlichkeitspsychologie sind:

- www.personality-project.org (gute englischsprachige Einstiegseite)
- www.ipip.ori.org (International Personality Item Pool, eine Sammlung überwiegend englischsprachiger Skalen zu zahlreichen Persönlichkeitsbereichen)

- www.outofservice.com (Seite mit englischsprachigen Tests und Rückmeldung des Ergebnisses)
- www.psytests.de (Seite der Göttinger Universität mit Tests und Rückmeldung des Ergebnisses)

Sachverzeichnis

© Springer-Verlag GmbH Deutschland 2018
J. B. Asendorpf, *Persönlichkeit: was uns ausmacht und warum*,
https://doi.org/10.1007/978-3-662-56106-5

Springer

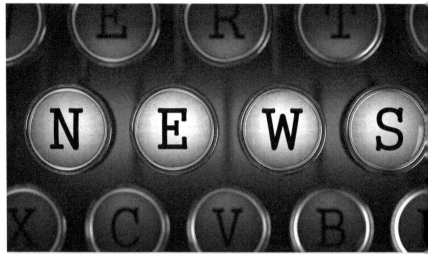

Willkommen zu den Springer Alerts

Jetzt
anmelde

- Unser Neuerscheinungs-Service für Sie:
  aktuell *** kostenlos *** passgenau *** flexibel

Springer veröffentlicht mehr als 5.500 wissenschaftliche Bücher jährlich in gedruckter Form. Mehr als 2.200 englischsprachige Zeitschriften und mehr als 120.000 eBooks und Referenzwerke sind auf unserer Online Plattform SpringerLink verfügbar. Seit seiner Gründung 1842 arbeitet Springer weltweit mit den hervorragendsten und anerkanntesten Wissenschaftlern zusammen, eine Partnerschaft, die auf Offenheit und gegenseitigem Vertrauen beruht.

Die SpringerAlerts sind der beste Weg, um über Neuentwicklungen im eigenen Fachgebiet auf dem Laufenden zu sein. Sie sind der/die Erste, der/die über neu erschienene Bücher informiert ist oder das Inhaltsverzeichnis des neuesten Zeitschriftenheftes erhält. Unser Service ist kostenlos, schnell und vor allem flexibel. Passen Sie die SpringerAlerts genau an Ihre Interessen und Ihren Bedarf an, um nur diejenigen Information zu erhalten, die Sie wirklich benötigen.

Mehr Infos unter: springer.com/alert

Ihr Bonus als Käufer dieses Buches

Als Käufer dieses Buches können Sie kostenlos das eBook zum Buch nutzen.
Sie können es dauerhaft in Ihrem persönlichen, digitalen Bücherregal
auf **springer.com** speichern oder auf Ihren PC/Tablet/eReader downloaden.

Gehen Sie bitte wie folgt vor:
1. Gehen Sie zu **springer.com/shop** und suchen Sie das vorliegende Buch
   (am schnellsten über die Eingabe der eISBN).
2. Legen Sie es in den Warenkorb und klicken Sie dann auf:
   zum Einkaufswagen / zur Kasse.
3. Geben Sie den untenstehenden Coupon ein. In der Bestellübersicht wird
   damit das eBook mit 0 Euro ausgewiesen, ist also kostenlos für Sie.
4. Gehen Sie weiter **zur Kasse** und schließen den Vorgang ab.
5. Sie können das eBook nun downloaden und auf einem Gerät Ihrer Wahl lesen.
   Das eBook bleibt dauerhaft in Ihrem digitalen Bücherregal gespeichert.

978-3-662-56106-5
VaGCpYiMcXKr8al

eISBN
Ihr persönlicher Coupon

Sollte der Coupon fehlen oder nicht funktionieren, senden Sie uns bitte
eine E-Mail mit dem Betreff: **eBook inside** an **customerservice@springer.com**.

GPSR Compliance

The European Union's (EU) General Product Safety Regulation (GPSR) is a set of rules that requires consumer products to be safe and our obligations to ensure this.

If you have any concerns about our products, you can contact us on ProductSafety@springernature.com

In case Publisher is established outside the EU, the EU authorized representative is:

Springer Nature Customer Service Center GmbH
Europaplatz 3
69115 Heidelberg, Germany

Batch number: 08111171

Printed by Printforce, the Netherlands